A ESTRATÉGIA DO OCEANO AZUL

Como criar novos mercados e tornar a concorrência irrelevante

W. CHAN KIM • RENÉE MAUBORGNE

A ESTRATÉGIA DO OCEANO AZUL

Como criar novos mercados e tornar a concorrência irrelevante

Tradução
Afonso Celso da Cunha Serra

Revisão Técnica
Consultores Symnetics

ANDRÉ COUTINHO
CLAUDIO LOUREIRO
DANIELA CARDIM S. TAIBO
DANIELA MARQUES LUCIANO
DAVID KALLÁS
FANNY SCHWARZ
GABRIELA SPINA
MARIA AUXILIADORA MORAES AMIDEN
VANILDO SILLER

ELSEVIER

25ª Tiragem

CAMPUS

Do Original:
Blue Ocean Strategy
Tradução autorizada do idioma inglês da edição publicada por Harvard Business School Press

Copidesque: Ana Cristina Serra
Editoração Eletrônica: Estúdio Castellani
Revisão Gráfica Mariflor Brenlla Rial Rocha e Edna Rocha

Projeto Gráfico
Elsevier Editora Ltda.
Conhecimento sem Fronteiras
Rua Sete de Setembro, 111/16º andar
20050-006 – Centro – Rio de Janeiro – RJ – Brasil

Rua Quintana, 753 – 8º andar
04569-011 – Brooklin – São Paulo – SP – Brasil

Serviço de Atendimento ao Cliente
0800-0265340
sac@elsevier.com.br

ISBN 978-85-352-1524-3
Edição original: ISBN 1-59139-619-0

Nota: Muito zelo e técnica foram empregados na edição desta obra. No entanto, podem ocorrer erros de digitação, impressão ou dúvida conceitual. Em qualquer das hipóteses, solicitamos a comunicação ao nosso Serviço de Atendimento ao Cliente, para que possamos esclarecer ou encaminhar a questão.

Nem a editora nem o autor assumem qualquer responsabilidade por eventuais danos ou perdas a pessoas ou bens, originados do uso desta publicação.

CIP-Brasil. Catalogação-na-fonte.
Sindicato Nacional dos Editores de Livros, RJ

K62e
Kim, W. Chan
A estratégia do oceano azul : como criar novos mercados e tornar a concorrência irrelevante / W. Chan Kim, Renée Mauborgne ; tradução de Afonso Celso da Cunha Serra. – Rio de Janeiro : Elsevier, 2005 – 25ª reimpressão.

Tradução de: Blue ocean strategy
Apêndice
Inclui bibliografia
ISBN 978-85-352-1524-3

1. Produtos novos. 2. Segmentação de mercado.
I. Mauborgne, Renée. II. Título.

04-3395. CDD – 658.802
CDU – 658.589

À amizade e às nossas famílias,
que tornam nossos mundos
mais significativos.

Agradecimentos

CONTAMOS COM MUITA AJUDA PARA a realização deste livro. O INSEAD proporcionou um ambiente sem igual para a condução de nossas pesquisas. Muito nos beneficiamos com o cruzamento entre teoria e prática, que tanto se cultiva no INSEAD, e com a diversidade realmente global de nosso corpo docente, dos alunos e dos participantes dos programas de educação executiva. Os reitores Antonio Borges, Gabriel Hawawini e Ludo Van der Heyden desde o início foram fontes inesgotáveis de estímulo emocional e de apoio institucional, criando condições para que entrelaçássemos estreitamente nossas atividades de pesquisa e ensino. A Pricewaterhouse-Coopers (PwC) e o Boston Consulting Group (BCG) reforçaram o respaldo financeiro para nossas pesquisas; em especial, Frank Brown e Richard Baird, da PwC, e René Abate, John Clarkeson, George Stalk e Olivier Tardy, do BCG, foram parceiros de valor inestimável.

Embora, ao longo dos anos, tenhamos recebido ajuda de um grupo de pesquisadores altamente talentosos, nossos dois pesquisadores associados exclusivos, Jason Hunter e Ji Mi, que trabalharam conosco durante muito tempo, merecem referência especial. Seu comprometimento, seu apoio persistente nas atividades de pesquisa e sua constante busca pela perfeição foram essenciais na construção deste livro. Sentimo-nos abençoados pela presença deles.

Nossos colegas de escola contribuíram para as ideias deste livro. Os membros do corpo docente do INSEAD, em especial Subramanian Rangean e Ludo Van der Heyden, ajudaram-nos a refletir sobre nossos conceitos e ofereceram valiosos comentários e apoio. Muitos professores do INSEAD transmitiram as ideias e os modelos deste livro a executivos e participantes de programas MBA, daí resultando feedback valioso que aguçou nosso raciocínio. Outros foram fontes de estímulo intelectual e de energia empática. Nessa oportunidade, agradecemos, entre outros, a Ron Adner, Jean-Louis Barsoux, Bem Bensaou, Henry-Claude de Bettignies, Mike Brimm, Laurence Capron, Marco Ceccagnoli, Karel Cool, Arnoud De Meyer, Ingemar Dierickx, Gareth Dyas, George Eapen, Paul Evans, Charlie Galunic, Annabelle Gawer, Javier Gimeno, Dominique Héau, Neil Jones, Philippe Lasserre, Jean-François Manzoni, Jens Meyer, Claude Michaud, Deigan Morris, Quy Nguyen-Huy, Subramanian Rangan, Jonathamn Story, Heins Thanheiser, Ludo Van der Heyden, David Young, Peter Zemsky e Ming Zeng.

Também tivemos a sorte de contar com uma rede de profissionais e de redatores de casos que se espalhou mundo afora. Todas essas pessoas ofereceram importante contribuição, mostrando como as ideias deste livro se aplicam na prática e desenvolvendo casos básicos para nossas pesquisas. Entre tanta gente, uma merece atenção especial: Marc Beauvois-Coladon, que trabalhou conosco desde o início e foi de enorme ajuda no Capítulo 4, com base em suas experiências de campo, durante as quais aplicou nossas ideias em empresas. Gostaríamos de agradecer sobretudo a Francis Gouillart e colegas; Gavin Fraser e colegas; Wayne Mortensen; Brian Marks; Kenneth Lau; Yasushi Shiina; Jonathan Landrey e colegas; Junan Jiang; Ralph Trombetta e colegas; Gabor Burt e colegas; Shantaram Venkatesh; Miki Kawawa e colegas; Atul Sinhá e colegas; Arnold Izsak e colegas; Volker Westermann e colegas; Matt Williamson; e Caroline Edwards e colegas. Também temos em alta conta a nova colaboração com a Accenture, representada por Mark Spelman, Osmar Abbosh, Jim Sayles e equipes. Obrigado também à Lucent Technologies, pelo apoio.

Ao longo do curso de nossas pesquisas, reunimo-nos com executivos de empresas e com servidores públicos graduados em todo o mundo, os quais, generosamente, nos agraciaram com seu tempo e suas ideias, exercendo forte influência sobre os conceitos expostos neste livro. Entre muitas iniciativas públicas e privadas para pôr em prática nossas ideias, o Value Innovation Program (VIP) Center, da Samsung Electronics, e o Value Innovation Action Tank (VIAT), em Cingapura, abrangendo os setores público e privado do país, foram grandes fontes de inspiração e aprendizado. Em especial, Jong-Yong Yun, da Samsung Electronics e todos os secretários permanentes do governo de Cingapura têm sido valorosos parceiros. Também estendo calorosos agradecimentos aos membros da Value Inovation Network (VIN), comunidade de prática de âmbito mundial que atua em torno da família de conceitos sobre Inovação de Valor – sobretudo àqueles que não mencionamos aqui.

Finalmente, gostaríamos de agradecer a Melinda Merino, nossa editora, por seus comentários sábios e pelo feedback editorial, e à equipe da Harvard Business School Publishing, por seu envolvimento e apoio entusiástico. Ainda manifestamos nossa gratidão a nossos editores na *Harvard Business Review*, no presente e no passado, em particular a David Champion, Tom Stewart, Nan Stone e Joan Magretta. Muito devemos aos participantes dos programas de MBA, de PhD e de educação executiva do INSEAD, principalmente aos dos cursos de Estratégia e do Value Innovation Study Group (VISG), que foram pacientes durante nossos experimentos referentes às ideias deste livro. Suas perguntas desafiadoras e seu feedback criterioso elucidaram e fortaleceram nossas ideias.

Prefácio à Edição Brasileira

DESDE QUE FOI LANÇADO, o livro *A estratégia do oceano azul* se tornou um best-seller no Brasil, com mais de 200 mil exemplares vendidos. Trabalhando uma ideia ao mesmo tempo simples e poderosa, a busca por espaços de mercado não explorados que tornem a concorrência irrelevante, parece ser afinal o sonho de qualquer empresa. Estimulados pela ideia, muitas empresas brasileiras criaram comitês, institutos ou projetos de oceano azul, cujo objetivo principal tem sido de se lançar na prospecção de oportunidades, incentivando a inovação de valor para os clientes através de novos modelos de negócio. Este é o caso da Kimberly Clark, Mapfre, DuPont, Tecnisa, Galvão Engenharia e Ajinomoto, entre outras empresas. Nestes cinco anos de experiência com o oceano azul já é possível extrair algumas lições interessantes.

Em primeiro lugar, é necessário buscar um equilíbrio entre análise e cocriação, design e experimentação. *A estratégia do oceano azul* apresenta ferramentas eficazes (a exemplo da curva de valor, dos seis caminhos, do mapa de utilidades do comprador), que permitem avaliar a consistência e robustez da inovação de valor uma vez que ela já tenha sido criada. Mas para encontrar o oceano azul é importante ir a campo, cocriar com o máximo possível de stakeholders (partes interessadas) e capturar diferentes ideias e perspectivas, voltar para nossas empresas e desenhar alternativas, de preferência de forma colaborativa com parceiros externos (utilizando inovação aberta). Precisamos acima de tudo experimentar um pouco, prototipando e testando a inovação de valor. Oceano azul não tem mágica, é fruto de muito trabalho e transpiração.

Em geral as empresas se lançam em projetos "piloto", experimentais, escolhendo, por exemplo, um segmento do negócio (oceano vermelho), um novo negócio (promissor) ou uma linha de produto (prestes a ser descontinuada). Para esses projetos "piloto" de oceano azul temos que ter pessoas dedicadas, de preferência equipes multidisciplinares, além de tempo e dinheiro investido das empresas. Outro fator crítico de sucesso: a equipe que irá trabalhar o oceano azul precisa ter licença dos executivos para traçar caminhos não convencionais nem triviais do negócio. Que caminhos seriam estes? Avançar na cadeia de valor e conversar direto com o cliente do cliente e depois convencer o cliente direto a trabalhar algo diferente para o cliente do cliente é muitas vezes o caminho a ser seguido. Trabalhar com os "influenciadores", ou seja, com aqueles profissionais que influenciam diretamente a compra do nosso produto ou serviço, a exemplo dos agrônomos no mercado de defensivos agrícolas, os médicos na indústria farmacêutica ou os pintores e decoradores no mercado de tintas. Idealizar alternativas criativas de acesso ao mercado pelas empresas que não passem necessariamente pelos distribuidores ou atacadistas e mesmo assim se tornar um ganha-ganha para todos.

Oceano azul tem essencialmente a ver com mudanças no modelo de negócio. Desde 2004 temos visto algumas empresas aumentarem, diminuírem, eliminarem ou criarem os elementos de valor (tais como variedade de produtos ou portfólio de serviços) para o cliente acreditando que estão criando um oceano azul, quando na verdade estão apenas jogando o jogo do oceano vermelho, já que os concorrentes também estão fazendo o mesmo movimento. A verdadeira inovação de valor é aquela em que "reeditamos" e "redefinimos" a oferta de valor para os clientes, ou seja, a oferta de valor passa a ser tão única e gera uma experiência tão inusitada para os clientes, que é quase como se reinventássemos a nossa oferta. Dessa forma o oceano azul gera uma maneira diferente de se relacionar com os clientes, de distribuir os produtos e serviços, de precificar, de criar novas parcerias. Exemplos recentes não faltam: Nespresso (Nestlé), Wii (Nintendo), iPhone (Apple) e Skype são oceano azul amparados por sólidos modelos de negócio.

Dizem por aí que o Brasil será o país da década 2010-2020, repleto de oportunidades de negócio. Então, sucesso a todos nós na busca por oceanos azuis.

André Ribeiro Coutinho

Designer de Inovação e Novos Negócios pela Symnetics

Prefácio

ESTE É UM LIVRO SOBRE AMIZADE, sobre lealdade, sobre crença um no outro. Foi por causa dessa amizade e dessa crença que partimos em nossa jornada para explorar as ideias nele contidas e, enfim, para escrevê-lo.

Encontramo-nos 20 anos atrás numa sala de aula – um, professor; o outro, aluno. Trabalhamos juntos desde então, a toda hora nos vendo ao longo da jornada, como dois ratos levados pela enxurrada. Este livro não é a vitória de uma ideia, mas fruto de uma amizade que descobrimos ser mais significativa do que qualquer ideia do mundo dos negócios. Essa amizade tornou nossas vidas mais ricas e nossos mundos mais belos. Não estávamos sozinhos.

Nenhuma jornada é fácil; nenhuma amizade é feita apenas de risadas. Mesmo assim, vibramos a cada dia da jornada, pois nossa missão era aprender e melhorar. Acreditamos apaixonadamente nas ideias deste livro. Essas ideias não são para aqueles cuja ambição na vida é ir no vai da valsa ou simplesmente sobreviver. Esse nunca foi o nosso interesse. Caso você se satisfaça com isto, não prossiga na leitura. Mas se você quiser fazer diferença, se você pretender criar uma empresa que construa um futuro no qual os clientes, empregados, acionistas e a sociedade sejam vencedores, vá adiante. Não estamos dizendo que é fácil, mas vale a pena.

Nossas pesquisas confirmam que não existem empresas excelentes para sempre, da mesma maneira que não há setores excelentes o tempo todo. Conforme constatamos em nossa própria trajetória acidentada, todos nós, como as empresas, fazemos coisas inteligentes e coisas não tão inteligentes. Para melhorar a consistência de nosso sucesso, precisamos estudar nossas ações que fizeram diferença positiva e aprender a repetir a mesma ação de maneira sistemática. Isso é o que chamamos de fazer movimentos estratégicos inteligentes, e descobrimos que o movimento estratégico mais importante é criar oceanos azuis.

A *estratégia do oceano azul* desafia as empresas a transpor as barreiras do oceano vermelho da competição sangrenta, mediante a criação de espaços de mercado inexplorados que tornem a concorrência irrelevante. Em vez de retalhar a demanda existente – não raro em processo de encolhimento – e de copiar os concorrentes, a estratégia do oceano azul se concentra em aumentar a demanda e em romper as fronteiras da competição em curso. Este livro não só desafia as empresas, mas também ensina-lhes a alcançar esses resultados. De início, apresentamos um conjunto de ferramentas e modelos analíticos que mostram como agir de maneira sistemática para enfrentar esse desafio e, em seguida, desenvolvemos os princípios que definem e distinguem a estratégia do oceano azul da estratégia focada na competição.

Nosso propósito é tornar a formulação e a execução da estratégia do oceano azul tão sistemáticas e factíveis quanto a competição nas águas escarlates dos espaços de mercado conhecidos. Apenas então as empresas serão capazes de encarar o desafio de criar oceanos azuis de maneira inteligente e responsável que, ao mesmo tempo, maximize as oportunidades e minimize os riscos. Nenhuma empresa – grande ou pequena, veterana ou estreante – pode dar-se ao luxo de ser um jogador trapaceiro de cassino. E nenhuma empresa nem mesmo deve tentar tal empreitada.

O conteúdo deste livro se baseia em mais de 15 anos de pesquisa, em dados que remontam a mais de 100 anos e numa série de artigos da *Harvard Business Review*, assim como em ensaios acadêmicos sobre as várias dimensões desse tema. As ideias, ferramentas e modelos aqui apresentados foram testados e refinados ao longo dos anos, na prática cotidiana de empresas da Europa, dos Estados Unidos e da Ásia. Este livro se fundamenta nesse trabalho e o amplia ainda mais, ao desenvolver um contexto narrativo que entrelaça essas ideias, para oferecer um modelo unificado.

Tal modelo trata não só dos aspectos analíticos por trás da criação da estratégia do oceano azul, mas também das considerações humanas de extrema importância sobre como envolver a organização e seu pessoal nessa jornada, com ânimo resoluto para pôr essas ideias em ação. Aqui, enfatizamos a importância da construção da confiança e do comprometimento e salientamos a relevância da prática constante do reconhecimento intelectual e emocional, como fatores que passam a ocupar o núcleo da estratégia.

As oportunidades oceano azul estão aí para quem as desbravar primeiro. À medida que são exploradas, o universo do mercado se expande. Acreditamos que essa ampliação das fronteiras é o próprio motor do crescimento. No entanto, ainda pouco se sabe na teoria e na prática sobre como descobrir e conquistar de maneira sistemática novos oceanos azuis. Nós o convidamos a ler este livro para aprender a agir como indutor dessa expansão no futuro.

Sumário

PARTE TRÊS
Executando a estratégia do oceano azul

PARTE UM

A estratégia do oceano azul

CAPÍTULO 1

Criando oceanos azuis

GUY LALIBERTÉ, EX-ACORDEONISTA, ex-equilibrista em pernas de pau e ex-engolidor de fogo, é hoje CEO de uma das principais empresas exportadoras do Canadá, Cirque du Soleil. Criada em 1984, por um grupo de artistas de rua, as produções do Cirque já foram vistas por quase 40 milhões de pessoas em 90 cidades em todo o mundo. Em menos de 20 anos, o Cirque du Soleil alcançou nível de receita que o Ringling Brothers and Barnum & Bailey Circus – campeão mundial da indústria circense – só atingiu após mais de 100 anos de atividade.

O que torna a proeza ainda mais notável é que esse crescimento fenomenal não ocorreu num setor atraente. Ao contrário, sucedeu num setor decadente, cujo baixo potencial de crescimento era ponto de destaque nas análises estratégicas tradicionais. O poder dos fornecedores, representados pelas grandes estrelas circenses, era enorme. Idem quanto ao poder dos compradores. Formas alternativas de entretenimento – como várias espécies de espetáculos urbanos ao vivo, eventos esportivos e diversões domésticas – tornam-se cada vez mais relevantes. As crianças choram para ganhar PlayStations, mas não para assistir ao circo ambulante. Como resultado dessa situação, o público que comparecia a circos era cada vez menor, o que por sua vez encolhia a receita e o lucro. Além disso, o sentimento contra o uso de animais em espetáculos públicos, fomentado por grupos de defesa dos direitos dos animais, era cada vez mais intenso. O

Ringling Brothers and Barnum & Bailey's Circus deu o tom e os circos menores seguiram a tendência, desenvolvendo versões em escala reduzida. Portanto, sob o ponto de vista de estratégia competitiva, a indústria circense parecia pouco atraente.

Outro aspecto impressionante do sucesso do Cirque du Soleil é o fato de estar avançando sem conquistar fatias da demanda já existente na indústria circense, que historicamente sempre se concentrou em crianças. O Cirque du Soleil não concorreu com o Ringling Brothers and Barnum & Bailey's Circus para chegar ao topo. Em vez disso, criou um novo espaço de mercado inexplorado, com características inconfundíveis, que tornou irrelevante a concorrência. Para tanto, atraiu um grupo totalmente novo de frequentadores – adultos e clientes empresariais, dispostos a pagar preços várias vezes superiores aos praticados pelos circos tradicionais, por uma experiência de entretenimento sem precedentes. Em resumo, uma das primeiras produções do Cirque du Soleil foi intitulada "Reinvenção do Circo".

Novo espaço de mercado

O Cirque du Soleil foi bem-sucedido por ter percebido que, para vencer no futuro, as empresas devem parar de competir umas com as outras. A única maneira de superar os concorrentes é não mais *tentar* superar os concorrentes.

Para melhor compreender a proeza do Cirque du Soleil, imagine um universo de mercado composto de dois tipos de oceanos – oceanos vermelhos e oceanos azuis. Os oceanos vermelhos representam todos os setores hoje existentes. É o espaço de mercado conhecido. Já os oceanos azuis abrangem todos os setores *não* existentes hoje. É o espaço de mercado desconhecido.

Nos oceanos vermelhos, as fronteiras setoriais são definidas e aceitas, e as regras competitivas do jogo são conhecidas.[1] Aqui, as empresas tentam superar suas rivais para abocanhar maior fatia da demanda existente. À medida que o espaço de mercado fica cada vez mais apinhado, as perspectivas de lucro e de crescimento ficam cada vez menores. Os produtos se transformam em commodities e a "briga de foice" ensanguenta as águas, dando origem aos oceanos vermelhos.

Os oceanos azuis, em contraste, se caracterizam por espaços de mercado inexplorados, pela criação de demanda e pelo crescimento altamente lucrativo. Embora alguns oceanos azuis sejam desbravados bem além das atuais fronteiras setoriais, a maioria se desenvolve dentro dos oceanos vermelhos, mediante a expansão das fronteiras setoriais vigentes, como fez o Cirque du Soleil. Nos oceanos azuis a competição é irrelevante, pois as regras do jogo ainda não estão definidas.

Sempre será importante navegar com sucesso nos oceanos vermelhos, superando os rivais. Os oceanos vermelhos sempre importarão e sempre serão uma realidade inevitável da vida dos negócios. Mas, com a oferta ultrapassando a demanda em cada vez mais setores, a competição por uma fatia de mercados em contração, embora necessária, não será suficiente para sustentar altos níveis de desempenho.[2] As empresas precisam ir além da competição. Para conquistar novas oportunidades de crescimento e de lucro, elas também precisam criar seus oceanos azuis.

Infelizmente, grande parte dos oceanos azuis ainda não foi mapeada. O foco predominante dos trabalhos sobre estratégia nos últimos 25 anos se concentrou nos oceanos vermelhos da competição acirrada.[3] O resultado foi o desenvolvimento de conhecimentos muito bons sobre como competir com habilidade em águas escarlates, abrangendo aspectos como analisar a estrutura econômica básica de um setor existente, escolher uma posição estratégica de baixo custo, diferenciação ou foco, e comparar-se de maneira contínua e sistemática com os concorrentes (*benchmarking*). Já se comenta sobre oceanos azuis.[4] No entanto, conta-se com pouca orientação prática sobre como criá-los. Sem modelos analíticos para desbravar oceanos azuis e sem princípios sólidos sobre como gerenciar o risco de maneira eficaz, a criação de oceanos azuis continua sendo mera fantasia, vista como arriscada demais para ser perseguida como estratégia. Este livro oferece modelos práticos e ferramentas analíticas para a busca e conquista sistemáticas de oceanos azuis.

A criação contínua de oceanos azuis

Embora nessa acepção o termo *oceanos azuis* seja novo, sua existência é antiga. São um aspecto da vida dos negócios, no passado e no presente. Olhe para o passado, 100 anos atrás, e pergunte: Quantos setores que conhecemos hoje eram desconhecidos naquela época? Resposta: Muitas indústrias, tão básicas quanto a automobilística, a fonográfica, a de aviação civil, a petroquímica, a de assistência médica e a de consultoria gerencial, que naquele tempo eram inexistentes ou ainda eram muito incipientes. Agora, atrase o relógio apenas 30 anos, e faça-se a mesma pergunta. Quantos setores que hoje conhecemos eram ignorados na época? Mais uma vez, salta aos olhos a enorme quantidade de indústrias de vários bilhões de dólares, como as de fundos mútuos, telefones celulares, biotecnologia, varejo de desconto, entregas expressas, minivans, snowboarding, cafés, vídeos domésticos, para mencionar apenas algumas. Há apenas três décadas, nenhuma dessas indústrias existia, pelo menos em termos significativos.

Agora, avance o relógio 20 anos – talvez 50 anos – e pergunte-se quantos setores que não conhecemos hoje provavelmente existirão nesse futuro? Se a história de alguma maneira ajuda a prever o futuro, a resposta será muitos, muitíssimos.

A verdade é que os setores jamais ficam estacionados. Estão sempre em evolução. As operações tornam-se mais eficientes, os mercados se expandem e os atores chegam e vão embora. A história nos ensina que subestimamos tremendamente nossa capacidade de criar novos setores e de recriar os existentes. Com efeito, o Standard Industrial Classification (SIC), dos Estados Unidos, com meio século de existência, foi substituído em 1997 pelo North America Industry Classification Standard (NAICS). O novo sistema ampliou de 10 para 20 a quantidade de setores, de modo a refletir a nova realidade das atividades econômicas emergentes.[5] O setor de "serviços", uma única categoria sob o velho sistema, foi desdobrado em sete áreas de atividade, abrangendo, por exemplo, tecnologia da informação, medicina e saúde e assistência social.[6] Considerando que tais sistemas são concebidos para garantir um mínimo de padronização e continuidade, essas substituições mostram como foi significativa a expansão do oceano azul.

No entanto, o foco predominante do pensamento estratégico tem convergido para as estratégias do oceano vermelho. Parte da explicação é que as raízes da estratégia empresarial sofrem forte influência da estratégia militar. A própria linguagem da estratégia está profundamente impregnada de referências militares, principalmente em inglês, como se vê por termos como "headquarters" (quartel-general), "front line" (linha de frente de um exército) ou "troops" (soldados). Descrita dessa maneira, estratégia significa enfrentar um adversário e combatê-lo para a conquista de um determinado território limitado e constante.[7] No entanto, ao contrário da guerra, a história dos setores econômicos mostra que o universo dos mercados nunca foi estável; em vez disso, ao longo do tempo, sempre se desbravaram novos oceanos azuis. Portanto, concentrar-se nos oceanos vermelhos é aceitar os principais fatores restritivos da guerra – território limitado e necessidade de derrotar o inimigo para realizar os objetivos – e negar a força diferenciadora do mundo dos negócios: a capacidade de criar novos espaços de mercado inexplorados.

O impacto da criação de oceanos azuis

Quantificamos o impacto da criação de oceanos azuis sobre o crescimento das empresas em termos de receita e de lucro por meio de um estudo sobre lançamentos de novos negócios por 108 empresas (ver a Figura 1.1). Constatamos que 86% dos lançamentos foram extensões de linha, ou seja, melhorias incrementais dentro do oceano vermelho dos espaços de mercado existentes. No entanto, esses casos responderam por apenas 62% da receita total e por nada mais que 39% do lucro total. Já os restantes 14% dos lançamentos, destinados à criação de oceanos azuis, geraram 38% da receita total e nada menos que 61% do lucro total. Considerando que os lançamentos de novos negócios incluem os investimentos totais para a criação de oceanos vermelhos e de oceanos azuis (independentemente das consequências em termos de receita e lucro, inclusive fracassos), os benefícios para o desempenho decorren-

FIGURA 1.1

Consequências da criação de oceanos azuis sobre o lucro e o crescimento

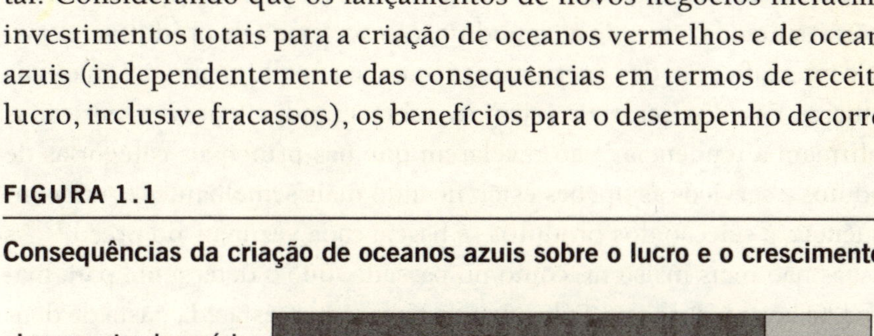

tes da descoberta de águas azuis são evidentes. Embora não tenhamos dados sobre os índices de sucesso das iniciativas em oceanos vermelhos e em oceanos azuis, as diferenças de desempenho total entre elas são marcantes.

O imperativo crescente da criação de oceanos azuis

Várias são as forças indutoras do imperativo crescente de criar oceanos azuis. A aceleração dos avanços tecnológicos gerou aumentos substanciais na produtividade dos setores e criou condições para o fornecimento de um nível sem precedentes de produtos e serviços. O resultado é que em cada vez mais setores a oferta é maior do que a demanda.[8] A tendência no sentido da globalização agrava o quadro. À medida que se quebram as barreiras comerciais entre países e regiões e que se dispõe de informações sobre produtos e preços instantaneamente e em âmbito mundial, os mercados de nicho e os resquícios dos monopólios tornam-se cada vez mais raros.[9] Embora a oferta esteja em alta, à medida que se intensifica a competição global, não há provas claras do aumento da demanda mundial, e algumas estatísticas até apontam para reduções demográficas em muitos mercados desenvolvidos.[10]

Os resultados têm sido a comoditização acelerada de produtos e serviços, a intensificação das guerras de preços e o encolhimento das margens de lucro. Estudos setoriais recentes sobre grandes marcas americanas confirmam a tendência,[11] ao revelarem que nas principais categorias de produtos e serviços as opções estão ficando mais semelhantes e, em consequência, a seleção dos produtos se baseia cada vez mais no preço.[12] As pessoas não mais insistem, como no passado, que o detergente para máquina de lavar roupa seja Tide. Nem mais fazem questão da pasta de dentes Colgate, quando a Crest está em promoção, e vice-versa. Nos setores superexplorados, a diferenciação das marcas torna-se cada vez mais difícil, nas fases de alta e baixa atividade econômica.

Tudo isso sugere que o ambiente de negócios tradicional, no qual grande parte das abordagens sobre estratégia e gestão se desenvolveram no século XX, está desaparecendo em ritmo cada vez mais acelerado. À medida que os oceanos vermelhos ficam cada vez mais sangrentos, os gestores, bem mais do que estão acostumados, deverão preocupar-se com os oceanos azuis.

De empresa e setor para iniciativa estratégica

Assim, como uma empresa será capaz de transpor os limites do oceano vermelho da competição sangrenta? Como poderá criar oceanos azuis? Será que existe uma abordagem sistemática para alcançar e sustentar alto nível de desempenho?

Em busca de uma resposta, nosso primeiro passo foi definir a unidade básica de análise da nossa pesquisa. Para compreender as causas essenciais do alto desempenho, a literatura de negócios geralmente adota a empresa como unidade básica de análise. As pessoas se admiram de como certas empresas alcançam vigoroso crescimento lucrativo, por meio de um conjunto único de características estratégicas, organizacionais e operacionais. No entanto, sob a nova abordagem, nossa pergunta foi: Será que existem empresas "excelentes" ou "visionárias" *duradouras*, que superam continuamente o desempenho médio do mercado e criam reiteradamente oceanos azuis?

Veja, por exemplo, os livros *Vencendo a crise* (Harbra) e *Feitas para durar*[13] (Rocco). O best-seller *Vencendo a crise* foi publicado 20 anos atrás. No entanto, dois anos depois de seu lançamento, várias das empresas pesquisadas começaram a cair no esquecimento: Atari, Chesebrough-Pond's, Data General, Fluor, National Semiconductor. Conforme documentado em *Administrando no limite* (Record), dois terços das empresas identificadas como modelo em *Vencendo a crise* perderam sua posição entre as líderes setoriais cinco anos depois da publicação do livro.[14]

Feitas para durar seguiu o rastro de *Vencendo a crise*. Seu propósito foi descobrir "práticas bem-sucedidas das empresas visionárias" que apresentavam histórico duradouro de desempenho superior. No entanto, para evitar as armadilhas em que caíra *Vencendo a crise*, o período da pesquisa foi ampliado para toda a vida da empresa e a análise foi limitada a organizações com mais de 40 anos. *Feitas para durar* também virou best-seller.

Contudo, mais uma vez, quando submetidas à análise mais minuciosa, também as empresas destacadas em *Feitas para durar* revelaram deficiências. Como mostra o livro recente *Destruição criativa*, boa parte do sucesso atribuído a algumas das empresas-modelo em *Feitas para durar* explica-se mais pelo desempenho do setor do que pelo desempenho das empresas em si.[15] Por exemplo, a Hewlett-Packard (HP) satisfez os critérios de *Feitas para durar*, por apresentar desempenho superior ao do mercado durante muito tempo. Na realidade, embora a HP superasse o mercado, o mesmo ocorreu com todo o setor de hardware para computadores. E, ainda por cima, a HP nem mesmo se mostrou melhor do que os concorrentes dentro do próprio setor de hardware para computadores. Por meio deste e de outros exemplos, *Destruição criativa* questiona se algum dia realmente houve empresas "visionárias" que sempre teriam sobrepujado o desempenho do mercado. Ademais, todos assistimos à estagnação e ao declínio das empresas japonesas que um dia foram enaltecidas como estrategistas "revolucionárias", durante seu apogeu de fins da década de 1970 a princípios da década seguinte.

Se, de fato, nenhuma empresa ostenta alto desempenho perpétuo e se a mesma empresa pode ser brilhante hoje e desastrosa amanhã, parece que "empresa" não é unidade de análise adequada para a investigação das causas básicas do alto desempenho e das origens do oceano azul.

Como já vimos antes, a história também mostra que os setores se encontram em processo de constante recriação e expansão ao longo do tempo e que as condições e as fronteiras setoriais não são imutáveis, podendo ser moldadas pelos diferentes atores. As empresas não precisam competir de peito aberto em determinado espaço setorial; o Cirque du Soleil criou novo espaço de mercado na indústria do entretenimento e gerou crescimento altamente lucrativo. Assim, parece que nem "empresa" nem "setor" são as melhores unidades de análise para o estudo das causas básicas do crescimento lucrativo no futuro.

Confirmando essas observações, nosso estudo revela que o "movimento estratégico", não a empresa nem o setor, é a unidade de análise adequada para explicar a criação de oceanos azuis e sustentação de alto desempenho. "Movimento estratégico" é um conjunto de decisões e ações gerenciais que resultam em importantes produtos e serviços capazes de criar novos mercados. A Compaq, por exemplo, foi adquirida pela Hewlett-Packard em 2001 e não é mais uma empresa independente, de modo que muita gente talvez a considere malsucedida. No entanto, essa situação não invalida seus movimentos estratégicos de oceano azul para a criação do setor de servidores, que não só foram parte da vigorosa recuperação da empresa em meados da década de 1990, mas também desbravaram um novo espaço de mercado multibilionário em computação.

O Apêndice A fornece uma visão geral instantânea de três indústrias americanas representativas, com base em nosso banco de dados: a indústria automobilística – como vamos para o trabalho; a indústria de computação – o que usamos no trabalho; e a indústria do cinema – o que fazemos depois do trabalho, como diversão. Com efeito, não se encontra nesses relatos nenhuma empresa nem setor que tenha sido sempre excelente. Mas parece que existem semelhanças impressionantes entre os movimentos estratégicos que criaram oceanos azuis e que levaram a novas trajetórias de crescimento lucrativo vigoroso.

Os movimentos estratégicos aqui analisados – os quais resultaram em produtos e serviços que desbravaram e conquistaram novos espaços de mercado, gerando saltos significativos na demanda – envolvem grandes histórias de crescimento lucrativo, assim como relatos instigantes de oportunidades perdidas por empresas que ficaram à deriva em oceanos vermelhos. Desenvolvemos nosso estudo em torno desses movimentos estratégicos para compreender o padrão pelo qual se criam oceanos azuis e se alcança alto desempenho. Estudamos mais de 150 movimentos estratégicos entre 1880 e 2000, em mais de 30 setores, e analisamos com minúcias os atores relevantes em cada um desses casos. Os setores abrangem hotelaria, cinema, varejo, aviação comercial, energia, computação, comunicação de massa, construção civil, automóveis e siderurgia. Estudamos não só os protagonistas vencedores, que criaram oceanos azuis, mas também seus concorrentes coadjuvantes e figurantes, não tão bem-sucedidos.

Tanto no âmbito de determinado movimento estratégico como ao longo de diferentes movimentos estratégicos, buscamos pontos de convergência entre as empresas que criaram oceanos azuis e entre os navegantes menos brilhantes que se perderam no oceano vermelho. Também buscamos divergências entre esses dois grupos. Assim agindo, tentamos descobrir os fatores comuns que redundam na criação de oceanos azuis e as principais diferenças que distinguem os vencedores dos meros sobreviventes e dos náufragos, que sucumbiram nas águas escarlates.

Nosso estudo sobre mais de 30 setores confirmaram que nem o setor nem as características organizacionais eram capazes de explicar as discrepâncias entre os dois grupos. Ao avaliar as variáveis setoriais, organizacionais e estratégicas, constatamos que a criação e a navegação em oceanos azuis eram proezas de empresas grandes e pequenas, de gestores jovens e velhos, de participantes de setores muito atraentes e pouco atraentes, de estreantes e de veteranas, de companhias abertas e fechadas, de concorrentes em indústrias de alta e baixa tecnologia e de empresas oriundas de diversas nacionalidades.

Nossas análises não identificaram nenhuma empresa e nenhum setor que se pautasse pela excelência perpétua. O que encontramos por trás das histórias de sucesso aparentemente contraditórias, contudo, foi um padrão comum e constante entre os movimentos estratégicos para a criação e exploração de oceanos azuis. Não importa que tenha sido a Ford, em 1908, com o Modelo T; ou a GM, em 1924, com carros de estilo emocional; ou a CNN, na década de 1980, com notícias em tempo real e em horário integral; ou a Compaq, a Starbucks, a Southwest Airlines, o Cirque du Soleil – ou qualquer um dos movimentos estratégicos de oceano azul de nosso estudo, a abordagem estratégica dessas empresas foi coerente no tempo, qualquer que seja o setor. Nossa pesquisa também foi bastante ampla para abranger movimentos estratégicos famosos em mudanças no setor público. Também aqui deparamos com semelhanças impressionantes entre os padrões dos setores público e privado.

Inovação de valor: A pedra angular da estratégia do oceano azul

O que diferenciou de maneira consistente os vencedores dos perdedores na criação de oceanos azuis foi a maneira de encarar a estratégia. As empresas que se perderam no oceano vermelho adotaram uma abordagem convencional, empenhando-se para vencer a concorrência por meio da construção de posições defensáveis no âmbito da ordem setorial vigente.[16] Surpreendentemente, as empresas criadoras de oceanos azuis não recorreram aos concorrentes como paradigmas.[17] Em vez disso, adotaram uma lógica estratégica diferente, que denominamos *inovação de valor*. Nós a chamamos inovação de valor, pois em vez de se esforçarem para superar os concorrentes, concentraram o foco em tornar a concorrência irrelevante, oferecendo saltos no valor para os compradores e para as próprias empresas, que assim desbravaram novos espaços de mercado inexplorados.

A inovação de valor atribui a mesma ênfase ao valor e à inovação. Valor sem inovação tende a concentrar-se na *criação de valor* em escala incremental, algo que aumenta o valor, mas não é suficiente para sobressair-se no mercado.[18] *Inovação* sem valor tende a ser movida a tecnologia, promovendo pioneirismos ou futurismos que talvez se situem além do que os compradores estejam dispostos a aceitar e a comprar.[19] Nesse sentido, é importante promover distinção entre inovação de valor e os conceitos de inovação de tecnologia e pioneirismo no mercado. Nosso estudo mostra que a diferenciação entre vencedores e perdedores na criação de oceanos azuis não é nem o ineditismo tecnológico nem a rapidez de entrada no mercado. Às vezes, tais fatores estão presentes; no entanto, com mais frequência, não são relevantes. A inovação de valor ocorre apenas quando as empresas alinham inovação com utilidade, com preço e com ganhos de custo. Se não conseguirem associar inovação e valor dessa maneira, os inovadores de tecnologia e os pioneiros de mercado geralmente põem ovos que acabam sendo chocados por outras empresas.

A inovação de valor é uma nova maneira de raciocinar sobre a execução da estratégia, que resulta na criação de um novo espaço de mercado e no rompimento com a concorrência. Muito importante, a inovação de valor desafia um dos dogmas mais comuns da estratégia baseada na concorrência – o trade-off valor-custo.[20] Tradicionalmente, acredita-se que as empresas, quando comparadas aos concorrentes, devem ser capazes de criar mais valor para os clientes, a custo mais alto, ou de criar o mesmo valor para os clientes, a custo mais baixo. Assim, estratégia é escolher entre diferenciação e liderança de custos.[21] Em contraste, as empresas que buscam criar oceanos azuis perseguem a diferenciação e a liderança de custos ao mesmo tempo.

Retornemos ao Cirque du Soleil. A busca simultânea de diferenciação e de baixo custo situa-se no âmago dessa experiência de entretenimento. Na época de seu advento, outros circos se esforçavam para seguir os exemplos uns dos outros e para aumentar sua participação na demanda já minguante por espetáculos circenses tradicionais e decadentes. Para tanto, procuravam atrair os palhaços e os domadores mais famosos, o que inflava a estrutura de custos dos circos, sem alterar substancialmente a experiência circense. O resultado era aumentar as despesas sem aumentar as receitas, no contexto de uma espiral descendente de interesse por circos.

Todos esses esforços se tornaram irrelevantes com o aparecimento do Cirque du Soleil. Nem espetáculo circense nem produção teatral clássica, o Cirque du Soleil não ligava para a concorrência. Em vez de seguir a lógica convencional de superar a concorrência, oferecendo melhor solução para determinado problema – criar um circo com ainda mais diversão e vibração – o novo empreendimento procurou oferecer a diversão e a vibração do circo *e*, ao mesmo tempo, a sofisticação intelectual e a riqueza artística do teatro; assim, redefiniu o problema em si.[22] Ao romper as fronteiras dos mercados de teatro e circo, o Cirque du Soleil passou a compreender melhor não só os clientes de circo, mas também os não clientes de circo: adultos frequentadores de teatro.

Daí resultou um conceito de circo totalmente novo que rompeu o trade-off valor-custo e criou um oceano azul de um novo espaço de mercado. Veja as diferenças. Enquanto outros circos ofereciam espetáculos com animais, performances artísticas, vários picadeiros na forma de três círculos e descontos de grupos para vendas ao público, o Cirque du Soleil eliminou todos esses fatores, os quais sempre foram considerados imprescindíveis pelos circos tradicionais, que nunca questionaram sua importância. Na verdade, contudo, o público se mostrava cada vez mais insatisfeito com a exploração de animais, exatamente um dos componentes mais dispendiosos, abrangendo não só o preço de compra em si, mas também treinamento, assistência médica, abrigo, alimentação, segurança e transporte.

Do mesmo modo, enquanto o setor tradicional se concentrava nas performances artísticas, o público considerava simplórios os artistas de circo em comparação com os artistas de cinema. Mais uma vez, esse era um fator de alto custo com pouco efeito para os espectadores. Também pertenciam ao passado os tempos dos três grandes picadeiros. Além de criar ansiedade entre os espectadores, que eram obrigados a alternar a atenção entre vários pontos, essa montagem também triplicava o número de artistas necessários, com suas implicações óbvias em termos de custos. Ademais, embora os descontos de grupos gerassem receita, na prática os preços altos desestimulavam as compras, despertando nos pais a percepção de serem explorados.

O encanto duradouro do circo tradicional consistia apenas em três fatores-chave: a tenda, os palhaços e as acrobacias clássicas. Assim, o Cirque du Soleil manteve os palhaços, embora mudando seu humor, do tipo pastelão para formas mais encantadoras e refinadas. Também acentuou o glamour da lona, que ironicamente muitos circos começavam a substituir por recintos alugados. Considerando que a singularidade da lona refletia simbolicamente a mágica do circo, o Cirque du Soleil projetou o símbolo clássico do circo com um acabamento externo mais grandioso e com mais conforto interno para os usuários, acentuando a associação entre a tenda e a epopeia do grande circo. A serragem e os bancos duros desapareceram. Os acrobatas e outras encenações vibrantes foram mantidas, mas seu papel foi reduzido e ficaram mais elegantes, acrescentando-se aos atos bom gosto artístico e admiração intelectual.

Olhando para o teatro, no outro lado da fronteira do mercado, o Cirque du Soleil também incorporou novos fatores não circenses, como enredo e riqueza intelectual, músicas e danças artísticas e produções múltiplas. Esses fatores, criações inteiramente novas para o contexto circense, se inspiraram no teatro, outra indústria de entretenimento ao vivo.

Ao contrário dos espetáculos circenses tradicionais, com uma série de atos desconectados, cada criação do Cirque du Soleil tem um tema e um enredo, algo parecido com uma apresentação teatral. Embora o tema seja deliberadamente vago, a inovação proporciona harmonia e refinamento intelectual ao espetáculo – sem limitar o potencial artístico. O Cirque du Soleil também aproveita ideias dos shows da Broadway. Por exemplo, apresenta várias produções, em vez dos tradicionais espetáculos únicos. Como na Broadway, cada espetáculo do Cirque du Soleil tem sua própria trilha sonora, com músicas selecionadas, que marca a performance visual, a iluminação e a duração dos atos. Os espetáculos apresentam danças abstratas e espirituais, ideia extraída do teatro e do balé. Ao introduzir esses novos fatores em suas ofertas, o Cirque du Soleil passou a produzir espetáculos mais sofisticados.

Além disso, ao adotar o conceito de produções múltiplas e ao oferecer atrativos para idas mais frequentes ao circo, o Cirque du Soleil promoveu forte aumento da demanda.

Em outras palavras, o novo conceito oferece o melhor do circo e do teatro. Todo o resto foi eliminado ou reduzido. Ao proporcionar valor sem precedentes, o Cirque du Soleil criou um oceano azul e inventou uma nova forma de entretenimento ao vivo, com diferenças marcantes em relação às alternativas tradicionais representadas pelo circo e pelo teatro. Além disso, ao eliminar muitos dos elementos mais dispendiosos do circo, também reduziu drasticamente sua estrutura de custos, alcançando ao mesmo tempo diferenciação e baixo custo. Estrategicamente, o novo empreendimento definiu os preços de seus ingressos em comparação aos do teatro, em nível correspondente a várias vezes os do circo tradicional, mas ainda acessível para a massa de clientes adultos, acostumados com os preços dos teatros.

A Figura 1.2 retrata a dinâmica diferenciação-baixo custo que sustenta a inovação de valor.

FIGURA 1.2

Inovação de valor: A pedra angular da estratégia do oceano azul

A inovação de valor ocorre na área em que as ações da empresa afetam favoravelmente sua estrutura de custos e sua proposta de valor para os compradores. Obtêm-se economias de custo mediante a eliminação e redução dos atributos da competição setorial. Aumenta-se o valor para os compradores ampliando-se e criando-se atributos que nunca foram oferecidos pelo setor. Com o passar do tempo, reduzem-se ainda mais os custos à medida que se estabelecem economias de escala em face dos altos volumes de vendas geradas pelo valor superior.

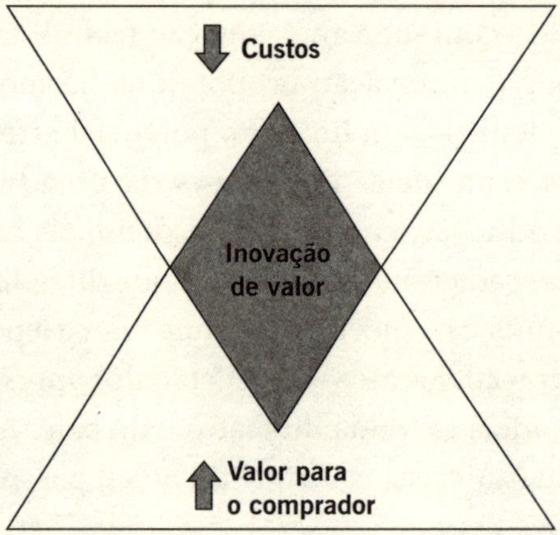

Busca simultânea de diferenciação e baixo custo

Como mostra a Figura 1.2, a criação de oceanos azuis consiste em reduzir os custos e, ao mesmo tempo, aumentar o valor para os compradores. Essa é a maneira como se empreende um salto de valor tanto para a empresa quanto para os compradores. Como o valor para os compradores decorre da utilidade e do preço dos produtos e serviços e o valor para a empresa resulta do preço em comparação com os custos, só se alcança a inovação de valor quando todo o sistema de atividades da empresa, envolvendo utilidade, preço e custo, se alinha de maneira adequada. É essa abordagem de sistema integral que converte a criação de oceanos azuis em estratégia sustentável. A estratégia do oceano azul integra todo o espectro de atividades funcionais e operacionais da empresa.

Em contraste, outras inovações, como as de produção, ocorrem no nível dos subsistemas, sem impactar a estratégia geral da empresa. As inovações no processo de produção, por exemplo, podem reduzir a estrutura de custos da empresa para reforçar a estratégia de liderança de custo vigente, sem alterar a proposta de utilidade de suas ofertas. Embora as inovações desse tipo possam contribuir para sustentar ou mesmo para melhorar a posição da empresa no espaço de mercado existente, essa abordagem de subsistemas raramente criará um oceano azul de novo espaço de mercado.

Nesse sentido, a inovação de valor é mais do que inovação. É estratégia que abarca todo o sistema de atividades da empresa.[23] A inovação de valor exige que a empresa reoriente todo o sistema para empreender um salto no valor, para os compradores e para ela própria. Na falta dessa abordagem holística, a inovação continuará fora do núcleo da estratégia.[24] A Figura 1.3 esboça os principais aspectos que definem as estratégias do oceano vermelho e do oceano azul.

A estratégia do oceano vermelho baseada na concorrência presume que as condições estruturais do setor estão predeterminadas e que as empresas são forçadas a competir segundo tais características, pressuposto que se fundamenta no que os acadêmicos chamam de visão *estruturalista* ou *determinismo ambiental*.[25] Em contraste, a inovação de valor se escora na visão de que as fronteiras do mercado e a estrutura do setor não são dados e podem ser reconstruídos pelas ações e crenças dos atores setoriais. Chamamos essa abordagem de visão *reconstrucionista*. No oceano

FIGURA 1.3

Estratégia do oceano vermelho *versus* estratégia do oceano azul

Estratégia do oceano vermelho	Estratégia do oceano azul
Competir nos espaços de mercado existentes.	Criar espaços de mercado inexplorados.
Vencer os concorrentes.	Tornar a concorrência irrelevante.
Aproveitar a demanda existente.	Criar e capturar a nova demanda.
Exercer o trade-off valor-custo.	Romper o trade-off valor-custo.
Alinhar todo o sistema de atividades da empresa com sua escolha estratégica de diferenciação ou baixo custo.	Alinhar todo o sistema de atividades da empresa em busca da diferenciação e baixo custo.

vermelho, a diferenciação é onerosa porque as empresas competem em função das mesmas regras de melhores práticas. Nesse caso, as escolhas estratégicas das empresas são buscar seja a diferenciação, seja o baixo custo. No mundo reconstrucionista, contudo, o alvo estratégico é criar novas regras de melhores práticas, rompendo o trade-off valor-custo vigente e, assim, criando oceanos azuis. (Para análise mais aprofundada desse aspecto, ver o Apêndice B.)

O Cirque du Soleil rompeu a regra das melhores práticas do setor circense, alcançando ao mesmo tempo diferenciação e baixo custo, mediante a reconstrução de elementos em ambos os lados das fronteiras setoriais vigentes. Assim, o Cirque du Soleil ainda é realmente um circo, depois de tudo que eliminou, reduziu, elevou ou criou? Ou é um teatro? E se for um teatro, de que tipo – espetáculo da Broadway, ópera, balé? Não está claro. O Cirque du Soleil estabeleceu elementos específicos, envolvendo todas essas alternativas, e, no final das contas, é ao mesmo tempo um pouco de todas as suas fontes de inspiração, mas não é nenhuma delas em sua completude. E assim criou um oceano azul em um espaço de mercado inexplorado, que até agora ainda não havia sido denominado.

Formulando e executando a estratégia do oceano azul

Embora as condições econômicas indiquem a necessidade crescente de seguir estratégias do oceano azul, ainda predomina a crença generalizada de que as chances de sucesso são mais baixas quando as empresas se aventuram além dos espaços de mercado existentes.[26] A questão é como ser bem-sucedido em oceanos azuis. Como as empresas serão capazes de maximizar sistematicamente as oportunidades e ao mesmo tempo minimizar os riscos de formular e executar estratégias do oceano azul? Quando não se compreendem os princípios da maximização de oportunidades e da minimização dos riscos que impelem a criação e exploração de oceanos azuis, as chances contrárias aos movimentos em oceanos azuis serão maiores.

Evidentemente, nunca se pode falar em estratégia sem risco.[27] A estratégia sempre envolverá oportunidades e riscos, seja uma iniciativa de oceano vermelho, seja uma iniciativa de oceano azul. Mas, hoje, o campo de jogo ainda está muito desequilibrado devido à existência de diversas ferramentas e modelos analíticos com o intuito de viabilizar o sucesso em oceanos vermelhos. Enquanto isso for verdade, os oceanos vermelhos continuarão a dominar a agenda estratégica das empresas, mesmo que os imperativos de negócios para a criação de oceanos azuis sejam cada vez mais urgentes. Talvez isso explique por quê, não obstante as exortações anteriores para que as empresas avancem além dos espaços setoriais existentes, as empresas em geral ainda não se empenharam com seriedade na observância dessas recomendações.

Este livro tenta combater esse desequilíbrio, ao propor uma metodologia de apoio à nossa tese. Apresentamos aqui os princípios e os modelos analíticos para alcançar o sucesso em oceanos azuis.

O Capítulo 2 introduz as ferramentas e modelos analíticos essenciais para a criação e exploração de oceanos azuis. Embora outros capítulos também proponham ferramentas complementares, essa análise básica é usada ao longo de todo o livro. As empresas são capazes de efetuar mudanças proativas no setor ou nos fundamentos do mercado, por meio da aplicação intencional e premeditada dessas ferramentas e modelos de oceano azul, que se desenvolvem em torno das questões de oportunidade e risco. Os capítulos seguintes apresentam os princípios que impulsionam a formulação e a implementação bem-sucedida de estratégias do oceano azul e mostram como aplicar em ações práticas esses princípios, junto com as ferramentas e modelos analíticos.

Quatro são os princípios norteadores da formulação bem-sucedida de estratégias do oceano azul. Os Capítulos 3 a 6 tratam desses princípios, um de cada vez. O Capítulo 3 identifica os caminhos pelos quais se criam sistematicamente espaço de mercado inexplorado entre os domínios de diferentes setores, atenuando, assim, o *risco da busca*. Ele também ensina como tornar a concorrência irrelevante, erguendo as vistas para além das seis fronteiras convencionais da competição, no intuito de desbravar oceanos azuis importantes em termos comerciais. Estas seis fronteiras a serem prospectadas seriam os setores alternativos, os grupos estratégicos, os grupos de compradores, as ofertas de produtos e serviços complementares, a orientação funcional-emocional dos setores e até o transcurso do tempo.

O Capítulo 4 mostra como desenvolver o processo de planejamento estratégico de uma empresa, de modo a ir além das melhorias incrementais, para criar inovações de valor. Ele apresenta uma alternativa ao processo de planejamento estratégico vigente, que em geral é criticado como mero exercício de processamento de números e que aprisiona as empresas nas melhorias incrementais. Esse princípio trata do *risco do planejamento*. Adotando-se uma abordagem visual que leva o usuário a concentrar-se no panorama geral, em vez de submergir em números e jargões, esse capítulo propõe um processo de planejamento de quatro passos, pelo qual é possível construir uma estratégia que crie e explore oportunidades de oceano azul.

O Capítulo 5 mostra como ampliar ao máximo o tamanho dos oceanos azuis. A fim de criar o maior mercado possível para a nova demanda, nele se questiona a prática convencional de estreitar a segmentação como meio de melhor atender às preferências dos clientes existentes, prática que em geral resulta em mercados-alvo cada vez menores. Em vez disso, esse capítulo ensina a agregar a demanda, concentrando-se não nas diferenças que separam os clientes, mas, sim, nos vigorosos elementos comuns entre os não clientes, a fim de maximizar a extensão do oceano azul que está sendo desbravado e a abrangência da nova demanda a ser liberada; o que, por sua vez, minimiza o *risco de escala*.

O Capítulo 6 desenvolve um projeto de estratégia que cria condições para que a empresa não só ofereça um salto em valor para a massa de compradores, mas também construa um modelo de negócios viável, no intuito de gerar e manter crescimento lucrativo para si mesma. Ele mostra como garantir que a empresa construa um modelo de negócios lucrativo, capaz de extrair lucro do oceano azul em processo de criação. Também cuida do *risco do modelo de negócios*. Também define a sequência em que se deve elaborar a estratégia, de modo que a empresa e os clientes saiam ganhando, à medida que se mapeiam as águas desconhecidas. Tal estratégia segue a sequência utilidade, preço, custo e adoção.

Os Capítulos 7 e 8, por sua vez, deslocam a atenção para os princípios que impulsionam a execução eficaz da estratégia do oceano azul. Especificamente, o Capítulo 7 introduz o que chamamos de *liderança no ponto de desequilíbrio* (*tipping point leadership*). A liderança no ponto de equilíbrio mostra aos gerentes como mobilizar a organização para superar as principais barreiras organizacionais que impedem a implementação das estratégias do oceano azul. Ele trata do *risco organizacional* e mostra como os líderes e gerentes são capazes de transpor as barreiras cognitivas, instrumentais, motivacionais e políticas, não obstante as limitações de tempo e recursos na execução da estratégia do oceano azul.

FIGURA 1.4

Os seis princípios da estratégia do oceano azul

Princípios de formulação	**Fatores de risco atenuados por cada princípio**
Reconstrua as fronteiras do mercado.	↓ Risco da busca
Concentre-se no panorama geral, não nos números.	↓ Risco do planejamento
Vá além da demanda existente.	↓ Risco da escala
Acerte a sequência estratégica.	↓ Risco do modelo de negócios

Princípios de execução	**Fatores de risco atenuados por cada princípio**
Supere as principais barreiras organizacionais.	↓ Risco organizacional
Introduza a execução na estratégia.	↓ Risco da gestão

O Capítulo 8 recomenda que se integre a execução da estratégia como parte da elaboração da estratégia, de modo a motivar as pessoas a agir no dia a dia com base na estratégia do oceano azul, colocando a execução sustentável da estratégia bem no âmago da organização. Esse capítulo introduz o que denominamos *processo justo*. Como a estratégia do oceano azul sempre significa afastamento do *status quo*, esse capítulo mostra como o processo justo facilita a elaboração e a execução da estratégia, mediante a mobilização das pessoas para a cooperação voluntária imprescindível à execução da estratégia do oceano azul. Ele trata do *risco gerencial* associado às atitudes e comportamentos das pessoas.

A Figura 1.4 destaca os seis princípios que impulsionam a formulação e a execução bem-sucedidas da estratégia do oceano azul e mostra os riscos atenuados por cada um deles.

O Capítulo 9 analisa os aspectos dinâmicos da estratégia do oceano azul – as questões de sustentabilidade e renovação.

Passemos agora para o Capítulo 2, as ferramentas e modelos analíticos básicos que serão usados em todo este livro para a formulação e execução da estratégia do oceano azul.

CAPÍTULO 2

Ferramentas e modelos de análise

PASSAMOS OS ÚLTIMOS DEZ ANOS desenvolvendo um conjunto de ferramentas e modelos de análise, na tentativa de tornar a formulação e a execução da estratégia do oceano azul tão sistemáticas e operacionalizáveis quanto é hoje a concorrência nas águas vermelhas dos espaços de mercado conhecidos. Esses instrumentos analíticos preenchem uma lacuna central no campo da estratégia, o qual, nos últimos anos, desenvolveu um conjunto impressionante de ferramentas e modelos voltados para a concorrência nos oceanos vermelhos, como o modelo das cinco forças, aplicável à análise das condições setoriais vigentes, e as três estratégias genéricas – baixo custo, diferenciação e foco –, mas se manteve quase em silêncio em relação a ferramentas práticas para navegar com excelência nos oceanos azuis. Em vez disso, os executivos têm sido exortados a ser corajosos e empreendedores, a aprender com o fracasso e a parecer revolucionários. Embora instigantes, essas condições não substituem a análise necessária para se navegar com sucesso em águas azuis. Na ausência de instrumentos analíticos, os executivos não têm como agir para transpor as fronteiras dos atuais mercados competitivos. A estratégia do oceano azul eficaz consiste em minimizar os riscos, não em assumir riscos às cegas.

No intuito de enfrentar esses desequilíbrios, estudamos empresas em todo o mundo e desenvolvemos metodologias práticas para a busca de oceanos azuis. Então, aplicamos e testamos essas ferramentas e modelos em situações reais, trabalhando com empresas à procura de oceanos azuis, o que muito contribuiu para o enriquecimento e refinamento de nosso instrumental. As ferramentas e modelos aqui apresentados são usados em todo o livro à medida que analisamos os seis princípios da formulação e execução da estratégia do oceano azul. Como breve introdução a essas ferramentas e modelos, examinemos um setor – a indústria vinícola dos Estados Unidos – para ver como aplicar esse instrumental na prática, com vistas à criação de oceanos azuis.

Os Estados Unidos têm o terceiro maior consumo agregado de vinho do mundo. No entanto, essa indústria de US$20 bilhões é extremamente competitiva. Os vinhos da Califórnia dominam o mercado doméstico, respondendo por dois terços do total de vendas nos Estados Unidos. A produção nacional compete fortemente com os vinhos importados da França, Itália e Espanha, assim como com os do Novo Mundo, provenientes de países como Chile, Austrália e Argentina, que miram cada vez mais o mercado americano. Com o aumento da oferta de vinhos oriundos dos estados de Oregon, Washington e Nova York, além dos novos vinhedos da Califórnia, a oferta explodiu. No entanto, o mercado consumidor americano manteve-se praticamente estagnado. Os Estados Unidos continuam no 31º lugar em consumo *per capita* de vinho no mundo.

A competição intensa fomentou a concentração em curso no setor. Os oito maiores vinicultores respondem por mais de 75% da produção americana, enquanto os cerca de 1.600 restantes produzem os 25% complementares. O domínio de tão poucos protagonistas concede-lhes a capacidade de negociar com os distribuidores espaços de prateleira e injetar milhões de dólares em marketing. Ao mesmo tempo, constata-se a concentração de varejistas e distribuidores em todo o país, o que aumenta seu poder de barganha em relação à massa de vinicultores. As batalhas por espaço nos canais de distribuição e varejo são titânicas. Assim, não admira que as empresas fracas e mal dirigidas sejam alijadas do mercado em quantidades crescentes, inclusive em decorrência das pressões para baixa nos preços de seus vinhos.

Em síntese, a indústria vinícola americana enfrenta competição intensa, crescente poder de barganha dos distribuidores e varejistas, aumento da pressão sobre os preços e achatamento da demanda, não obstante a variedade de oferta cada vez mais ampla. Com base no pensamento estratégico convencional, o setor é pouco atraente. Para o estrategista, a questão crítica é: Como escapar desse oceano vermelho de competição sangrenta e tornar os concorrentes irrelevantes? Como desbravar e explorar o oceano azul do espaço de mercado inexplorado?

Para responder a essas perguntas, recorremos à matriz de avaliação de valor, modelo analítico fundamental para a inovação de valor e para a criação de oceanos azuis.

A matriz de avaliação de valor

A matriz de avaliação de valor é tanto um instrumento de diagnóstico como um modelo para o desenvolvimento de uma estratégia consistente de oceano azul. Dois são os seus propósitos. Primeiro, captar a situação atual no espaço de mercado conhecido. Isso permite que a empresa compreenda em que os concorrentes estão investindo, os atributos nos quais se baseia a competição em termos de produtos, serviços e entrega, e o que os compradores recebem como clientes de qualquer das ofertas competitivas existentes no mercado. A Figura 2.1 retrata de forma gráfica essas informações. O eixo horizontal representa a variedade de atributos nos quais o setor investe e compete.

No caso da indústria vinícola americana, sete são os principais atributos:

- Preço por garrafa de vinho.
- Imagem de nobreza e refinamento na embalagem, com rótulos destacando os prêmios recebidos pelo produto e o uso de terminologia enológica sofisticada para salientar a arte e a ciência da vinicultura.
- Fortes investimentos em marketing para capturar a atenção do consumidor em um mercado extremamente competitivo e para estimular os distribuidores e varejistas a destacar determinada casa vinícola.
- A qualidade de envelhecimento do vinho.
- O prestígio e o legado do vinhedo (daí os apelos a mansões e a castelos, assim como às referências históricas do estabelecimento).
- A complexidade e a sofisticação do sabor do vinho, inclusive aspectos como a intensidade do conteúdo de tanino e a qualidade dos tonéis de carvalho.

FIGURA 2.1

Matriz de avaliação de valor da indústria vinícola americana no final da década de 1990

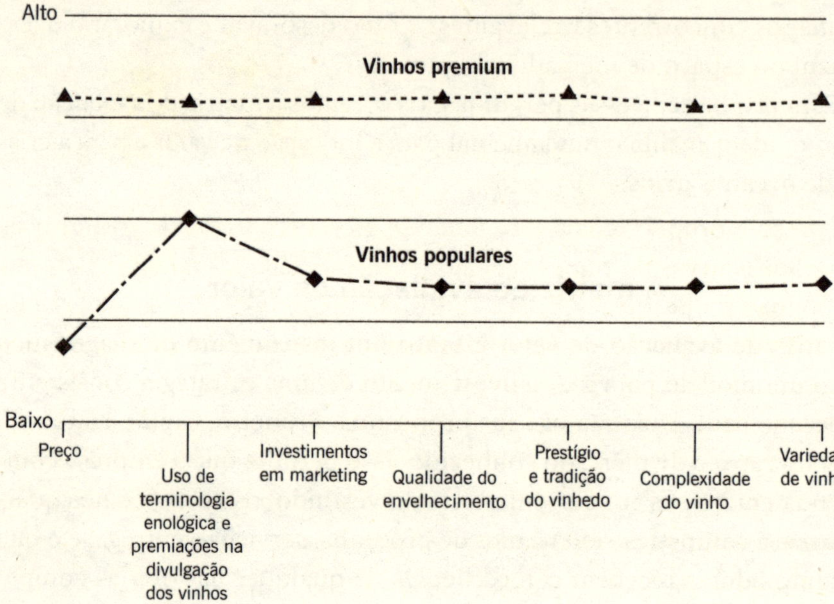

- O espectro diversificado de vinhos, para cobrir todas as variedades de uvas e de preferências dos consumidores, abrangendo nomes de Chardonnay a Merlot.

Tais atributos são considerados fundamentais para a promoção do vinho como a melhor escolha para ocasiões especiais, aos olhos do apreciador bem informado.

Essa é a estrutura básica da indústria vinícola americana sob a perspectiva do mercado. Agora, vejamos o eixo vertical da matriz, o qual retrata o nível de oferta de cada atributo segundo a percepção dos compradores. Pontuação mais alta significa que a empresa oferece mais aos compradores e, portanto, investe mais no atributo. No caso do preço, pontuação mais alta significa preço mais alto. Assim, estamos em condições de plotar as atuais ofertas de vinho com base nesses atributos, para compreender os perfis estratégicos dos vinicultores – ou suas curvas de valor. A *curva de valor* – componente básico da matriz de avaliação de valor – é a representação gráfica da performance relativa da empresa com base em cada atributo de valor.

A Figura 2.1 mostra que, embora mais de 1.600 vinicultores participem da indústria vinícola dos Estados Unidos, suas curvas de valor, sob o ponto de vista do comprador, apresentam enorme convergência. Apesar da grande quantidade de concorrentes, todas as marcas de vinhos premium, quando plotadas na matriz de avaliação de valor sob a perspectiva do mercado, exibem basicamente o mesmo perfil estratégico. Cobram alto preço e proporcionam alto nível de oferta em todos os atributos de valor. Suas curvas de valor seguem a estratégia clássica de diferenciação. Contudo, aos olhos do mercado, todos são diferentes da mesma maneira. Por outro lado, os vinhos populares também apresentam essencialmente o mesmo perfil estratégico. Seus preços são baixos, assim como o nível de oferta em todos os principais atributos de valor. Esses são os tradicionais competidores de baixo custo. Além disso, as curvas de valor dos vinhos premium e dos vinhos populares possuem a mesma forma básica. As estratégias dos dois grupos marcham sincronizadas, exatamente na mesma cadência, apenas em altitudes diferentes.

Para posicionar uma empresa em uma trajetória crescente e lucrativa dadas essas condições setoriais, imitar os concorrentes e tentar superá-los, oferecendo um pouco mais por um pouco menos, não produzirá resultados. É até possível que as vendas subam, mas dificilmente levará a empresa a desbravar novo espaço de mercado inexplorado. Tampouco a realização de amplas pesquisas entre os clientes será o caminho para os oceanos azuis. Nossos estudos revelam que os próprios clientes não são capazes de imaginar como criar novos espaços de mercado inexplorado. A perspectiva deles também tende para o típico "ofereça-me mais por menos". E aquilo que os clientes quase sempre querem "mais" geralmente são os atributos dos produtos e serviços que já são oferecidos pelo setor.

Com o propósito de mudar fundamentalmente a matriz de avaliação de valor do setor, a empresa deve começar com a reorientação de seu foco estratégico, de *concorrentes* para setores *alternativos*, e de *clientes* para *não clientes* do setor.[1] Para buscar ao mesmo tempo valor e custo, a empresa precisa resistir não somente à velha lógica de se comparar com os concorrentes nas atuais arenas, como também à escolha entre diferenciação e liderança de custo. À medida que desloca o foco estratégico da competição para setores alternativos e não clientes, a empresa desenvolve novas ideias sobre como redefinir o problema em que se concentra o setor específico e, assim, identifica atributos de valor para os compradores que se situam além das fronteiras setoriais convencionais. A lógica estratégica tradicional, em contraste, induz as empresas a oferecer melhores soluções do que os rivais para os problemas existentes, conforme os atributos de valor já definidos pelo setor.

No caso da indústria vinícola americana, a sabedoria convencional levou os vinicultores a manter o foco na superação dos concorrentes considerando os atributos de prestígio e qualidade do vinho e mantendo o mesmo patamar de preço. A superação dos concorrentes significava agregar complexidade ao vinho, com base nos perfis de degustação compartilhados pelos fabricantes e reforçados pelo sistema de avaliação e premiação estabelecidos. Vinicultores, árbitros e degustadores concordam que a complexidade – conjunto de características que refletem a singularidade do solo, da estação e das habilidades do vinicultor no manejo do tanino, do carvalho e do processo de envelhecimento – reflete a qualidade.

No entanto, ao prospectar as alternativas, a Casella Wines, vinicultora australiana, redefiniu o problema da indústria vinícola nos seguintes termos: "Como produzir um vinho agradável e irreverente, que seja fácil de beber para todos." Por quê? Ao analisar as demandas alternativas, representadas pela cerveja e pelos coquetéis prontos, que faturam três vezes mais no mercado americano de bebidas alcoólicas do que o vinho, a Casella Wines descobriu que a massa dos americanos adultos via o vinho com desinteresse. Consideravam-no intimidante, pretensioso e com um sabor cuja complexidade representava um desafio para a maioria das pessoas, embora essa fosse a base em que o setor procurava se diferenciar. Com essas ideias, a Casella Wines estava pronta para explorar como redesenhar a curva de valor da indústria vinícola americana, de modo a criar um oceano azul. Para tanto, recorreu ao segundo instrumento analítico básico dos oceanos azuis: o modelo das quatro ações.

O modelo das quatro ações

A fim de reconstruir os elementos de valor para o comprador, na elaboração de uma nova curva de valor, desenvolvemos o *modelo das quatro ações*. Como mostra a Figura 2.2, para romper o trade-off diferenciação-baixo custo e criar

FIGURA 2.2

Modelo das quatro ações

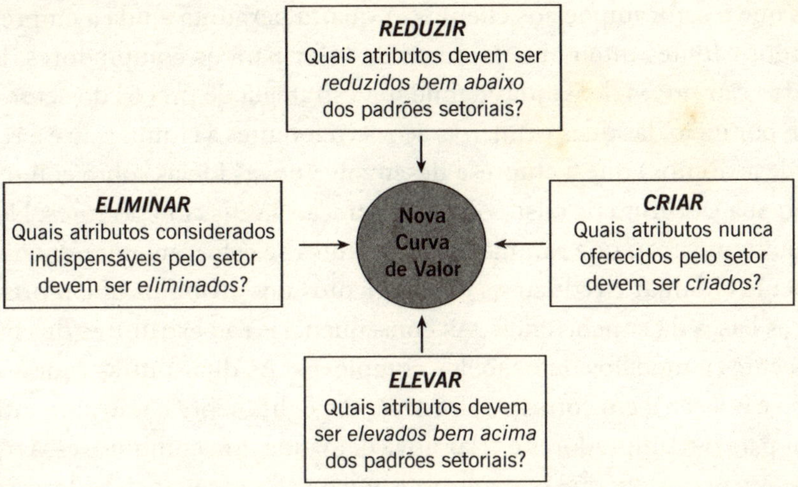

uma nova curva de valor, dispõe-se de quatro perguntas-chave, que questionam a lógica estratégica e o modelo de negócios do setor:

- Que atributos considerados indispensáveis pelo setor devem ser *eliminados*?
- Que atributos devem ser *reduzidos bem abaixo* dos padrões setoriais?
- Que atributos devem ser *elevados bem acima* dos padrões setoriais?
- Que atributos nunca oferecidos pelo setor devem ser *criados*?

Uma nova curva de valor

A primeira pergunta força a empresa a considerar a eliminação de atributos de valor que há muito tempo servem de base para a concorrência no setor. Geralmente, esses atributos são considerados indispensáveis ainda que não mais gerem valor ou até mesmo destruam valor. Às vezes, os atributos valorizados pelos compradores mudam completamente, mas as empresas que se empenham em imitar umas às outras não reagem à mudança – e não raro nem mesmo se dão conta de sua ocorrência.

A segunda pergunta força a empresa a examinar se existe excesso nos atributos dos produtos e serviços oferecidos, no esforço de imitar e superar a concorrência. Nesse caso, as empresas prestam serviços muito além dos requerimentos dos clientes, aumentando em vão sua estrutura de custos.

A terceira pergunta leva a empresa a identificar e a corrigir as limitações que o setor impõe aos clientes. A quarta pergunta ajuda a empresa a descobrir fontes inteiramente novas de valor para os compradores, buscando criar novas demandas e mudar a estratégia de preços do setor.

É por meio das duas primeiras ações (referentes à eliminação e à redução de atributos) que a empresa desenvolve novas ideias sobre como otimizar sua estrutura de custos em comparação a seus concorrentes. Nossa pesquisa mostrou que raramente os gerentes se esforçam para sistematicamente eliminar e reduzir os investimentos nos atributos que representam as bases da concorrência. As consequências são estruturas de custos crescentes e modelos de negócios complexos. As duas outras ações (elevação e criação), em contraste, fornecem insights sobre como aumentar o valor para os compradores e criar nova demanda. Em conjunto, essas quatro ações permitem que se explore sistematicamente maneiras de se rearranjar os atributos que geram valor para os clientes, através de indústrias alternativas, de modo a oferecer a estes experiências inteiramente novas, enquanto mantêm baixa sua estrutura de custos. De particular importância são as ações de eliminar e criar, pois forçam as empresas a ir além dos exercícios de maximização de valor dos atributos de competição já estabelecidos. A eliminação e a criação faz com que as empresas mudem os próprios atributos, tornando irrelevantes as atuais regras da competição.

O resultado da aplicação do modelo das quatro ações à matriz de avaliação de valor do setor é a descoberta de novos aspectos na leitura de velhas verdades não questionadas. No caso da indústria vinícola americana, ao aplicar essas quatro ações à lógica vigente e ao examinar as alternativas e os não clientes, a Casella Wines criou o [yellow tail], um vinho cujo perfil estratégico desgarrou-se da concorrência e desbravou um oceano azul. Em vez de oferecer vinho como vinho, a Casella criou uma bebida social acessível a todos: apreciadores de cervejas, de coquetéis e de outras bebidas. Em dois anos, o [yellow tail], essa bebida social irreverente, despontou como a marca de mais rápido crescimento na história da indústria vinícola australiana e americana, além de destacar-se como o vinho mais importado pelos Estados Unidos, ultrapassando os vinhos franceses e italianos. Em agosto de 2003, era o vinho tinto mais vendido nos Estados Unidos, superando os rótulos californianos. Mais ou menos na mesma época, a média das vendas anuais do [yellow tail] girava em torno de 4,5 milhões de caixas. Num contexto global de excesso de oferta de vinho, a produção do [yelow tail] mal consegue acompanhar as vendas.

Adicionalmente, enquanto as grandes empresas vinícolas desenvolveram marcas fortes ao longo de décadas de investimentos em marketing, o [yellow tail] suplantou os concorrentes mais fortes sem campanhas promocionais, sem recorrer à mídia de massa ou propagandas dirigidas. Não se limitou a simplesmente roubar vendas dos concorrentes; aumentou o próprio mercado. O [yellow tail] trouxe os apreciadores de outras bebidas – cerveja e coquetéis prontos – para o mercado do vinho. Além disso, os novos apreciadores de vinho de mesa começaram a beber vinho com mais frequência, os apreciadores de vinho de garrafão ficaram mais sofisticados e os apreciadores de vinhos mais caros passaram a incluir o [yellow tail] em sua lista de vinhos.

A Figura 2.3 mostra a extensão da aplicação do modelo das quatro ações no rompimento da concorrência na indústria vinícola americana. Aqui podemos comparar de forma gráfica a estratégia do oceano azul do [yellow tail] com o desempenho de mais de 1.600 vinicultores que concorrem nos Estados Unidos. Como mostra a Figura 2.3, a curva de valor do [yellow tail] destaca-se à parte. A Casella Wines aplicou as quatro ações – eliminar, reduzir, elevar e criar – para explicitar um mercado inexplorado e mudar a face da indústria vinícola americana num período de dois anos.

Ao examinar as alternativas como cervejas e coquetéis prontos e pensando em termos dos não clientes, a Casella Wines criou três novos atributos para a indústria vinícola americana – facilidade de beber, facilidade de escolher e diversão e aventura – e eliminou ou reduziu todos os demais. A Casella Wines descobriu que a maioria dos americanos rejeitava o vinho em face da dificuldade de apreciar a complexidade de seu valor. A cerveja e os coquetéis prontos, por exemplo, eram muito mais doces e muito mais fáceis de beber. Assim, o [yellow tail] apresentou um conjunto de características enológicas completamente novas, que resultou numa estrutura de vinho que atraiu imediatamente a massa de consumidores de bebidas alcoólicas. O gosto do vinho é suave e acessível, como o das cervejas e dos coquetéis prontos, com acentuado sabor de frutas, cujo toque adocicado mantém o paladar fresco, permitindo apreciar outra taça, sem muitas restrições. O produto final é um vinho fácil de beber que não exige anos para desenvolver um paladar refinado.

FIGURA 2.3

Matriz de avaliação de valor do [yellow tail]

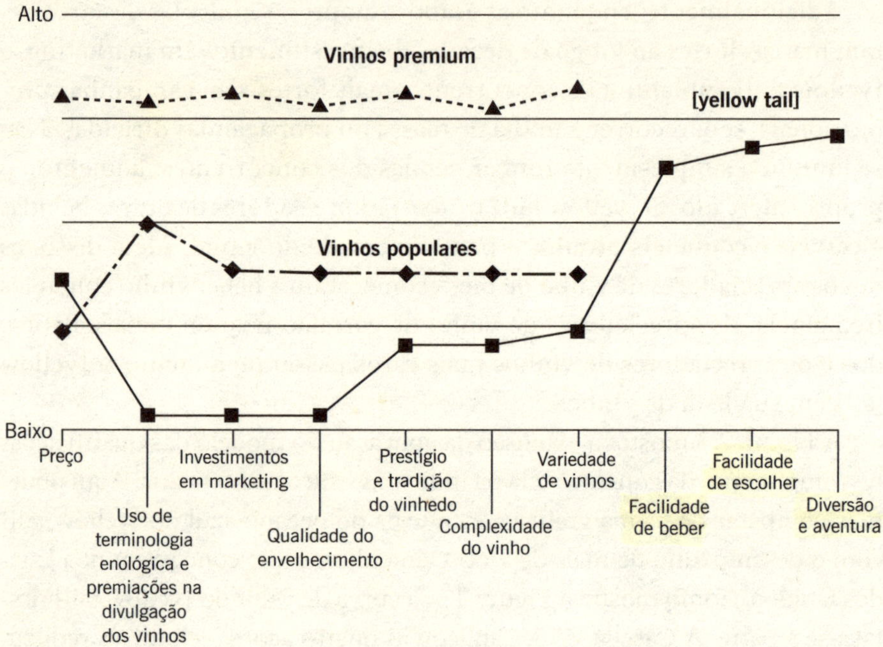

Ao oferecer esse sabor adocicado de frutas, o [yellow tail] reduziu drasticamente ou eliminou outros atributos de valor com base nos quais a indústria vinícola competira durante tantos anos – tanino, carvalho, complexidade e envelhecimento – na fabricação de vinhos finos, seja no segmento de vinhos premium, seja no segmento de vinhos populares. Com a eliminação da necessidade de envelhecimento, a Casella Wines também reduziu a necessidade de capital de giro, acelerando a recuperação e o retorno do capital aplicado na produção de vinhos. A indústria vinícola criticou o sabor adocicado de frutas do [yellow tail], acusando-o de baixar significativamente a qualidade do vinho e de comprometer seriamente a capacidade dos consumidores de apreciar a seleção criteriosa de uvas finas e de valorizar o artesanato histórico da indústria vinícola. Por mais verdadeiras que sejam tais alegações, o fato é que clientes de todos os tipos adoraram o vinho.

Os varejistas de vinhos nos Estados Unidos ofereciam aos consumidores vários corredores com variedades de vinhos, mas para a média dos consumidores a escolha era opressiva e intimidante. As garrafas tinham a mesma aparência, os rótulos eram complexos e a terminologia enológica era compreensível apenas para os *connoisseurs* e para os enófilos. Além disso, as opções eram tão extensas que os vendedores também tinham dificuldade para explicar ou recomendar vinhos a compradores potenciais. Ainda por cima, as fileiras e mais fileiras de ofertas exauriam e desanimavam os clientes, dificultando a seleção e deixando o cliente inseguro quanto às suas escolhas.

O [yellow tail] mudou tudo isso, ao criar facilidade de escolha. Para tanto, reduziu drasticamente a variedade de vinhos oferecidos, produzindo apenas duas: Chardonnay, o vinho branco mais popular nos Estados Unidos, e outro tinto, Shiraz. Também removeu todo o jargão técnico das garrafas, adotando em seu lugar um rótulo não tradicional e extremamente simples, que mostra um canguru pintado em tonalidades vibrantes e brilhantes de amarelo e laranja, sobre fundo preto. As caixas de vinho [yellow tail] também ostentam cores vibrantes, nas quais o nome da marca se destaca em negrito, com letras grandes, nas laterais. As caixas não só chamam a atenção como também facilitam a escolha, de forma não intimidadora.

O [yellow tail] marcou um gol de placa em facilidade de escolha, quando transformou os funcionários das lojas varejistas em embaixadores do produto, dando-lhes inclusive roupas típicas do interior da Austrália, como chapéus e jaquetas para usar no trabalho. Dessa maneira, inspirados por aqueles trajes diferentes e pela própria simplicidade dos vinhos, que não lhes despertavam insegurança, passaram a recomendar sem hesitação o produto. Em síntese, era divertido sugerir o [yellow tail].

Ao simplificar a oferta, de início, para apenas dois vinhos – um tinto e um branco – a Casella Wines agilizou o modelo de negócios. A redução dos volumes maximizou o giro e minimizou os investimentos em estoques. Com efeito, essa redução da variedade se estendeu às garrafas no interior das caixas. Também aqui o [yellow tail] quebrou as convenções setoriais. A Casella Wines foi a primeira empresa a colocar vinho tinto e vinho branco em garrafas com o mesmo formato, prática que aumentou a simplicidade da fabricação e da compra, criando condições para que se adotassem mostruários de vinhos extremamente simples.

A indústria vinícola em todo o mundo se orgulhava de promover o vinho como bebida refinada, com longa história e tradição, o que se reflete no mercado-alvo dos Estados Unidos: profissionais educados, nas faixas de renda superiores. Daí o foco contínuo na qualidade e na tradição dos vinhedos, na tradição histórica dos castelos e mansões e nos prêmios recebidos pelo vinho. Na verdade, as estratégias de crescimento dos principais atores da indústria vinícola americana almejavam o segmento premium do mercado, investindo dezenas de milhões em dólares na propaganda para reforçar essa imagem. No entanto, ao olhar para os consumidores de cerveja e de coquetéis prontos, o [yellow tail] constatou que essa imagem de elite não sensibilizava o grande público, que a considerava intimidante. Assim, o [yellow tail] rompeu com a tradição e desenvolveu uma personalidade que incorporava as características da cultura australiana: ousadia, descontração, diversão e aventura. Acessibilidade era o mantra: "A essência de um grande país... Austrália." Não mais se cultivava a imagem de vinhedos tradicionais. A grafia com letras minúsculas do nome [yellow tail], associada às cores vibrantes e ao desenho do canguru, ecoava Austrália. E, realmente, nenhuma referência ao vinhedo se encontra na garrafa. O vinho prometia saltar da taça, como um canguru.

O resultado foi que o [yellow tail] atraiu uma parcela representativa dos consumidores de bebidas alcoólicas. Ao oferecer esse salto de valor, o [yellow tail] elevou o preço de seus vinhos acima dos vinhos populares, fixando-o em US$6,99 a garrafa, duas vezes mais do que preço de um vinho de garrafão. Desde que o produto chegou às prateleiras, em julho de 2001, as vendas decolaram.

A matriz eliminar-reduzir-elevar-criar

Uma terceira ferramenta também é fundamental para a criação de oceanos azuis. Trata-se de instrumento analítico suplementar ao modelo das quatro ações, denominado *matriz eliminar-reduzir-elevar-criar* (ver Figura 2.4). A matriz induz as empresas a não só responder às quatro perguntas do modelo das quatro ações, mas também a *agir* com base nelas, para construir uma nova curva de valor. Ao levar as empresas a preencher a matriz com as ações de eliminar e reduzir, assim como com as de elevar e criar, essa ferramenta lhes proporciona quatro benefícios imediatos:

- Força-as a buscar simultaneamente diferenciação e baixo custo, para romper o trade-off valor-custo.

FIGURA 2.4

Matriz eliminar-reduzir-elevar-criar: Caso do [yellow tail]

Eliminar	Elevar
Terminologia e distinções enológicas Qualidade do envelhecimento Investimentos em marketing	Preço em comparação com o de vinhos populares Envolvimento dos varejistas
Reduzir	**Criar**
Complexidade do vinho Variedade de vinhos Prestígio dos vinhedos	Facilidade de beber Facilidade de escolher Diversão e aventura

- Destaca imediatamente empresas que se concentram apenas em elevar e criar, aumentando, assim, sua estrutura de custos e não raro se excedendo na engenharia dos produtos e serviços – flagelo que assola muitas organizações.
- É compreendida com facilidade por equipes de qualquer nível, promovendo alto nível de envolvimento em sua aplicação.
- Por ser uma tarefa desafiadora, o preenchimento da matriz estimula as empresas a investigar intensamente todos os atributos de valor em que se baseia a concorrência setorial, levando-as a descobrir o conjunto de premissas inconscientes que as orienta na competição.

A Figura 2.5, a matriz eliminar-reduzir-elevar-criar referente ao Cirque du Soleil, fornece outro retrato dessa ferramenta em ação e apresenta suas revelações. A constatação mais importante é a variedade de atributos que há muito tempo são a base da competição setorial e que, conforme se conclui, podem ser eliminados ou reduzidos. No caso do Cirque du Soleil, eliminaram-se diversos atributos dos circos tradicionais, como espetáculos com animais, performance de artistas famosos e vários picadeiros. Historicamente, esses fatores eram considerados indispensáveis pela indústria circense, que nunca questionou sua relevância. Adicionalmente, o desconforto do público em relação à exploração de animais era cada vez

FIGURA 2.5

Matriz eliminar-reduzir-elevar-criar: Caso do Cirque du Soleil

Eliminar	**Elevar**
Astros circenses Espetáculos com animais Descontos para grupos Espetáculos em vários picadeiros	Picadeiro único
Reduzir	**Criar**
Diversão e humor Vibração e perigo	Tema Ambiente refinado Várias produções Músicas e danças artísticas

maior. Além disso, as apresentações de animais são alguns dos componentes mais dispendiosos, abrangendo não só o custo de aquisição do animal em si, mas também as despesas com treinamento, assistência médica, alojamento, seguro e transporte. Do mesmo modo, embora a indústria circense se concentrasse no desempenho de artistas famosos, os chamados astros circenses, na percepção do público estes eram inexpressivos em comparação com os artistas de cinema. Mais uma vez, outro componente de alto custo exercia pouco impacto sobre os espectadores. Também já se fora o tempo dos três picadeiros, pois não só incomodavam os espectadores, na medida em que desviavam sua atenção de um anel para outro, como também aumentavam a necessidade de artistas em cena, com efeitos óbvios sobre os custos.

Três características da boa estratégia

O [yellow tail], assim como o Cirque du Soleil, criaram uma curva de valor única e excepcional, para desbravar seus oceanos azuis. Como se constata, na matriz de avaliação de valor, a curva de valor do [yellow tail] se caracteriza pelo *foco*; a empresa não dispersa seus esforços entre todos os atributos de valor. A forma da curva de valor *diverge* da dos outros concorrentes, resultado da não comparação com estes, mas sim da observação cuidadosa das alternativas. A mensagem por trás da curva de valor do [yellow tail] é nítida: vinho saboroso e simples, para ser apreciado todos os dias.

Quando expressa na forma de uma curva de valor, uma estratégia do oceano azul eficaz como a do [yellow tail] apresenta três qualidades complementares: foco, singularidade e mensagem consistente. Sem essas qualidades, a estratégia da empresa provavelmente será confusa, indistinta e difícil de comunicar, com uma estrutura de custos alta. As quatro ações para a criação de nova curva de valor devem ser bem orientadas para o desenvolvimento de uma curva de valor com essas três qualidades, as quais servem como teste básico inicial sobre a viabilidade comercial das ideias do oceano azul.

Basta uma olhada no perfil estratégico da Southwest Airlines para se constatar como essas três qualidades são básicas na eficácia da estratégia em reiventar o setor de aviação comercial de voos curtos por meio da ino-

FIGURA 2.6

Matriz de avaliação de valor da Southwest Airlines

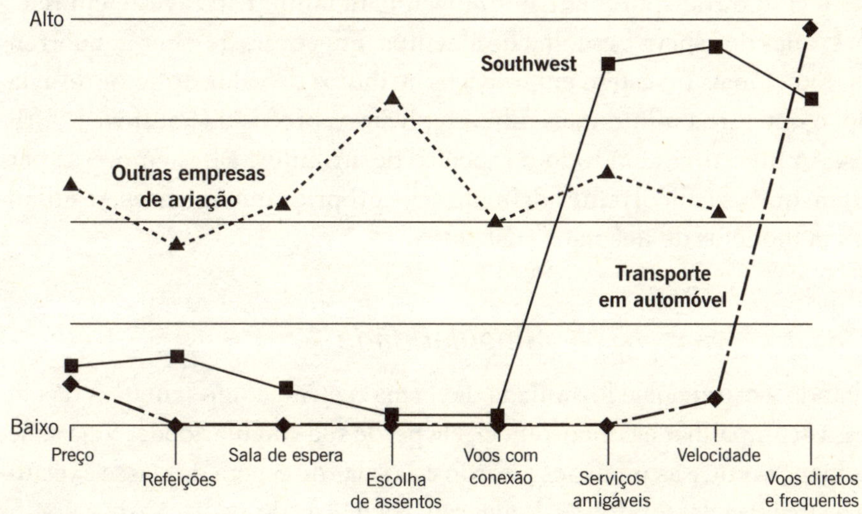

vação de valor (ver Figura 2.6). A Southwest Airlines criou um oceano azul ao romper os trade-offs que os clientes eram obrigados a exercer entre a velocidade dos aviões, de um lado, e a economia e flexibilidade do transporte em automóvel, de outro. Para tanto, a Southwest ofereceu transporte de alta velocidade com partidas frequentes e flexíveis a preços atraentes aos compradores. Ao eliminar e reduzir certos atributos competitivos e elevar outros na tradicional indústria de aviação, além da criação de novos atributos extraídos da alternativa de transporte por automóvel, a Southwest Airlines foi capaz de oferecer utilidade sem precedentes aos passageiros de aviões e de promover um salto em valor por meio de um modelo de negócios de baixo custo.

A curva de valor da Southwest Airlines difere nitidamente da de seus concorrentes na matriz de avaliação de valor. Sua curva de valor é exemplo típico de uma estratégia do oceano azul bem-sucedida.

Foco

Toda estratégia notável tem foco, e o perfil estratégico da empresa, ou sua curva de valor, deve mostrar isto com nitidez. Quando se observa o perfil da Southwest Airlines, constata-se de imediato que a empresa enfatiza apenas três atributos: serviços amigáveis, velocidade e frequência de voos diretos. Ao adotar esse foco, a empresa tornou-se capaz de competir no preço com o transporte em automóvel. Para tanto, não investe em refeições, salas de espera e escolha de assentos. Em contraste, seus concorrentes tradicionais investem em todos os atributos de valor do setor de aviação, o que torna muito mais difícil replicar os preços da Southwest Airlines. Ao investirem em todo o espectro de atributos, essas empresas permitem que os concorrentes definam seus próprios movimentos, resultando em modelos de negócios custosos.

Singularidade

Quando a estratégia é formulada de forma reativa, como tentativa da empresa acompanhar a concorrência, ela perde sua singularidade. Veja as semelhanças entre as refeições a bordo e as salas de espera da classe executiva da maioria das empresas de aviação. Na matriz de avaliação de valor, os estrategistas reativos tendem a apresentar o mesmo perfil estratégico.

Com efeito, no caso da Southwest, as curvas de valor das empresas rivais são praticamente idênticas e consequentemente podem ser resumidas na matriz de avaliação de valor por meio de uma única curva de valor.

Em contraste, as curvas de valor dos estrategistas do oceano azul sempre se destacam das demais. Ao aplicar as quatro ações de eliminar, reduzir, elevar e criar, diferenciam suas curvas de valor daquela que se caracteriza como a média do setor. A Southwest, por exemplo, foi pioneira nos voos diretos entre cidades médias; até então, o deslocamento entre tais cidades se dava por meio de conexões em grandes aeroportos.

Mensagem consistente

A boa estratégia tem uma mensagem consistente e convincente. "Velocidade de avião a preço de carro – sempre que você precisar." Esse é o slogan da Southwest Airlines, ou pelo menos poderia ser. O que diriam os concorrentes da Southwest? Mesmo as agências de propaganda mais eficazes teriam dificuldade em resumir as ofertas convencionais de almoços, escolha de assentos, salas de espera e conexões com serviços padronizados, voos mais longos e preços mais altos, em uma mensagem consistente e memorável. Uma boa mensagem não só deve ser clara, mas também anunciar uma oferta verdadeira, para que os clientes não percam a confiança e o interesse. Com efeito, uma boa maneira de testar a eficácia e a força de uma estratégia é verificar se ela possibilita a criação de um slogan vigoroso e autêntico.

Como mostra a Figura 2.7, o perfil estratégico do Cirque du Soleil também satisfaz as três qualidades que definem a estratégia do oceano azul: foco, singularidade e mensagem consistente. A matriz de avaliação de valor do Cirque du Soleil permite a comparação gráfica de sua curva de valor com a dos principais concorrentes. A matriz mostra com nitidez a extensão em que o Cirque du Soleil se afastou da lógica convencional dos circos. A figura deixa claro que a curva de valor do Ringling Bros. and Barnum & Bailey apresenta a mesma forma básica dos circos regionais menores. A principal diferença é que os circos regionais oferecem menos de cada atributo de valor, em face da restrição de recursos.

Em contraste, a curva de valor do Cirque du Soleil se destaca das outras duas. Ela incorpora novos atributos não circenses, como tema, várias produções, ambiente refinado para os espectadores, além de músicas e danças

FIGURA 2.7

Matriz de avaliação de valor do Cirque du Soleil

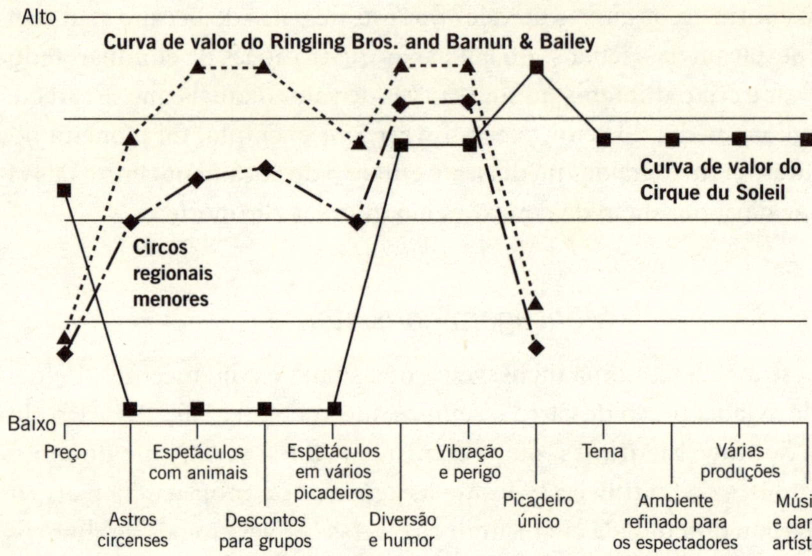

artísticas. Esses atributos, inéditos na indústria circense, são oriundos do teatro, alternativa de entretenimento. Dessa maneira, a matriz de avaliação de valor retrata com clareza os atributos tradicionais que regem a competição entre os participantes do setor, assim como novos atributos que levam à criação de novo espaço de mercado e que altera a matriz do setor.

[yellow tail], Cirque du Soleil e Southwest Airlines criaram oceanos azuis em ambientes de negócios e em contextos setoriais muito diferentes. Contudo, os perfis estratégicos tinham em comum as mesmas três qualidades: foco, singularidade e mensagem consistente. Esses três critérios orientam as empresas em seu processo de reconstrução, a fim de revolucionar a criação de valor, tanto para os compradores quanto para si próprias.

Leitura das curvas de valor

A matriz de avaliação de valor cria condições para que as empresas vejam o futuro no presente. Para tanto, as empresas devem aprender a ler as curvas de valor. Como característica intrínseca das curvas de valor de um setor percebe-se uma riqueza de conhecimentos estratégicos sobre a situação presente e futura de um negócio.

Estratégia do oceano azul

A primeira pergunta respondida pelas curvas de valor é se o negócio realmente tem condições de ser vencedor. Quando a curva de valor da empresa, ou a de seus concorrentes, atende às três qualidades que definem uma boa estratégia do oceano azul – foco, singularidade e mensagem consistente ao mercado – a empresa está na trajetória certa. Esses três critérios servem como primeiro teste básico da viabilidade comercial das ideias de oceano azul.

Por outro lado, quando a curva de valor da empresa carece de foco, sua estrutura de custos tenderá a ser alta, e seu modelo de negócios complexo em termos de implementação e execução. Na ausência de singularidade, a estratégia da empresa é mera imitação, sem atributos que a destaquem dos demais concorrentes. Sem uma mensagem irresistível para se comunicar com o mercado, será uma empresa orientada para si própria ou um exemplo clássico de inovação pela inovação, sem grande potencial comercial e sem autonomia natural.

Empresa à deriva no oceano vermelho

Quando a curva de valor de uma empresa se confunde com as dos concorrentes, isso significa que ela se perdeu no oceano vermelho da competição sangrenta. A estratégia implícita ou explícita da empresa tende a tentar superar a concorrência na base do custo ou da qualidade. Essa situação sinaliza crescimento lento, a não ser que, por sorte, a empresa atue num setor dinâmico e se deixe levar pelo próprio crescimento setorial. No entanto, esse crescimento não é produto da estratégia, mas da condição natural da indústria como um todo.

Excesso de atributos sem retorno

Quando a curva de valor na matriz de avaliação de valor mostra que os níveis de oferta da empresa são altos em todos os atributos, a pergunta cabível é: Será que a fatia de mercado e a rentabilidade são compatíveis com esses investimentos? Se a resposta for negativa, a matriz talvez esteja sinalizando que a empresa pode estar oferecendo demais aos clientes, ou seja, fornecendo em excesso os elementos que apenas contribuem com valor incremental para os compradores. A fim de promover a inovação de valor, a empresa deve decidir quais atributos deve eliminar e reduzir – em vez de apenas se preocupar em elevar e criar atributos – para que possa construir uma curva de valor singular.

Estratégia incoerente

A curva de valor que parece um prato de espaguete – um ziguezague sem rima e ritmo, no qual as ofertas traçam um emaranhado de "altas e baixas, altas e baixas, altas e baixas" – sinaliza que a empresa não tem uma estratégia coerente, mas, ao contrário, um conjunto de subestratégias independentes. É até possível que cada uma delas isoladamente faça sentido, mantenha a empresa em atividade e ocupe todo o pessoal; mas, em conjunto, pouco contribuem para diferenciar o negócio em relação ao melhor concorrente ou para proporcionar uma visão estratégica clara. Essa situação geralmente revela uma organização com silos divisionais ou funcionais.

Contradições estratégicas

Será que existem contradições estratégicas? Esses são os casos em que a empresa oferece altos níveis de atributo de valor, ao mesmo tempo em que ignora outros que atuam como fontes de apoio e sustentação. Um exemplo é efetuar altos investimentos na facilidade de uso do site da empresa, mas não corrigir sua baixa velocidade de operação. Também se encontram inconsistências estratégicas entre os níveis de oferta e preços. Por exemplo, uma empresa de postos de gasolina descobriu que estava oferecendo "menos por mais": menos serviços do que a melhor concorrente a preços mais altos. Não admira que estivesse perdendo mercado com rapidez.

Empresa com foco interno

Ao desenhar a matriz de avaliação de valor, de que maneira a empresa rotula os atributos de valor do setor? Por exemplo, usa a palavra *megahertz* em vez de *velocidade*, ou *temperatura de fontes termais* em vez de *água quente?* Os atributos de valor estão expressos em termos que os compradores possam compreender e valorizar ou estão articulados na forma de jargão operacional? O tipo de linguagem usada na matriz de avaliação de valor reflete se a visão estratégica da empresa resulta de uma perspectiva "de fora para dentro", orientada ao mercado, ou de uma perspectiva "de dentro para fora", movida pelas operações internas. A análise da linguagem da matriz ajuda a empresa a compreender a que distância ela se encontra da criação de demanda setorial.

As ferramentas e modelos apresentados neste capítulo são instrumentos analíticos fundamentais utilizados em todo o livro. Nos demais capítulos, apresentaremos outras ferramentas, à medida que se tornarem necessárias. É a interseção entre essas técnicas analíticas e os seis princípios da formulação e execução da estratégia do oceano azul que permitirá que as empresas eliminem os limites impostos pela concorrência e conquistem espaços de mercado inexplorados. No próximo capítulo, analisaremos as abordagens de maximização de oportunidades e de minimização de riscos para a criação de oceanos azuis.

PARTE DOIS

Formulando a estratégia do oceano azul

CAPÍTULO 3

Reconstrua as fronteiras do mercado

O PRIMEIRO PRINCÍPIO DA ESTRATÉGIA do oceano azul é reconstruir as fronteiras do mercado para se libertar da concorrência e criar oceanos azuis. Esse princípio trata dos riscos da busca com o qual se defrontam muitas empresas. O desafio é identificar com sucesso, em meio à pilha de possibilidades existentes, oportunidades de oceano azul comercialmente atraentes. Esse desafio é fundamental, pois os gestores não podem se dar ao luxo de atuarem como jogadores em um cassino, os quais apostam na estratégia apenas com base na intuição ou em palpites.

Ao realizar nossa pesquisa, procuramos descobrir se havia padrões sistemáticos para a reconstrução das fronteiras de mercado, de modo a criar oceanos azuis. E, caso houvesse, queríamos saber se tais padrões eram aplicáveis a todos os tipos de setores, como bens de consumo, produtos industriais, finanças e serviços, telecomunicações, tecnologia da informação, produtos farmacêuticos e B2B, ou se estavam restritos a setores específicos.

Descobrimos alguns padrões nítidos para a criação de oceanos azuis. Especificamente, identificamos seis condições básicas para reformular as fronteiras do mercado. Denominamos esse conjunto de *modelo das seis fronteiras*. Essas trajetórias se aplicam, em geral, a todos os setores e direcionam as empresas para o corredor de ideias de oceano azul comercialmente viáveis. Nenhuma dessas fronteiras exige visão ou antevisão especial do futuro. Todas se baseiam na observação de dados já conhecidos, sob uma nova perspectiva.

Essas fronteiras questionam os seis pressupostos básicos em que se escoram as estratégias de muitas empresas. Tais pressupostos, sobre os quais muitas empresas erguem suas estratégias, como que em transe hipnótico, emaranham as organizações na armadilha da concorrência em oceanos vermelhos. Especificamente, as empresas tendem a fazer o seguinte:

- Definem seu setor de atuação de maneira semelhante aos demais concorrentes e empenham-se em ser o melhor nesse contexto.
- Analisam seu setor sob a ótica de grupos estratégicos de ampla aceitação (como automóveis de luxo, carros populares, veículos da família) e se esforçam para sobressair no respectivo grupo estratégico.
- Focam no mesmo grupo de adquirentes, seja o de compradores (como no setor de equipamentos de escritório), seja o de usuários finais (como no setor de roupas), ou o de influenciadores (como na indústria farmacêutica).
- Definem de maneira semelhante o escopo dos produtos e serviços oferecidos pelo seu setor.
- Aceitam os apelos funcionais e emocionais do setor.
- Na formulação da estratégia, concentram-se no mesmo ponto no tempo – e geralmente nas atuais ameaças competitivas.

Quanto mais as empresas comungarem nessa mesma sabedoria convencional a respeito de suas ações competitivas, maior será a convergência competitiva entre elas.

Para se desvencilhar dos oceanos vermelhos, as empresas devem romper as fronteiras vigentes que definem as formas de competição. Em vez de olhar para dentro das áreas delimitadas pelas fronteiras, os gerentes devem, de forma sistemática, perscrutar além desses limites estabelecidos, em busca de oceanos azuis. Para tanto, precisam observar as indústrias alternativas, outros grupos estratégicos, diferentes grupos de adquirentes, ofertas de produtos e serviços complementares, distintos apelos funcionais e emocionais do setor e inclusive o transcurso do tempo. Isso proporciona às empresas alguns insights profundos sobre como estabelecer oceanos azuis. Vejamos como avaliar cada uma dessas fronteiras.

Primeira fronteira: Examine os setores alternativos

No sentido mais amplo, as empresas concorrem não só com as outras da própria indústria, mas também com negócios de outras indústrias que oferecem produtos e serviços alternativos, cujo escopo é mais amplo do que os substitutos. Os produtos e serviços cujas formas são diferentes, mas que oferecem as mesmas funções ou a mesma utilidade básica são geralmente *substitutos* uns dos outros. Por outro lado, produtos ou serviços *alternativos* são aqueles cujas formas e funções são diferentes, mas têm o mesmo propósito.

Por exemplo, para gerenciar suas finanças pessoais, as pessoas podem comprar e instalar pacotes de software especializado, contratar um contador ou simplesmente usar lápis e papel. O software, o contador e o lápis são substitutos genéricos uns dos outros. Suas formas são diferentes, mas executam a mesma função: ajudar os usuários a gerenciar suas finanças pessoais.

Em contraste, os produtos e serviços podem assumir formas diferentes e executar funções diversas, mas ainda assim servir aos mesmos objetivos. Veja o caso dos restaurantes e cinemas. Ambos apresentam poucas características físicas em comum e executam funções distintas: aqueles oferecem prazer gastronômico e ambiente agradável para conversas, enquanto estes proporcionam entretenimento visual. No entanto, apesar das diferenças de forma e função, as pessoas vão a restaurantes e a cinemas com o mesmo objetivo: passar uma noite agradável fora de casa. Assim, restaurantes e cinemas não são substitutos, mas escolhas alternativas.

Em cada decisão de compra, os compradores implicitamente pesam as alternativas, geralmente de maneira inconsciente. Você quer passar duas horas agradáveis? Como obter esse resultado? Ir ao cinema, procurar uma casa de massagens ou ler um bom livro no café local? O processo mental é intuitivo tanto para indivíduos como para empresas.

Por alguma razão, geralmente abandonamos esse raciocínio intuitivo quando nos tornamos vendedores. Raramente os vendedores pensam conscientemente sobre como seus clientes exercem suas escolhas entre indústrias alternativas. Mudanças de preços, alterações nos modelos ou mesmo uma nova campanha publicitária podem provocar forte resposta por parte dos rivais dentro do setor, mas as mesmas iniciativas em indústrias alternativas geralmente passam despercebidas. Jornais setoriais, eventos da indústria e relatórios de mercado reforçam as barreiras entre uma indústria e outra. Contudo, com muita frequência, os espaços entre indústrias alternativas oferecem oportunidades para inovações de valor.

Veja o caso da NetJets, que criou o oceano azul da propriedade compartilhada de jatos. Em menos de 20 anos, a NetJets tornou-se maior do que muitas empresas de aviação, com mais de 500 aeronaves e operando mais de 250 mil voos para mais de 140 países. Adquirida pela Berkshire Hathaway em 1998, hoje a NetJets é um negócio de muitos bilhões de dólares, cuja receita cresceu a taxas de 30% a 35% ao ano entre 1993 e 2000. O sucesso da NetJets tem sido atribuído à flexibilidade, à menor duração das viagens, à ausência da burocracia incômoda, à crescente confiabilidade e à política estratégica de preços. A realidade é que a NetJets reconstruiu as fronteiras do mercado para desbravar o seu oceano azul, observando as indústrias alternativas.

Os clientes mais lucrativos do setor de aviação civil são os que viajam por conta de empresas. A NetJets analisou as alternativas existentes e constatou que quando essas pessoas precisam viajar de avião, elas têm duas principais escolhas: de um lado, podem viajar em classe executiva ou em primeira classe, num avião comercial. De outro, a empresa pode comprar seu próprio avião para atender às necessidades de viagem de seu pessoal. A pergunta estratégica é por que as empresas escolhem uma alternativa e não a outra? Ao se concentrar nos principais atributos que levam as empresas a optar entre alternativas e ao eliminar ou reduzir os demais, a NetJets criou sua estratégia do oceano azul.

Pense no seguinte: Por que será que as empresas preferem oferecer aviões comerciais a seu pessoal em viagens a negócios? Decerto não é por causa do longo processo de check-in e das filas diante dos detectores, dos transbordos tão incômodos, dos pernoites inesperados nem muito menos dos aeroportos congestionados. Na verdade, a única razão para a escolha de aviões comerciais é custo. Para começar, os voos comerciais não incorrem no alto investimento fixo inicial de muitos milhões de dólares para adquirir sua própria aeronave. Além disso, as empresas compram passagens aéreas na medida exata de suas necessidades, diminuindo os custos variáveis e eliminando o risco de ociosidade que quase sempre onera ainda mais os jatos exclusivos.

Com base nessas constatações, a NetJets oferece aos clientes 6,25% da propriedade de uma aeronave, a ser compartilhada com outros 15 clientes, cada um com direito a 50 horas de voo por ano. A partir de US$375 mil (além de tripulação, manutenção e outros custos mensais), as empresas podem adquirir uma quota de um avião de US$6 milhões.[1] Assim, passam a desfrutar da conveniência de um jato particular ao preço de uma viagem aérea comercial. Comparando os custos das viagens de primeira classe com os das aeronaves particulares, a National Business Aviation Association concluiu que quando se levam em conta as despesas diretas e indiretas – hotéis, refeições, tempo de viagem e despesas – uma viagem de primeira classe é significativamente mais cara. A análise de custo-benefício para quatro passageiros numa viagem teórica de Newark a Austin revelou que o custo real da viagem comercial era de US$19.400, em comparação com US$10.100 num jato particular.[2] Quanto à NetJets, ela evita os enormes custos fixos que as empresas de aviação comercial tentam cobrir, enchendo aeronaves cada vez maiores. Seus aviões menores, o uso de aeroportos regionais menores e as equipes menores mantêm os custos em níveis bem mais baixos.

Para compreender o resto da fórmula da NetJets, considere o reverso da medalha: Por que será que as pessoas preferem jatos particulares a voos comerciais? Sem dúvida, não é por causa do preço de muitos milhões de dólares. Tampouco é em razão da constituição de um novo departamento de voo para cuidar da programação do avião e de outros assuntos administrativos. Muito menos para arcar com o eventual custo do percurso vazio – da base para a origem ou do destino para a base. Na verdade, as empresas compram jatos particulares para reduzir drasticamente a duração total das viagens, para permitir voos diretos ao destino, para atenuar o desconforto de aeroportos congestionados e para desfrutar o benefício de contar com executivos mais produtivos e vigorosos, prontos para ação no momento da chegada ao destino. Assim, a NetJets cresceu com base nessas forças diferenciadoras. Enquanto 70% dos voos comerciais cobrem apenas 30 aeroportos em todo o território americano, a NetJets oferece acesso a mais de 5.500 aeroportos nos Estados Unidos, em localidades convenientes, perto de centros de negócios. Nos voos internacionais, o avião particular taxia diretamente até o posto da alfândega.

Com os voos diretos e com o aumento exponencial no número de aeroportos atendidos, não mais se necessita de transferências entre voos; viagens que do contrário exigiriam pernoites podem ser concluídas num único dia. O intervalo entre saltar do automóvel no aeroporto e decolar no avião é medido em minutos, em vez de horas. Por exemplo, enquanto um voo de Washington a Sacramento demoraria 10,5 horas numa empresa de aviação comercial, sua duração na NetJets não passaria de 5,2 horas; de Palm Springs a Cabo San Lucas, a redução seria de 6 horas para apenas 2,1 horas.[3] Como se vê, a NetJets oferece economias de custo substanciais em termos de tempo de viagem.

Talvez ainda mais atraente seja o fato de o jato estar disponível mediante aviso com antecedência de quatro horas. Na indisponibilidade de aeronave, a NetJets aluga outra para o cliente. Por fim, mas não menos importante, a NetJets reduz drasticamente os riscos relacionados com questões de segurança e oferece aos clientes serviços de bordo personalizados, como a oferta das refeições e bebidas preferidas, com tudo pronto assim que se chega a bordo.

Ao proporcionar o melhor das viagens comerciais e dos jatos particulares, eliminando e reduzindo tudo o mais, a NetJets estabeleceu um oceano azul de muitos bilhões de dólares, no qual os clientes recebem a conveniência e a rapidez de um jato particular com os custos fixos e variáveis baixos de um jato comercial (ver Figura 3.1). E a concorrência? De acordo com a NetJets, nos últimos sete anos 57 empresas iniciaram operações com jatos compartilhados; dentre elas, 57 acabaram abandonando o negócio.

O maior sucesso em telecomunicações no Japão desde a década de 1980 também estabeleceu seu sucesso através da primeira fronteira. Estamos falando do i-mode da NTT DoCoMo, lançado em 1999. O serviço i-mode mudou a maneira como as pessoas se comunicam e acessam informações no Japão. A ideia da NTT DoCoMo de criar um oceano azul surgiu de indagações sobre por que as pessoas optam entre as alternativas de telefone móvel e Internet. Com a desregulamentação da indústria de telecomunicações japonesa, novos concorrentes entraram no mercado, desencadeando corridas tecnológicas e guerras de preços. Em consequência, os custos subiram, enquanto a receita média por usuário caiu. A NTT DoCoMo desvencilhou-se desse oceano vermelho de competição sangrenta mediante a criação de um oceano azul de transmissão sem fio, não só de voz, mas também de textos, dados e imagem.

FIGURA 3.1

Matriz de avaliação de valor da NetJets

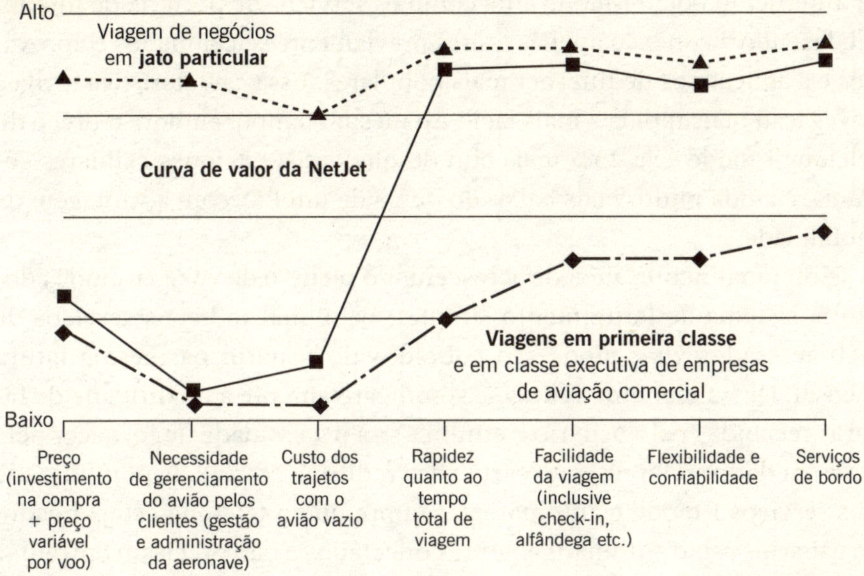

A NTT DoCoMo perguntou: Quais são os atributos diferenciadores da Internet em relação aos telefones celulares e vice-versa? Embora a Internet ofereça uma variedade infindável de informações e serviços, os mais relevantes são e-mail, informações simples (como notícias, previsões do tempo e catálogos telefônicos) e entretenimento (inclusive jogos, eventos e música). O aspecto negativo da Internet era o preço muito mais alto do hardware, o excesso de informações, a conexão por discagem e o receio quanto ao fornecimento de informações sobre cartão de crédito por via eletrônica. Por outro lado, os atributos diferenciadores dos telefones celulares eram a mobilidade, a transmissão de voz e a facilidade de uso.

A NTT DoCoMo rompeu o trade-off entre essas duas alternativas, não mediante a criação de nova tecnologia, mas concentrando-se nas vantagens decisivas da Internet em relação ao telefone celular e vice-versa. A empresa reduziu ou eliminou todos os demais atributos. Sua interface amigável ao usuário tem um botão simples, o botão i-mode (i significa interativo, Internet, informação e o pronome pessoal da primeira pessoa do singular *I*, em inglês, que significa *eu*), que os usuários apertam para ter acesso aos poucos recursos de Internet realmente relevantes. No entanto, em vez de assediar o usuário com uma enxurrada de informações, como na Internet, o botão i-mode atua como os serviços de portaria de um hotel, fazendo a conexão apenas a sites previamente selecionados e aprovados e a aplicativos de Internet mais populares. Essa característica torna a navegação mais rápida e mais fácil. Ao mesmo tempo, embora o preço do telefone i-mode seja 25% mais alto do que o dos telefones celulares comuns, é ainda muito mais baixo do que o de um PC, com a vantagem da mobilidade.

Adicionalmente, além de acrescentar o recurso de voz, o i-mode adota um sistema de faturamento simples, pelo qual todos os serviços de web acessados via i-mode são cobrados do usuário na mesma fatura mensal. Dessa maneira, reduz-se significativamente a quantidade de faturas recebidas pelo usuário e elimina-se a necessidade de fornecer pela Internet dados referentes ao cartão de crédito. E como a disponibilidade dos serviços i-mode é automática, sempre que o telefone esteja ligado, os usuários estão automaticamente conectados e não precisam enfrentar a inconveniência do *login*.

Nem o telefone celular comum nem o PC foram capazes de competir com a singularidade da curva de valor do i-mode. Em fins de 2003, o número de assinantes do i-mode chegou a 40,1 milhões e as receitas oriundas de transmissão de dados, imagens e textos aumentaram de 295 milhões de ienes (US$2,6 milhões), em 1999, para 886,3 bilhões de ienes (US$8 bilhões), em 2003. Os serviços i-mode não se limitaram a conquistar clientes dos concorrentes. Mais do que isso, ampliaram drasticamente o mercado, atraindo jovens e idosos e transformando os clientes apenas de transmissão de voz em clientes de transmissão de voz e dados.

Ironicamente, as empresas europeias e americanas do setor, que vinham lutando para navegar um oceano azul semelhante no Ocidente até agora fracassaram em tal intento. Nossa avaliação mostra que elas se empenharam em fornecer a mais avançada tecnologia, ou seja, WAP (Wireless Application Protocol), em vez de oferecer valor excepcional, o que as levou a gerar produtos e serviços muito complicados, perdendo de vista os principais aspectos comuns valorizados pela maior parte das pessoas.

Muitas outras histórias de sucesso bem conhecidas surgiram da observação de alternativas para criar novos mercados. A Home Depot oferece a expertise de especialistas em reforma de casas a preços bem inferiores aos das lojas de materiais de construção. Ao proporcionar os elementos decisivos de ambos os setores alternativos – e ao eliminar ou reduzir todos os demais elementos – a Home Depot transformou a enorme demanda potencial por produtos e serviços de reforma de casas em demanda real, convertendo donos de imóveis sem conhecimento e experiência em construtores e reformadores da própria casa. A Southwest Airlines concentrou-se no automóvel como alternativa para o avião, oferecendo a velocidade da viagem aérea aos preços da viagem de automóvel e criando o oceano azul do voo comercial em percursos curtos. Do mesmo modo, a Intuit olhou para o lápis como a principal alternativa do software de finanças pessoais, resultando daí o software Quicken, divertido e intuitivo.

Quais são os setores alternativos do seu próprio setor? Por que os clientes fazem escolhas entre eles? Ao se concentrar nos atributos críticos que levam os compradores a optar entre setores alternativos e eliminar ou reduzir tudo o mais, é possível criar o oceano azul de um novo espaço de mercado.

Segunda fronteira: Examine os grupos estratégicos dentro dos setores

Da mesma maneira como se criam oceanos azuis mediante a prospecção de setores alternativos, também é possível estabelecê-los por meio da análise de *grupos estratégicos*. O termo se refere a um conjunto de empresas que, dentro de um mesmo setor, adotam estratégias semelhantes. Na maioria dos setores, alguns poucos grupos estratégicos cultivam as mesmas diferenças fundamentais nas respectivas estratégias em relação às dos demais participantes.

Tais grupos estratégicos podem ser geralmente classificados em ordem hierárquica com base em dois critérios: preço e desempenho. Cada ajuste no preço tende a acarretar um ajuste correspondente em alguns aspectos do desempenho. A maioria das empresas se concentra em melhorar sua posição competitiva *dentro* de um grupo estratégico. Mercedes, BMW e Jaguar, por exemplo, se empenham para superar umas às outras no segmento de carros de luxo, assim como os fabricantes de carros populares se esforçam para sobrepujar os concorrentes no respectivo grupo estratégico. Entretanto, nenhum desses grupos estratégicos presta muita atenção ao que os demais grupos estratégicos estão fazendo, pois, sob o ponto de vista do fornecedor, não parecem estar competindo entre si.

O fator crítico para a criação de oceanos azuis no vazio deixado pelos grupos estratégicos existentes é romper essa estreita visão, compreendendo os fatores que influenciam as decisões dos clientes de optar por subir ou descer de um para outro grupo.

Veja o caso da Curves, empresa de fitness para mulheres com sede no Texas. Desde a constituição desse negócio de franquias em 1995, a Curves vem apresentando crescimento vertiginoso, conquistando mais de dois milhões de clientes em mais de seis mil localidades, com receita total acima da marca de US$1 bilhão. Em média, uma nova Curves abre a cada quatro horas em algum lugar do mundo.

Outro ponto a ressaltar é que esse crescimento foi desencadeado quase totalmente por propaganda boca a boca e recomendações entre amigas. Entretanto, no começo, considerava-se que a Curves estava entrando num mercado saturado, direcionando suas ofertas bem menos atraentes do que as dos concorrentes para clientes potenciais desinteressados. Na verdade, a Curves explodiu a demanda no setor de fitness nos Estados Unidos ao estabelecer um enorme mercado intocado, um verdadeiro oceano azul de mulheres que lutavam em vão para se manterem em forma por meio de atividades de fitness. A Curves aproveitou os atributos decisivos de dois grupos estratégicos no setor de fitness dos Estados Unidos: academias de ginástica tradicionais e programas de exercícios em casa – e eliminou ou reduziu todos os outros atributos.

Num extremo, o setor de fitness nos Estados Unidos está atulhado de academias de ginástica tradicionais, as quais atendem a homens e mulheres, oferecendo amplo espectro de opções de exercício e esporte, geralmente em áreas urbanas de alta renda. Suas instalações modernas são projetadas para atrair os segmentos superiores do mercado. Para tanto, oferecem todo um conjunto de equipamentos de aeróbica e de musculação, cantina para refeições leves, professores e vestiário com escaninhos, chuveiros e saunas, pois o objetivo é que os clientes não só pratiquem exercícios, mas também frequentem o ambiente como um clube social. Depois de enfrentarem o trânsito até as academias de ginástica, os clientes geralmente ficam no local pelo menos uma hora, ou, com mais frequência, duas horas. O custo de tudo isso gira em torno de US$100 por mês – o que não é pouco, contribuindo para que o mercado continue sofisticado e pequeno. Os clientes de academias de ginástica tradicionais representam apenas 12% de toda a população, concentrados em sua maioria nos grandes centros urbanos. O investimento inicial para a montagem de toda uma academia de ginástica tradicional situa-se desde US$500 mil até mais de US$1 milhão, dependendo da localização.

No outro extremo, encontra-se o grupo estratégico de programas de exercícios em casa, como vídeos, livros e revistas. No caso, o custo é mínimo quando comparado ao das academias de ginástica, as atividades se desenvolvem em casa e, em geral, não se necessita de equipamentos. As instruções são mínimas, limitando-se à apresentação no vídeo ou às explicações e ilustrações em livro e revista.

A pergunta é: O que leva as mulheres a optar por subir ou descer entre as academias de ginástica tradicionais e os programas de exercícios em casa? A maioria das mulheres não vai até as academias de ginástica em busca da disponibilidade de máquinas especiais, das cantinas para refeições leves, dos vestiários com sauna, das piscinas e da chance de se encontrar com homens. Estas mulheres, que não são atletas, nem mesmo querem saber de homens quando estão malhando, talvez com receio de revelar o corpo sob suas roupas de ginástica. Geralmente, não estão muito interessadas em fazer fila ao lado de aparelhos complexos, nos quais precisam trocar pesos e fazer ajustes. Quanto ao tempo, trata-se de bem cada vez mais escasso para as mulheres em geral. Poucas podem dar-se ao luxo de passar de uma a duas horas em academias de ginástica, várias vezes por semana. Para a maioria das mulheres, a localização das academias de ginástica em pontos movimentados da cidade, também impõe desafios de trânsito, situação que aumenta o estresse e desestimula a prática de exercícios.

No entanto, a principal razão por que grande parte delas opta por academias de ginástica é o fato de em casa ser fácil encontrar desculpas para não malhar. É difícil ser disciplinada na própria casa, quando não se é um entusiasta comprometido com os esportes. Praticar exercícios físicos em grupo, em vez de sozinho, é mais motivador e prazeroso. Por outro lado, as mulheres que preferem programas de exercícios em casa levam em conta principalmente a economia de tempo, os custos mais baixos e a privacidade.

A Curves construiu seu oceano azul ao explorar os atributos desses dois grupos estratégicos, eliminando ou reduzindo todos os demais (ver

Figura 3.2). A Curves excluiu atributos das academias de ginástica tradicionais que são de pouco interesse para a grande maioria das mulheres. Assim, não se encontram as máquinas especiais, a comida, o spa, as piscinas, nem mesmo os vestiários, que foram substituídos por algumas cabines com cortinas.

A experiência nos recintos da Curves é totalmente diferente da que se vivencia nas academias de ginástica. As clientes entram nas salas de exercício, onde as máquinas (em geral, cerca de dez) estão dispostas não em fileiras, defronte a televisores, como nas academias de ginástica, mas em círculos, para facilitar as trocas entre as clientes, tornando o ambiente mais agradável. O sistema de treinamento circuito QuickFit usa aparelhos hidráulicos, que não precisam de ajustes, são seguros, simples de usar e, por sua simplicidade, não parecem ameaçadores. Projetados especialmente para mulheres, essas máquinas reduzem o impacto e desenvolvem a força e a musculatura. Durante os exercícios, as usuárias podem conversar entre si e motivar umas às outras. Além disso, a atmosfera social, pouco propícia à formulação de julgamentos, é totalmente diferente da predominante nas academias de ginástica típicas. Com pouco ou nenhum espelho nas paredes, as mulheres não se observam nem se veem sob os olhares de homens. As participantes percorrem o círculo de máquinas de musculação e de aeróbica, completando em 30 minutos todo o circuito. O resultado de reduzir e concentrar os serviços no essencial é que os preços caem para cerca de US$30 por mês, abrindo o mercado para a grande maioria das mulheres. O slogan da Curves poderia ser: "Ao preço de uma xícara de café por dia você pode conquistar seu bem-estar físico com exercícios adequados."

A Curves oferece a curva de valor retratada na Figura 3.2 a custos mais baixos. Em comparação com o investimento inicial de US$500 mil a US$1 milhão das academias de ginástica tradicionais, o da Curves situa-se na faixa de apenas US$20 mil a US$30 mil (não incluindo a taxa de franquia de US$20 mil), o que se explica pela grande quantidade de atributos eliminados pela empresa. Os custos variáveis também são bem mais baixos, com a redução drástica das necessidades de pessoal e de manutenção. O aluguel também é muito menor, em face da exigência de menos espaço: 140 metros quadrados, em áreas menos valorizadas da periferia urbana, em comparação com 3.200 a 9.000 metros quadrados, em áreas nobres das cidades. O modelo de negócios de baixo custo da Curves torna acessí-

FIGURA 3.2

Matriz de avaliação de valor da Curves

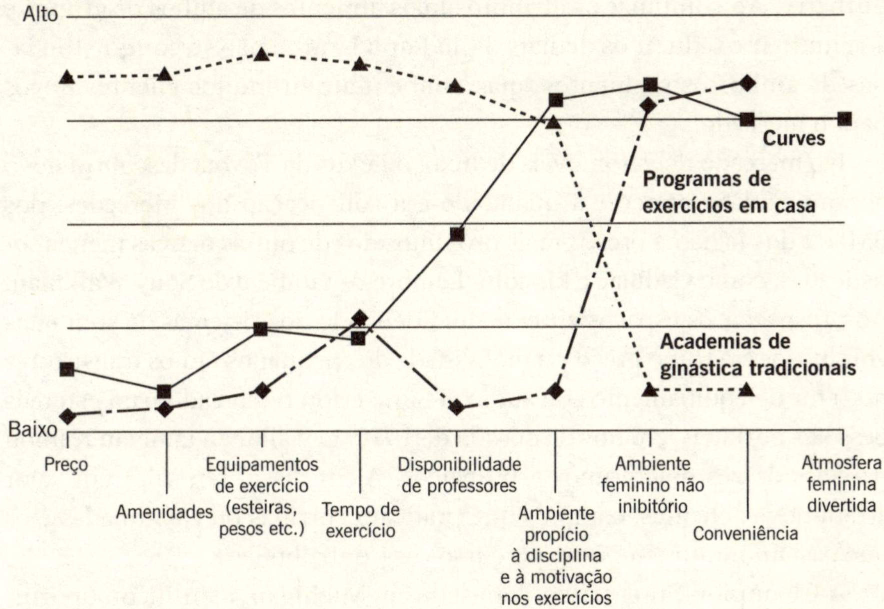

veis suas franquias e explica sua rápida proliferação. A maioria das franquias torna-se lucrativa em poucos meses, assim que alcançam a média de 100 clientes. As unidades franqueadas já estabelecidas da Curves estão sendo vendidas por preços que variam de US$100 a US$150 mil no mercado secundário.

O resultado é a disponibilidade de instalações da Curves em todos os lugares, na maioria das cidades de todos os tamanhos. A Curves não compete diretamente com outros conceitos de saúde e forma física; ela criou nova demanda em um oceano azul. À medida que se saturam os mercados nos Estados Unidos e na América do Norte, em geral, a gerência da empresa tem planos de expandir suas atividades para a Europa. A expansão já começou na América Latina e na Espanha. A Curves deve atingir a marca de 8.500 unidades até o final de 2004.

Além da Curves, muitas empresas criaram oceanos azuis ao prospectarem entre os grupos estratégicos. Ralph Lauren criou o oceano azul da “alta moda sem moda”. Seu nome como designer, a elegância das lojas e o luxo dos materiais capta o que a maioria dos clientes valoriza na alta-costura. Ao mesmo tempo, sua aparência clássica atual e o preço dos produtos reflete o melhor das linhas tradicionais, como Brooks Brothers e Burberry. Ao combinar os atributos mais atraentes de ambos os grupos e ao eliminar e reduzir os demais, Polo Raph Lauren não só conquistou fatias de ambos os segmentos, mas também atraiu muitos clientes novos para o mercado.

No mercado de automóveis de luxo, o Lexus da Toyota descobriu novo oceano azul ao oferecer a qualidade e a sofisticação dos Mercedes, dos BMW e dos Jaguar a preços mais próximos dos de outras marcas menos sofisticadas, como Cadillac e Lincoln. Lembre-se também do Sony Walkman. Ao prospectar os espaços entre a alta fidelidade dos sistemas de som mais volumosos e o baixo preço e a mobilidade dos pequenos rádios transistores no setor de equipamentos de áudio, a Sony criou o mercado para estéreos pessoais portáteis, em fins da década de 1970. O walkman também roubou parcelas desses dois grupos estratégicos. Além disso, seu salto em valor atraiu novos clientes, como os que praticam corridas ou caminhadas e os que gastam muito tempo no percurso casa-trabalho-casa.

A Champion Enterprises, com sede em Michigan, identificou oportunidade semelhante ao vasculhar por entre dois grupos estratégicos no setor de construção de imóveis: produtores de casas pré-fabricadas e construtores prediais especializados no local. A construção de casas pré-fabricadas é barata e rápida, mas o produto é padronizado e não desfruta de boa imagem quanto à qualidade. Os imóveis construídos por especialistas no local oferecem variedade e imagem de alta qualidade, mas são muito mais caros e sua construção é muito mais lenta.

A Champion criou um oceano azul ao oferecer as vantagens decisivas de ambos os grupos estratégicos. Suas casas pré-fabricadas são rápidas de construir e usufruem de enormes economias de escala, gerando custos mais baixos, mas a Champion também proporciona a seus clientes opções de acabamento sofisticado, como lareiras, claraboias e até tetos em arco, para conferir às residências um aspecto personalizado. Em essência, a Champion mudou a definição de casas pré-fabricadas. Como resultado, muito mais clientes de rendas baixa e média passaram a interessar-se pela aquisição de casas pré-fabricadas, em vez de alugar ou comprar um apartamento. Até algumas famílias de alta renda estão sendo atraídas para esse mercado.

Quais são os grupos estratégicos do seu setor? Por que alguns clientes sobem ou descem a escala de ofertas do mercado, para níveis mais ou menos sofisticados?

Terceira fronteira: Examine a cadeia de compradores

Na maioria dos setores, os concorrentes convergem em torno de uma definição comum de quem é o comprador-alvo. Na realidade, contudo, existe uma cadeia de "compradores", que participam de maneira direta ou indireta da decisão de compra. Os *compradores* que pagam pelo produto ou serviço podem não ser o *usuário final*, e, em alguns casos, também entram em cena os *influenciadores*. Embora esses três grupos não raro se sobreponham, eles geralmente não se confundem. Nesses casos, suas definições de valor quase sempre são diferentes. O agente de compras de uma empresa, por exemplo, pode estar mais interessado nos custos do que no usuário do produto ou serviço na organização, o qual, por sua vez, tenderá a dar muito mais importância à facilidade de uso. Do mesmo modo, o varejista talvez valorize no fabricante a reposição just-in-time dos estoques e os sistemas de financiamento inovadores. Mas os consumidores finais, embora fortemente influenciados pelo canal, não valorizam esses aspectos.

Cada empresa de um setor geralmente almeja diferentes segmentos de clientes – por exemplo, grandes clientes em comparação com pequenos clientes. Mas o setor quase sempre converge para um único grupo de compradores. A indústria farmacêutica, por exemplo, se concentra de maneira predominante nos influenciadores: os médicos. A indústria de equipamentos de escritório foca intensamente os compradores: os departamentos de compra das empresas. E a indústria do vestuário vende quase sempre para os usuários finais. Às vezes, há uma forte razão econômica para o foco. Mas geralmente é o resultado de práticas setoriais que nunca foram questionadas.

Desafiar a sabedoria convencional do setor a respeito do grupo de compradores a ser mirado não raro conduz à descoberta de novos oceanos azuis. Ao vasculhar por entre os diferentes grupos de adquirentes, as empresas podem desenvolver novos insights sobre como redesenhar suas curvas de valor, para focar um grupo até então ignorado.

Considere a experiência da Novo Nordisk, empresa dinamarquesa produtora de insulina que criou um oceano azul em seu setor (insulina é utilizada por diabéticos para regular o nível de açúcar no sangue). Historicamente, a indústria de insulina, como boa parte da indústria farmacêutica, concentrava a atenção nos principais influenciadores: os médicos. A importância dos médicos na decisão de compra de insulina pelos diabéticos transformou-os no grupo de compradores focado pelo setor. Assim, a indústria convergiu o foco e os recursos para produzir a mais pura insulina em resposta à exigência dos médicos por melhores medicamentos. A questão é que as inovações na tecnologia de purificação já estavam muito mais avançadas em princípios da década de 1980. Uma vez que a pureza da insulina era o principal parâmetro de competição das empresas, pouca diferenciação se poderia alcançar nessa seara. A própria Novo já havia criado a primeira insulina monocomponente, uma cópia química exata da insulina humana. A convergência competitiva entre os principais atores evoluía com rapidez e parecia inevitável.

A Novo Nordisk, contudo, percebeu que poderia desvencilhar-se dos concorrentes e desbravar um oceano azul, deslocando o foco tradicional do setor, até então concentrado nos médicos, para os usuários – os próprios pacientes. Ao focar os pacientes, a Novo Nordisk descobriu que a aplicação da insulina, até então fornecida a pacientes de diabetes em ampolas, impunha dificuldades expressivas aos usuários. As ampolas deixavam por conta dos pacientes a tarefa complexa e desagradável de manusear seringas, agulhas e insulina e de administrar as doses de acordo com suas necessidades. As agulhas e seringas também despertavam nos pacientes sentimentos desagradáveis de estigma social, além do incômodo de lidar com seringas e agulhas fora de casa, ocorrência frequente, pois muitos precisam receber insulina várias vezes ao dia.

Todas essas considerações levaram a Novo Nordisk à oportunidade de desbravar um oceano azul com a NovoPen, lançada em 1985. O produto, primeira solução de fornecimento de insulina amigável ao usuário, foi concebido para eliminar o incômodo e o embaraço da aplicação de insulina. A NovoPen parecia uma caneta-tinteiro, cujo cartucho de insulina permitia que o paciente sempre trouxesse consigo, numa pequena unidade, dose de medicamento suficiente para uma semana. Por meio de um mecanismo integrado, a caneta permitia que até pacientes cegos controlassem a dosagem e aplicassem a insulina em si mesmos.

Em resumo, os pacientes podiam levar a caneta no bolso e injetar a insulina com facilidade e conveniência, sem a complexidade constrangedora de seringas e agulhas.

Para dominar o oceano azul que havia desbravado, a Novo Nordisk lançou, em 1989, a NovoLet, caneta descartável para a injeção de insulina, com um sistema de dosagem que proporcionava aos usuários ainda maior conveniência e facilidade de uso. Mais recentemente, em 1999, desenvolveu o Innovo, sistema de fornecimento também à base de cartucho, com memória eletrônica integrada, projetado para gerenciar a aplicação de insulina por meio da memória embutida e de um visor que mostra a dose atual, a última dose e o tempo decorrido – informações fundamentais para reduzir o risco e eliminar as preocupações quanto ao esquecimento da aplicação de alguma dose.

A estratégia do oceano azul da Novo Nordisk mudou o panorama setorial e transformou a empresa, até então mera produtora de insulina, em provedora de cuidados a diabéticos. NovoPen e os demais sistemas criaram uma alteração no mercado de insulina. Os aparelhos de injeção de insulina desenvolvidos tipo caneta atualmente concentram a maior fatia dos mercados japonês e europeu, locais em que se recomenda aos pacientes tomar insulina várias vezes ao dia.

Embora Novo Nordisk detenha mais do que 60% do mercado europeu e 80% do mercado japonês, 70% deste total advêm da lógica de cuidados a diabéticos, uma nova oferta que resultou principalmente do raciocínio da empresa sob o ponto de vista dos usuários, em vez de sob a perspectiva dos influenciadores.

Do mesmo modo, veja o caso da Bloomberg. Em pouco mais de uma década, a Bloomberg tornou-se uma das maiores e mais lucrativas empresas de fornecimento de informações do mundo. Até o advento da Bloomberg, em princípios da década de 1980, a Reuters e a Telerate dominavam a indústria de informações financeiras on-line, oferecendo notícias e cotações em tempo real à comunidade de corretagem e investimentos. O ponto focal do setor eram os compradores das empresas – gerentes de TI – que valorizavam sistemas padronizados, por facilitarem a administração.

Isso não fazia sentido para a Bloomberg. São os operadores e analistas de mercado, não os gerentes de TI, que ganham ou perdem milhões de dólares de seus empregadores por dia. As oportunidades de lucro decorrem de disparidades nas informações. Em mercados dinâmicos, os operadores e analistas devem tomar decisões rápidas. Cada segundo é fundamental.

Assim, a Bloomberg projetou um sistema destinado especificamente a oferecer mais valor aos operadores e analistas, equipados com terminais fáceis de usar e de teclados rotulados com termos financeiros familiares. Os sistemas também têm dois monitores de telas planas de modo que os operadores possam visualizar todas as informações de que precisam sem ter de abrir e fechar numerosas janelas. Como os operadores precisam analisar as informações antes de agir, a Bloomberg incluiu em seus sistemas um recurso analítico interno que entra em ação quando se pressiona uma tecla. Antes, os operadores e analistas precisavam baixar dados e usar lápis e calculadora para executar importantes cálculos financeiros. Agora, os usuários podem simular rapidamente cenários sob determinadas condições, para calcular taxas de retorno sobre investimentos alternativos, além de desenvolverem análises longitudinais dos dados históricos.

Ao focar nos usuários, a Bloomberg também conseguiu perceber o paradoxo da vida pessoal dos operadores e analistas. Suas rendas são elevadíssimas, mas trabalham tanto que têm pouco tempo para aproveitar o próprio dinheiro. Dando-se conta de que os mercados passam por períodos de morosidade durante o dia, quando ocorrem poucas negociações, a Bloomberg decidiu agregar informações e serviços de compras destinados a melhorar a vida pessoal dos operadores, que podem recorrer a esses novos recursos para adquirir itens como flores, roupas e joias; programar viagens; obter informações sobre vinhos; ou pesquisar a oferta de imóveis.

Ao deslocar o foco corrente acima, de compradores para usuários, a Bloomberg traçou uma curva de valor radicalmente diferente de qualquer outra coisa já vista no setor. Os operadores e analistas se valeram da sua relevância dentro das empresas para forçar os gerentes de TI a adquirir os terminais Bloomberg.

Muitos outros setores dispõem de oportunidades semelhantes para criar oceanos azuis. Ao questionar as definições convencionais sobre quem pode e deve ser o comprador-alvo, as empresas não raro são capazes de vislumbrar maneiras fundamentalmente novas de criar valor. Veja como a Canon criou a indústria de pequenas copiadoras de mesa, deslocando o conceito de cliente-alvo do setor de copiadoras, até então centrado nos compradores de empresas, para os usuários finais. Ou como a SAP passou a ver como clientes de seus aplicativos de negócios não mais o usuário funcional, mas o comprador da empresa, para desenvolver seus softwares integrados de gestão empresarial altamente bem-sucedidos.

Qual é a cadeia de adquirentes do seu setor? Em que grupos de compradores seu setor concentra o foco? Como seria possível criar novo valor, deslocando o foco para outro grupo de adquirentes?

Quarta fronteira: Examine as ofertas de produtos e serviços complementares

Poucos produtos e serviços são usados no vácuo. Na maioria dos casos, outros produtos e serviços afetam seu valor. Porém, na maioria dos setores, constata-se a convergência dos rivais dentro dos limites das ofertas de produtos e serviços. Veja o caso dos cinemas. A facilidade e o custo de conseguir uma baby-sitter e estacionamento para o carro afeta a percepção de valor das idas a cinemas. No entanto, esses serviços complementares situam-se além dos limites do setor de cinemas, conforme a definição tradicional. Poucas empresas operadoras de salas de projeção se preocupam com a dificuldade ou o custo de conseguir baby-sitters. Mas deveriam, pois esse fator afeta a demanda pelo negócio. Imagine um cinema com serviços de baby-sitter.

O valor inexplorado geralmente se oculta em produtos e serviços complementares. O segredo é definir a solução total procurada pelos compradores quando escolhem produtos e serviços. Uma maneira simples de agir dessa maneira é pensar no que acontece antes, durante e depois do uso do produto ou serviço. Os serviços de baby-sitter e de estacionamento são necessários antes de ir ao cinema. Sistemas operacionais e aplicativos de computação são usados em conjunto com o hardware. No setor de aviação comercial, o transporte terrestre é usado depois do voo, e é sem dúvida uma das necessidades do cliente para viajar de um lugar para outro.

Considere o caso da NABI, empresa húngara fabricante de ônibus, que avaliou a quarta fronteira no setor de transporte urbano dos Estados Unidos, de US$1 bilhão. Os principais clientes da indústria são as empresas públicas de transporte municipal que prestam serviços de transporte público em itinerários fixos nas principais cidades e municípios.

Segundo as regras convencionais da concorrência no setor, o objetivo das empresas fabricantes era oferecer o preço de compra mais baixo. Assim, o projeto dos veículos não se atualizava, a pontualidade era deficiente e a qualidade de um modo geral deixava a desejar; e o preço das alternativas era proibitivo, em face da mentalidade predominante no setor. Para a NABI, contudo, nada disso fazia sentido. Por que as empresas de ônibus se concentravam exclusivamente no preço de compra dos veículos, se os municípios mantinham os ônibus em circulação durante 12 anos em média? Ao avaliar o mercado sob uma nova ótica, a NABI teve insights que não haviam sido percebidos por todo o setor.

A NABI descobriu que o mais alto componente de custo para os municípios não era o preço do ônibus em si, fator considerado primordial por toda a indústria, mas, em vez disso, os custos posteriores à compra: a manutenção dos veículos durante seus 12 anos de vida útil. Consertos depois de acidentes, consumo de combustível, desgaste e defeitos em peças que deviam ser substituídas com frequência, em face do peso e das dimensões do veículo, lanternagem para combate à ferrugem e outros itens semelhantes – esses eram os fatores de custo mais importantes para os municípios. Com as novas exigências de menor poluição atmosférica impostas aos municípios, o custo de ser agressivo ao ambiente também começou a pesar sobre o transporte público. No entanto, apesar de todos esses custos, que superavam o preço inicial do ônibus, a indústria praticamente ignorava a atividade complementar de manutenção e outros custos relacionados ao ciclo de vida do ônibus.

Tais constatações levaram a NABI a perceber que o transporte urbano não precisava ser um setor comoditizado, sem diferenciações, movido exclusivamente pelo preço, mas que as empresas fabricantes de ônibus, focadas na venda de veículos ao preço mais baixo possível, o moldaram dessa maneira. Ao olhar para a solução total, levando em conta também as atividades complementares, a NABI criou um ônibus diferente de qualquer outro já visto no setor. Em geral, os ônibus são feitos de aço, material pesado, pouco resistente à corrosão e difícil de consertar depois de acidentes, pois exigia a substituição de painéis inteiros. A NABI adotou a fibra de vidro na fabricação de seus ônibus, prática que matou "*cinco* coelhos com uma só cajadada". As carrocerias de fibra de vidro reduziram substancialmente os custos da manutenção preventiva, por não estarem sujeitas à corrosão. Além disso, tornou os consertos mais rápidos, mais baratos e mais fáceis, pois a fibra de vidro não requer a substituição de painéis no caso de amassados e rasgões; ao contrário, as áreas danificadas são simplesmente cortadas e substituídas com facilidade por placas soldadas. Além disso, o menor peso (30% a 35% mais leve do que o aço) reduz substancialmente o consumo de combustível e a poluição atmosférica, tornando os ônibus menos agressivos ao meio ambiente. Além disso, o peso mais baixo permitiu que a NABI usasse não só motores menos potentes, mas também menos eixos, resultando em custos de fabricação mais baixos e em maior espaço no interior dos veículos.

Dessa maneira, a NABI criou uma curva de valor radicalmente singular quando comparada à curva média do setor. Como se vê na Figura 3.3, ao construir seus ônibus com fibra de vidro mais leve, a NABI eliminou ou reduziu significativamente os custos relacionados com a prevenção de corrosão, manutenção e consumo de combustível. Em consequência, embora o preço de compra dos ônibus da NABI seja em média mais alto que o dos concorrentes, o custo atrelado à sua vida útil para os municípios é

FIGURA 3.3

Matriz de avaliação de valor da indústria de ônibus urbanos nos Estados Unidos, em torno de 2001

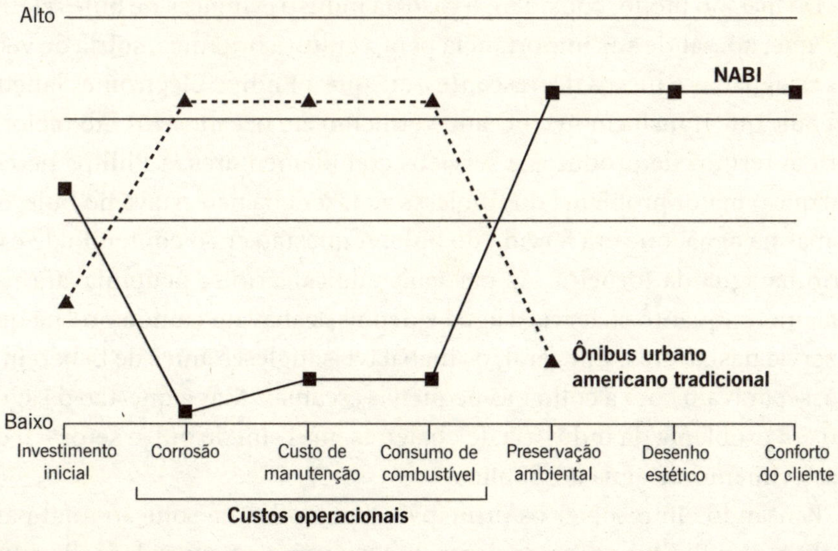

muito mais baixo. Com muito menos poluição atmosférica, os ônibus da NABI reduziram a poluição ambiental para níveis bem inferiores aos da média setorial. Além disso, o preço inicial mais alto criou condições para que a NABI cultivasse atributos sem precedentes no setor, como projeto mais moderno e mais confortável para os passageiros; pisos mais baixos, para facilitar o embarque e o desembarque; e maior quantidade de assentos, para que menos passageiros ficassem em pé. Tudo isso gerou mais demanda por transporte coletivo urbano, aumentando a receita das empresas municipais. Assim, a NABI mudou a maneira como os municípios encaravam as receitas e os custos dos serviços de transporte urbano, criando valor excepcional para os compradores, nesse caso os municípios e os usuários – por meio de custos operacionais baixos.

Não admira que os municípios e os usuários tenham adorado os novos ônibus. A NABI conquistou 20% do mercado americano, desde sua constituição em 1993, avançando com rapidez na escalada para a primeira posição em participação no mercado, crescimento e rentabilidade. A NABI, com sede na Hungria, criou um oceano azul que tornou a concorrência irrelevante nos Estados Unidos, criando uma situação ganha-ganha para todos: para si mesma, para os municípios e para os cidadãos. Assim, acumulou mais de US$1 bilhão em pedidos e foi considerada pela Economist Intelligence Unit, em outubro de 2002, uma das 30 empresas mais bem-sucedidas do mundo.

Do mesmo modo, considere o caso da indústria inglesa de bules elétricos, que, apesar de sua importância para a cultura britânica, sofria de vendas estagnadas e lucros decrescentes, até que a Philips Electronics lançou um bule que transformou o oceano vermelho em oceano azul. Ao raciocinar em termos de produtos e serviços complementares, a Philips percebeu que o maior problema dos ingleses ao fazer chá não estava no bule em si, mas na água, que era fervida no bule. A questão era o conteúdo de calcário na água da torneira. As partículas de calcário se acumulavam nas chaleiras enquanto se fervia a água e depois acabavam caindo no chá que se servia nas xícaras. Em geral, os inabaláveis ingleses antes de beberem o chá, separavam com a colher as pequenas escamas. Mas a questão da água não era problema da indústria de chaleiras, mas sim de outro setor – o de abastecimento de água ao público.

Pensando em resolver os principais incômodos na solução total para os clientes, a Philips viu o problema da água como oportunidade. Resultado: a empresa criou um bule com filtro no bico que retinha as partículas de calcário quando se entornava a água. Nunca mais os ingleses encontrariam aqueles corpos estranhos flutuando no chá. A indústria novamente disparou numa trajetória de forte crescimento, quando as pessoas começaram a substituir seus velhos bules pelo novo modelo.

Há muitos outros exemplos de empresas que seguiram esse caminho para criar um oceano azul. As superlojas Borders e a Barnes & Noble (B&N) redefiniram o escopo dos seus serviços. Transformaram o próprio produto à venda, que deixou de ser livros para converter-se no prazer da leitura e da exploração intelectual. Para tanto, modificaram o ambiente das lojas, acrescentando sofás, pessoal preparado e cafés, para criar um contexto que celebra a leitura e o aprendizado. Em menos de seis anos, a Borders e a B&N despontaram como as duas maiores cadeias de livrarias dos Estados Unidos, com mais de mil e setenta superlojas as duas juntas. As megalojas Virgin Entertainment combinam CDs, vídeos, jogos de computador e equipamentos de som e vídeo para atender às necessidades de entretenimento dos clientes. A Dyson projeta seus aspiradores de pó de modo a eliminar o custo e o aborrecimento de comprar e substituir os sacos de pó. Os centros de câncer Salick da Zeneca reúnem sob um único teto todos os tipos de tratamento de que os pacientes possam precisar, para que não precisem deslocar-se de uma para outra clínica especializada, marcando hora para cada serviço necessário.

Qual é o contexto em que seu produto ou serviço é utilizado? O que acontece antes, durante e depois do uso? Você tem condições de identificar os pontos de dor? Como seria possível eliminar esses pontos por meio de ofertas de produtos e serviços complementares?

Quinta fronteira: Examine os apelos funcionais e emocionais dos compradores

A concorrência num setor tende a convergir não só para uma ideia tradicional quanto ao escopo dos produtos e serviços, mas também para uma de duas fontes de apelo. Alguns setores concorrem principalmente em termos de preço e atuam sobretudo com base em estimativas da utilidade apelando à razão. Outros setores recorrem principalmente aos sentimentos; apelam para as emoções.

No entanto, o apelo da maioria dos produtos e serviços raramente se enquadra totalmente num ou noutro tipo. Em vez disso, geralmente é o resultado da maneira como as empresas competiam no passado, o que inconscientemente moldou as expectativas dos consumidores. O comportamento das empresas afeta as expectativas dos clientes, num círculo que se reforça continuamente. Com o passar do tempo, as empresas com orientação funcional tornam-se cada vez mais funcionais e as empresas com orientação emocional tornam-se cada vez mais emocionais. Não admira que as pesquisas de mercado raramente revelem novos insights sobre o que atrai os clientes. A verdade é que os setores treinaram os clientes em relação ao que esperar deles. Quando pesquisados, ecoam a velha ladainha: mais do mesmo por menos.

Quando as empresas se dispõem a questionar a orientação funcional e emocional de seus setores, geralmente descobrem novos espaços de mercado. Observamos dois padrões comuns: os setores com orientação emocional oferecem muitos extras que aumentam o preço sem ampliar a funcionalidade. A eliminação desses extras pode criar modelos de negócios basicamente mais simples, com custos e preços mais baixos, que serão bem recebidos pelos clientes. No sentido contrário, os setores com orientação funcional podem infundir nova vida nos produtos comoditizados, acrescentando algumas doses de emoção e, assim agindo, estimulam nova demanda.

Dois exemplos bem conhecidos são a Swatch, que transformou a indústria de relógios populares, voltada para a funcionalidade, em indústria de moda, movida a emoções; e a Body Shop, que fez o oposto, transmutando a indústria de cosméticos, movida a emoções, em uma casa de produtos de higiene e beleza funcionais e eficazes. Além disso, veja a experiência da QB (Quick Beauty) House. A QB House criou um oceano azul no setor de barbearias no Japão, que se dissemina com rapidez por toda a Ásia. Fundada em 1996, em Tóquio, a QB House prosperou de apenas uma loja, naquele ano, para mais de 200, em 2003. O número de visitantes anuais disparou de 57 mil, no começo, para 3,5 milhões, em 2002. A empresa está expandindo sua rede para Cingapura e Malásia e seu objetivo é ter mil lojas na Ásia em 2013.

A essência da estratégia do oceano azul da QB House é a transformação do setor de barbearias na Ásia, de emocional para altamente funcional. No Japão, o tempo necessário para o corte de cabelo masculino gira em torno de uma hora. Por quê? Porque se desenvolve uma longa sequência de atividades para converter a experiência em ritual. Aplicam-se várias toalhas quentes, esfregam-se e massageiam-se os ombros, servem-se chá e café e o barbeiro segue um ritual ao cortar o cabelo, inclusive tratamentos especiais de cabelo e pele, que também abrange secar o cabelo e fazer a barba. O resultado é que o tempo realmente gasto no corte do cabelo é uma fração do tempo total. Ainda por cima, tudo isso gera longas filas de espera para os outros clientes. O preço de todo esse processo é de 3 mil a 5 mil ienes (US$27 a US$45).

A QB House mudou tudo isso. Reconheceu que muita gente, sobretudo os profissionais ocupados, não querem gastar uma hora para cortar o cabelo. Assim, eliminou os fatores emocionais, representados pelas toalhas quentes, pelas massagens nos ombros e pelo chá e café. Também reduziu drasticamente os tratamentos especiais e concentrou-se na atividade básica. Em seguida, deu um passo adiante, eliminando as práticas demoradas de lavagem e secagem, criando o sistema "lavagem a ar" – uma mangueira suspensa que é estendida até a cabeça do cliente, para aspirar todos os fios de cabelo cortados. O novo sistema é mais eficaz e mais rápido, sem deixar úmida a cabeça do cliente. Essas mudanças reduziram o tempo de corte de uma hora para dez minutos. Além disso, fora de cada loja encontra-se um sistema de sinais luminosos que indica quando uma cadeira de barbeiro está disponível. Essa iniciativa elimina a incerteza do tempo de espera e suprime o balcão de reservas.

Dessa maneira, a QB House conseguiu reduzir o preço do corte de cabelo para 1.000 ienes (US$9) em comparação com a média setorial de 3 mil a 5 mil ienes (US$27 a US$45), ao mesmo tempo em que aumentou a receita horária por barbeiro em quase 50%, além da redução do custo de pessoal de apoio e do espaço requerido por barbeiro. Além disso, a QB House desenvolveu esse serviço de corte de cabelo "sem frescuras" com aumento da higiene. Não só instalou dispositivos de higienização em cada cadeira, mas também adotou a política de "uso único", pelo qual todos os clientes utilizam um novo conjunto de toalha e pente. A Figura 3.4 mostra a estratégia do oceano azul da QB House.

A Cemex, terceira maior produtora de cimento do mundo, é outra empresa que criou seu oceano azul, deslocando a orientação do setor – dessa vez na direção oposta, de funcional para emocional. No México, o cimento vendido em embalagens de varejo para os autoconstrutores representam mais de 85% do mercado total.[4] No entanto, nas condições tradicio-

FIGURA 3.4

Matriz de avaliação de valor da QB House

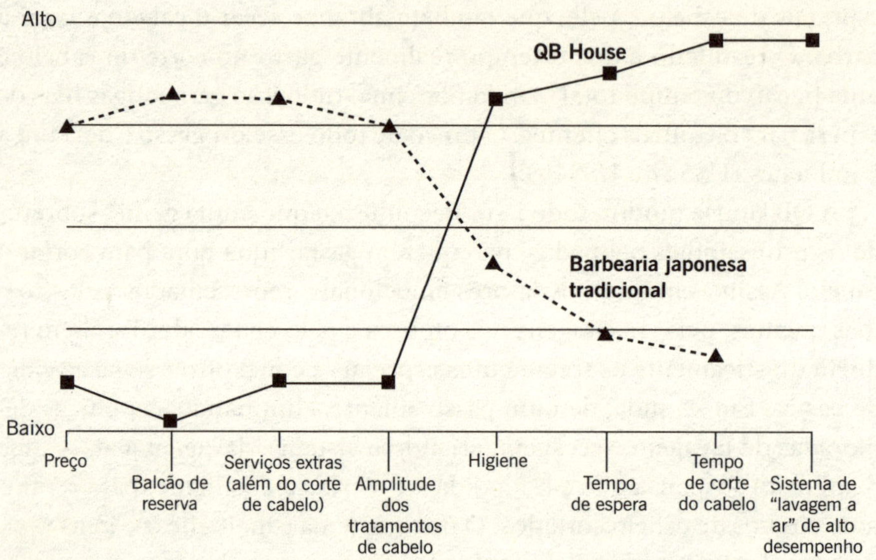

nais, o mercado não era atraente. A quantidade de não clientes era muito superior à de clientes. Embora a maioria das famílias pobres tivesse seu próprio terreno e o cimento fosse vendido como material de construção funcional relativamente barato, o povo mexicano morava em condições de superpopulação crônica por metro quadrado. Poucas famílias construíam cômodos adicionais e as que o faziam demoravam de quatro a sete anos para acrescentar apenas mais um cômodo. Por quê? Quase todo o dinheiro extra das famílias era gasto em festivais locais, em bailes de debutantes, batismos e casamentos. Contribuir para esses acontecimentos importantes era oportunidade para distinguir-se na comunidade, enquanto não contribuir era sinal de arrogância e desrespeito.

Em consequência, a classe pobre do México tinha poupança insuficiente e inconstante para comprar materiais de construção, embora ser proprietário de uma casa de alvenaria fosse o sonho dos mexicanos. Com base em avaliações conservadoras, a Cemex estimou que esse mercado podia valer de US$500 a US$600 milhões por ano se conseguisse liberar a demanda latente.[5]

A resposta da Cemex a esse dilema surgiu em 1998, com o lançamento de seu programa Patrimonio Hoy, que deslocou a orientação do cimento, de produto funcional para presente dos sonhos. Ao comprarem cimento, as pessoas estavam em vias de construir quartos de amor, onde se compartilhariam risos e felicidade – que presente seria melhor do que esse? Na base do Patrimonio Hoy estava o velho sistema mexicano de *tandas*, esquema tradicional de poupança comunitária. Na *tanda*, dez pessoas contribuem com 100 pesos por semana, durante dez semanas. A cada semana ocorre um sorteio para ver quem "ganha" 1.000 pesos (US$93). Todos os participantes ganham 1.000 pesos apenas uma vez, mas quando ganham recebem uma soma de dinheiro suficiente para efetuar uma compra mais volumosa.

Na *tanda* tradicional, a família "vencedora" gastaria o dinheiro em importantes eventos festivos ou religiosos, tais como batismos ou casamentos. No Patrimonio Hoy, contudo, a *supertanda* destina-se à construção de novos cômodos com cimento. Veja o esquema como uma forma de presente de casamento, exceto que, em vez de dar baixelas e talheres de prata, a Cemex elevou o cimento à categoria de presente.

O Patrimonio Hoy, clube de material de construção constituído pela Cemex, compõe-se de grupos de mais ou menos 70 pessoas que contribuem em média com 120 pesos por semana, durante 70 semanas. O ganhador da *supertanda* semanal, no entanto, não recebe a importância total em pesos, mas, o equivalente em materiais de construção para completar todo o novo cômodo. A Cemex complementa o valor do prêmio com a entrega de cimento na casa do vencedor, aulas sobre construção para que as obras fiquem benfeitas e orientação técnica de um especialista, que mantém relacionamento constante com os participantes durante o seu projeto.

Enquanto os concorrentes da Cemex comercializavam sacos de cimento, a Cemex vendia sonhos por meio de um modelo de negócios envolvendo financiamento criativo e know-how. A Cemex ainda deu um passo adiante, oferecendo pequenas festas na cidade quando alguém concluía um cômodo, reforçando assim a felicidade das pessoas e a tradição da *tanda*.

Desde que a empresa adotou essa nova orientação emocional, além dos sistemas de financiamento e da orientação técnica, a demanda por cimento disparou. A quantidade de famílias que constroem cômodos adicionais aumentou em aproximadamente 20%. Além disso, as famílias pretendem construir dois ou mais cômodos do que o previsto inicialmente. Num mercado de crescimento lento que competia com base no preço, a Cemex ostenta crescimento de 15% *ao mês*, embora venda seu cimento a preços mais altos (cerca de 3,5 pesos). Até agora, a Cemex triplicou o consumo de cimento entre os autoconstrutores – de 1.045 quilos a cada quatro anos, em média, para o mesmo peso em 15 meses. A previsibilidade dos volumes de vendas de cimento por meio da *supertanda* também possibilita a redução da estrutura de custos da Cemex, em consequência da diminuição dos níveis de estoque, da maior regularidade nos lotes de produção e do menor custo de capital decorrente das vendas asseguradas. As pressões sociais tornam raros os casos de inadimplência nas *supertandas*. Em resumo, a Cemex criou um oceano azul de cimento emocional, mediante a diferenciação a baixo custo.

Do mesmo modo, com o Viagra, seu grande sucesso de vendas, a Pfizer deslocou o foco do produto de tratamento médico para melhoria do estilo de vida. Veja também como a Starbucks virou de cabeça para baixo a indústria do café, ao encarar o negócio de forma diferente da venda de uma bebida comoditizada para a elaboração de uma atmosfera emocional, onde os clientes saboreiam o café.

Em vários setores de serviços, constata-se um maremoto na criação de oceanos azuis, mas na direção oposta – da orientação emocional para a orientação funcional. Negócios de relacionamento, como seguros, bancos e investimentos, dependiam intensamente dos vínculos emocionais entre corretores e clientes. Agora, o clima é de mudança. A Direct Line Group, empresa seguradora inglesa, por exemplo, eliminou os corretores tradicionais. Seu raciocínio foi o de que os clientes não precisariam que alguém lhes segurasse as mãos e lhes proporcionasse conforto emocional se a empresa fosse mais eficaz na liquidação rápida dos sinistros e removesse a papelada complexa. Assim, em vez de usar corretores e escritórios regionais, a Direct Line recorre à tecnologia da informação para melhorar o processamento dos sinistros, transferindo parte das economias de custos aos clientes, sob a forma de prêmios mais baixos. Nos Estados Unidos, a Vanguard Group (fundos referenciados) e a Charles Schwab (serviços de corretagem) estão agindo da mesma maneira no setor de investimentos criando oceanos azuis ao transformarem negócios com orientação emocional, baseados em relacionamentos pessoais, em negócios com orientação funcional, de alto desempenho e baixo custo.

O seu setor compete com base em apelos emocionais ou funcionais? Que elementos podem ser eliminados para torná-lo funcional? No sentido oposto, se o seu setor segue orientação funcional, que elementos devem ser adicionados para torná-lo emocional?

Sexta fronteira: Examine o transcurso do tempo

Todos os setores estão sujeitos a tendências externas que afetam seus negócios ao longo do tempo. Pense na rápida ascensão da Internet ou na ampla disseminação do movimento mundial pela proteção do meio ambiente. A observação dessas tendências sob a perspectiva certa pode revelar o caminho para a descoberta de oportunidades de oceano azul.

A maioria das empresas se adapta de forma gradual e um tanto passiva, à medida que se desenrolam os acontecimentos. Seja no caso de novas tecnologias, seja na hipótese de mudanças regulatórias, os gerentes tendem a concentrar-se na projeção da tendência em si. Ou seja, perguntam em que direção a tecnologia evoluirá, como será adotada e se poderá ser utilizada em escala. Ajustam o ritmo de suas próprias ações para acompanhar o desenvolvimento das tendências que estão rastreando.

No entanto, os insights mais importantes sobre a estratégia do oceano azul raramente brotam da projeção da tendência em si. Em vez disso, estes insights surgem de especulações sobre como a tendência mudará o valor para os clientes e como impactará o modelo de negócios da empresa. Ao prospectar o transcurso do tempo – desde o valor que o mercado fornece hoje ao valor que talvez forneça amanhã – os gerentes podem ser proativos na construção do futuro e no estabelecimento de um novo oceano azul. O exame do transcurso do tempo talvez seja mais difícil do que as abordagens anteriores, mas também aqui é possível praticar os mesmos métodos sistemáticos. Não estamos falando de prever o futuro, algo impossível por sua própria natureza. Em vez disso, temos em mente desenvolver insights com base em tendências observáveis hoje.

Três princípios são fundamentais para a avaliação de tendências ao longo do tempo. Para se constituírem em pilares da estratégia do oceano azul, essas tendências devem ser decisivas para o negócio, ser irreversíveis e seguir uma trajetória clara. Não raro se observam muitas tendências em andamento de forma simultânea, por exemplo, alguma descontinuidade tecnológica, a ascensão de novo estilo de vida ou certas mudanças nos ambientes regulatórios e sociais. Em geral, apenas uma ou duas dessas tendências exercerão impacto decisivo sobre algum negócio específico. Também é possível que se perceba uma tendência ou grande evento, sem que se consiga prever sua direção.

Em 1998, por exemplo, o agravamento da crise asiática era importante tendência que decerto imprimiria influência profunda nos serviços financeiros. Mas era difícil prever a direção a ser assumida pela tendência; portanto, seria arriscado imaginar uma estratégia do oceano azul dela decorrente. Em contraste, o euro tem evoluído ao longo de uma trajetória constante, à medida que substitui as várias moedas europeias. É uma tendência decisiva, irreversível e clara, com base na qual os serviços financeiros podem desenvolver oceanos azuis, enquanto a União Europeia se torna cada vez mais ampla.

Ao identificar uma tendência dessa natureza, pode-se, então, examinar o transcurso do tempo e refletir sobre como seria o mercado se a tendência prosseguisse até a sua conclusão lógica. Retrocedendo a partir dessa visão prospectiva de uma estratégia do oceano azul, pode-se identificar o que deve ser mudado hoje para se estabelecer um novo oceano azul.

Por exemplo, a Apple observou a enxurrada crescente no compartilhamento de músicas ilegais pela Internet, que começou no início da década de 1990. Os programas de troca de arquivos de música, como Napster, Kazaa e LimeWire, haviam criado uma rede gratuita e ilegal de amantes de música, que permutavam gravações em todo o mundo. Em 2003, mais de dois bilhões de arquivos de música ilegais trocavam de computador a cada mês. Enquanto a indústria fonográfica se empenhava em combater a canibalização de CDs físicos, o intercâmbio de música digital ilegal prosseguia em ritmo cada vez mais acelerado.

Com tecnologia disponível para que qualquer um baixasse no computador música digital de graça, em vez de pagar US$19 em média por um CD, a tendência era nítida, conforme se constatava pela demanda em rápido crescimento por MP3 players, que reproduziam música digital em aparelhos móveis, como o grande sucesso iPod, da Apple. Além disso, a Apple explorou ainda mais essa tendência decisiva, com uma trajetória clara, ao lançar a iTunes, loja digital de música, em 2003.

Por meio de um acordo com cinco grandes empresas de música – BMG, EMI Group, Sony, Universal Music Group e Warner Brothers Records – a iTunes oferece o download de músicas ao gosto do cliente, de maneira legal, fácil e flexível. A iTunes criou condições para que os compradores naveguem de graça entre 200 mil músicas, ouçam amostras de 30 segundos, e baixem cada música por US$0,99 ou um álbum completo por US$9,99. Ao permitir a compra de músicas isoladas e, como parte da estratégia, praticar preços por música bem inferiores aos do mercado convencional, a iTunes eliminou importante causa de aborrecimento para os clientes: a necessidade de comprar todo o CD quando querem apenas uma ou duas músicas.

A iTunes também saltou à frente dos serviços de download gratuito, ao fornecer qualidade de som, assim como navegação, pesquisa e experimentação intuitivas. Na baixa ilegal de música, deve-se primeiro procurar a música, o álbum ou o artista. Caso se esteja procurando um álbum completo, é preciso saber o nome de todas as músicas e a ordem das faixas. É difícil encontrar um álbum completo para baixar num só local. A qualidade do som é quase sempre ruim, porque a maioria das pessoas queima CDs em baixa velocidade, para economizar espaço. E a maioria das ofertas disponíveis reflete as preferências de jovens adolescentes, ou seja, embora na teoria disponha-se de bilhões de escolhas, o escopo na verdade é limitado.

Em contraste, as funções de busca e navegação da Apple são consideradas as melhores do ramo. Além disso, os editores de música da iTunes abrangem vários atributos adicionais, geralmente encontrados em lojas de música, inclusive alguns recursos básicos, como Best Hair Bands ou Best Love Songs, preferidas de todos, favoritas das celebridades e listas da *Billboard.* E a qualidade de som da iTunes é a mais alta possível, pois suas músicas são codificadas num formato denominado AAC, que oferece gravações com qualidade de som superior aos MP3s, mesmo aquelas queimadas em velocidades de transferência muito altas.

Em face de tudo isso, os clientes estão fluindo para a iTunes em grandes quantidades, beneficiando também as empresas fonográficas e os artistas. Nos termos do contrato com a iTunes, elas recebem 65% do preço de compra das músicas baixadas em formato digital, aproveitando, finalmente, a loucura da transferência de música pela Internet. Ademais, a Apple protege as empresas fonográficas ao conceber mecanismos de proteção de direitos autorais que não sejam inconvenientes para os usuários – já acostumados com a liberdade da música digital no mundo pós-Napster – mas que também sejam satisfatórios para a indústria fonográfica. A iTunes Music Store permite que os usuários gravem músicas em iPods e em CDs até sete vezes, o suficiente para satisfazer de sobra os amantes de música, mas muito pouco para converter-se em base de pirataria.

Hoje, a iTunes Music Store oferece mais de 700 mil músicas e vendeu mais de 70 milhões de canções no primeiro ano, com os usuários baixando em média 2,5 milhões de músicas por semana. A Nielsen//NetRatings estima que a iTunes Music Store seja responsável hoje por 70% do mercado legal de download de músicas. O fato é que a iTunes da Apple está liberando um oceano azul em música digital, com a vantagem adicional de aumentar a atratividade de seu player iPod. À medida que outras lojas de música on-line entram na disputa, o desafio para a Apple será ficar atenta ao mercado de massa em evolução e não se envolver em benchmarking competitivo nem praticar marketing de nicho em segmento sofisticado.

Do mesmo modo, a Cisco Systems criou novo espaço de mercado ao refletir sobre as tendências ao longo do tempo. Tudo começou com uma tendência decisiva e irreversível, que seguia uma trajetória clara: a demanda crescente por intercâmbio de dados em alta velocidade. A Cisco olhou para a situação mundial e concluiu que o mundo sofria as consequências da lentidão na transferência de dados e da incompatibilidade entre as redes de computação. A demanda explodia, à medida que, entre outros fatores, o número de usuários de Internet dobrava mais ou menos a cada 100 dias. Assim, não foi difícil para a Cisco concluir que, sem dúvida, o problema ficaria cada vez pior. Os roteadores, comutadores e outros dispositivos de rede da Cisco foram projetados para criar valor notável para os clientes, oferecendo intercâmbio rápido de dados, num ambiente de rede integrado. Assim, o insight da Cisco tem tanto a ver com inovação de valor, quanto com tecnologia. Hoje, mais de 80% de todo o tráfego na Internet passam por produtos Cisco e suas margens brutas nesse novo espaço de mercado têm sido da ordem de 60%.

Do mesmo modo, muitas outras empresas estão em oceanos azuis, ao analisar a sexta fronteira. Veja como a CNN criou a primeira rede de notícias global, em funcionamento 24 horas por dia, com base na maré da globalização. Ou como o programa de sucesso da HBO, *Sex and the City*, explorou a tendência cada vez mais forte de mulheres bem-sucedidas, em grandes cidades, lutarem para encontrar amor e casamento mais tarde na vida.

Quais tendências apresentam maior probabilidade de influenciarem o seu setor, são irreversíveis e estão evoluindo numa trajetória nítida? De que maneira essas tendências transformarão o seu setor? Em face dessas circunstâncias, como criar utilidade sem precedentes para os clientes?

Criação de novos espaços de mercado

Ao raciocinar além das fronteiras convencionais da concorrência, vê-se como empreender movimentos estratégicos que revolucionam as convenções e reconstroem os limites do mercado, criando, em consequência, os oceanos azuis. O processo de descoberta e exploração de oceanos azuis não se refere à previsão ou prevenção de tendências setoriais. Tampouco é um processo experimental de implementação das mais inovadoras e ousadas ideias de negócios que passem pela cabeça dos gerentes. Em vez disso, os gestores se envolvem num processo estruturado de reordenação das realidades do mercado, de maneira radicalmente nova. Por meio da reconstrução dos atuais elementos do mercado, além das fronteiras dos setores e dos mercados, os gestores conseguirão libertar-se da competição voraz nos oceanos vermelhos. A Figura 3.5 resume o modelo das seis fronteiras.

FIGURA 3.5

Da competição voraz à criação de oceanos azuis

	Competição voraz		Criação de oceanos azuis
Setor	Concentra-se nos rivais dentro do setor	⟶	Examina setores alternativos
Grupo estratégico	Concentra-se na posição competitiva dentro do grupo estratégico	⟶	Examina os grupos estratégicos dentro do setor
Grupo de compradores	Concentra-se em servir melhor o grupo de compradores	⟶	Redefine o grupo de compradores do setor
Escopo da oferta de produto ou serviço	Concentra-se em maximizar o valor das ofertas de produtos e serviços dentro das fronteiras setoriais	⟶	Examina as ofertas de produtos e serviços complementares
Apelo funcional-emocional	Concentra-se em melhorar o desempenho em termos de preço, dentro do apelo funcional-emocional do setor	⟶	Repensa o apelo funcional-emocional do setor
Tempo	Concentra-se em adaptar-se à ocorrência das tendências externas.	⟶	Participa do desenvolvimento das tendências externas ao longo do tempo

Agora estamos em condições de ir adiante, para construir o processo de planejamento estratégico em torno dessas seis fronteiras. Em seguida, examinaremos como reformular o processo de planejamento estratégico, para focar no panorama macro e aplicar essas ideias no desenvolvimento de sua própria estratégia do oceano azul.

CAPÍTULO 4

Concentre-se no panorama geral, não nos números

AGORA, JÁ CONHECEMOS OS CAMINHOS para a criação de oceanos azuis. O próximo passo é alinhar o processo de planejamento estratégico para concentrar-se no panorama geral e aplicar essas ideias no desenho da matriz de avaliação de valor de sua empresa, a fim de desenvolver uma estratégia do oceano azul. O desafio não é pequeno. Nossa pesquisa revela que o processo de planejamento estratégico da maioria das empresas as mantém aprisionadas em oceanos vermelhos, tendendo a levá-las a concorrer dentro dos espaços de mercado existentes.

Imagine um plano estratégico típico. O ponto de partida é uma longa descrição das condições vigentes no setor e da atual situação competitiva. Em seguida, analisa-se como aumentar a participação no mercado, conquistar novos segmentos ou reduzir custos e depois esboçam-se numerosos objetivos e iniciativas. Quase sempre, acrescenta-se um orçamento completo, pródigo em gráficos e apinhado de planilhas eletrônicas. O processo geralmente culmina com a preparação de um extenso documento, em que se mistura grande quantidade de dados fornecidos por pessoas de várias partes da organização, as quais geralmente têm programas conflitantes e mal se comunicam umas com as outras. Nesse processo, os gestores desperdiçam grande parte do tempo destinado à reflexão estratégica preenchendo formulários e processando números, em vez de pensarem de forma mais ampla, cultivarem a criatividade e desenvolverem uma imagem clara de como se desvencilhar da concorrência tradicional. Quando se pede às empresas para expor suas estratégias em uns poucos slides, não admira que daí resultem poucas apresentações nítidas e convincentes.

Nem é de espantar que poucos planos estratégicos desemboquem em oceanos azuis ou se convertam em ação. Os executivos ficam encalhados em águas rasas. Poucos empregados nos níveis mais baixos da empresa chegam a tomar conhecimento da existência da estratégia. E um exame mais minucioso revela que a maioria dos planos não envolve nenhuma estratégia, mas apenas uma colcha de retalhos de táticas que individualmente fazem algum sentido, mas que, em conjunto, não propõem um rumo unificado e inequívoco que, de fato, diferencie a empresa – e muito menos torne a concorrência irrelevante. Será que essa descrição se aplica aos planos estratégicos da sua empresa?

Tais constatações nos levam a um segundo princípio da estratégia do oceano azul: concentre-se no panorama geral, não nos números. Esse princípio é fundamental para atenuar o risco de o planejamento consumir muito esforço e muito tempo, mas produzir apenas iniciativas táticas de oceano vermelho. Desenvolvemos aqui uma abordagem alternativa para o atual processo de planejamento estratégico, que se baseia não na preparação de um documento, mas no desenho de uma matriz de avaliação de valor.[1] Essa abordagem sempre produz estratégias que liberam a criatividade de uma ampla gama de pessoas dentro da organização e abre os olhos das empresas para os oceanos azuis, além de serem fáceis de compreender e de divulgar, com vistas à execução eficaz.

Focando no panorama geral

Em nossas pesquisas e trabalhos de consultoria, constatamos que por meio do desenho de matrizes de avaliação de valor não só se visualiza a atual posição estratégica da empresa no mercado, mas também se elabora com mais facilidade a estratégia para o futuro. Ao se desenvolver o processo de planejamento estratégico da empresa em torno da matriz, a organização e os gestores concentram a atenção no panorama geral, em vez de mergulhar em números e jargões e se emaranhar em detalhes operacionais.[2]

Conforme mostraram os capítulos anteriores, o desenho da matriz de avaliação de valor produz três resultados: primeiro, mostra o perfil estratégico do setor, ao retratar com muita nitidez os atributos presentes (e os possíveis atributos futuros) que afetam a concorrência entre os concorrentes. Segundo, revela o perfil estratégico dos concorrentes atuais e potenciais, identificando os atributos em que concentram seus investimentos estratégicos. Finalmente, traça o perfil estratégico da empresa – ou curva de valor – indicando como investe hoje e como deveria investir amanhã nos atributos competitivos. Conforme vimos no Capítulo 2, o perfil estratégico com alto potencial de identificar oceanos azuis tem três qualidades complementares: foco, singularidade e mensagem consistente. Se o perfil estratégico da empresa não revelar com clareza essas qualidades, a estratégia tenderá a ficar encalhada, indistinta e quase incomunicável. Também é provável que sua execução seja dispendiosa.

Desenhando sua matriz de avaliação de valor

O desenho da matriz de avaliação de valor nunca é fácil. Até mesmo a identificação dos atributos competitivos críticos não é de modo algum simples. Como se verá, a lista final geralmente é muito diferente da primeira versão.

A estimativa da extensão em que a empresa e os concorrentes oferecem os vários atributos é igualmente desafiadora. A maioria dos gestores tem uma percepção nítida de como a empresa e os concorrentes se posicionam ao longo de uma ou duas dimensões, em suas próprias áreas de responsabilidade, mas muito poucos conseguem visualizar a dinâmica geral do setor. O gerente de fornecimento de refeições de uma empresa de aviação, por exemplo, terá muita sensibilidade em como a empresa se compara em termos de lanches. Mas esse mesmo foco dificulta a avaliação consistente; ou seja, o que parece ser uma grande diferença para o gerente de fornecimento de refeições talvez não seja importante para os clientes, que olham a oferta completa. Alguns gestores definirão os atributos de acordo com seus benefícios internos. Por exemplo, um diretor de informática talvez valorize a estrutura de TI da empresa por sua capacidade de exploração de dados, atributo que não é percebido pela maioria dos clientes, mais interessados na velocidade e na facilidade de uso.

FIGURA 4.1

Os quatro passos para a visualização da estratégia

1. Despertar visual	2. Exploração visual	3. Feira de estratégia visual	4. Comunicação visual
• Compare sua empresa com os concorrentes, desenhando a matriz de avaliação de valor referente à situação vigente. • Identifique onde sua estratégia deve ser alterada.	• Saia a campo para explorar os seis fronteiras que levam à criação de oceanos azuis. • Observe as vantagens diferenciadoras de produtos e serviços alternativos. • Veja que fatores se devem eliminar, criar ou mudar.	• Desenhe a sua futura matriz, com base em insights resultantes das observações de campo. • Receba feedback sobre a matriz de avaliação de valor de alternativas, oriundo de clientes, clientes dos concorrentes e não clientes. • Use o feedback na construção da melhor estratégia para o futuro.	• Distribua os seus perfis estratégicos iniciais e finais numa única página para fácil comparação. • Apoie apenas os projetos e iniciativas que permitam à sua empresa fechar as lacunas na implementação da nova estratégia.

Nos últimos dez anos, desenvolvemos um processo estruturado para desenhar e analisar matrizes de avaliação de valor que impulsiona a estratégia da empresa rumo a oceanos azuis. Um grupo de serviços financeiros com 150 anos, que chamamos de European Financial Services (EFS), é uma das empresas que adotaram esse processo, para desenvolver uma estratégia que a desvencilhasse da concorrência. A estratégia da EFS daí resultante gerou 30% de aumento da receita no primeiro ano. O processo, que se baseia na exploração das seis fronteiras para a criação de oceanos azuis e envolve muito estímulo visual para liberar a criatividade dos participantes, compõe-se de quatro passos (ver Figura 4.1).

Passo 1: Despertar visual

Um erro comum é discutir mudanças na estratégia antes de resolver diferenças de opinião sobre a situação vigente. Outro problema é que os executivos geralmente relutam em aceitar a necessidade de mudança; talvez tenham interesses pessoais no *status quo* ou talvez esperem que o tempo confirme o acerto de suas decisões anteriores. Com efeito, quando perguntamos aos executivos o que os leva a buscar oceanos azuis e a introduzir mudanças, eles geralmente dizem que é um líder com forte determinação ou uma crise muito séria.

Felizmente, constatamos que ao pedir a executivos para traçar a curva de valor de suas empresas, fica explícita a necessidade de mudança. Serve como estridente toque de despertar para que as empresas questionem as estratégias vigentes. Essa foi a experiência da EFS, que vinha lutando havia muito tempo com uma estratégia mal definida e mal comunicada. A empresa também estava profundamente dividida. Os altos executivos das subsidiárias regionais da EFS se ressentiam amargamente do que consideravam arrogância dos executivos da matriz, cuja filosofia, na opinião deles, consistia basicamente em "doidos no campo, gênios na sede". Em face desse conflito, a EFS deparava com dificuldades ainda maiores para lidar com os problemas estratégicos. No entanto, antes que a empresa estivesse em condições de desenvolver nova estratégia, era fundamental que chegasse a um entendimento comum sobre a situação vigente.

Para iniciar o processo estratégico, a EFS reuniu mais de 20 gerentes seniores de subsidiárias na Europa, América do Norte, Ásia e Austrália, e os distribuiu em duas equipes. Uma equipe foi incumbida de produzir uma curva de valor que representasse o então vigente perfil estratégico da EFS no negócio tradicional de operações cambiais off-line de empresas, em comparação com o dos concorrentes. A outra equipe recebeu a atribuição de realizar a mesma tarefa em relação ao novo negócio de operações cambiais on-line de empresas. Ambas deveriam completar o trabalho em 90 minutos, pois se a EFS tivesse uma estratégia nítida, esse tempo sem dúvida seria suficiente.

A experiência foi dolorosa. Ambas as equipes debateram calorosamente o que constituía e quais eram os atributos competitivos. Parecia que diferentes regiões e até diferentes segmentos de clientes exigiam seus próprios atributos competitivos. Por exemplo, os europeus argumentavam que, em seu negócio tradicional, a EFS deveria prestar serviços de

FIGURA 4.2

Matriz de avaliação de valor de operações cambiais de empresas, off-line

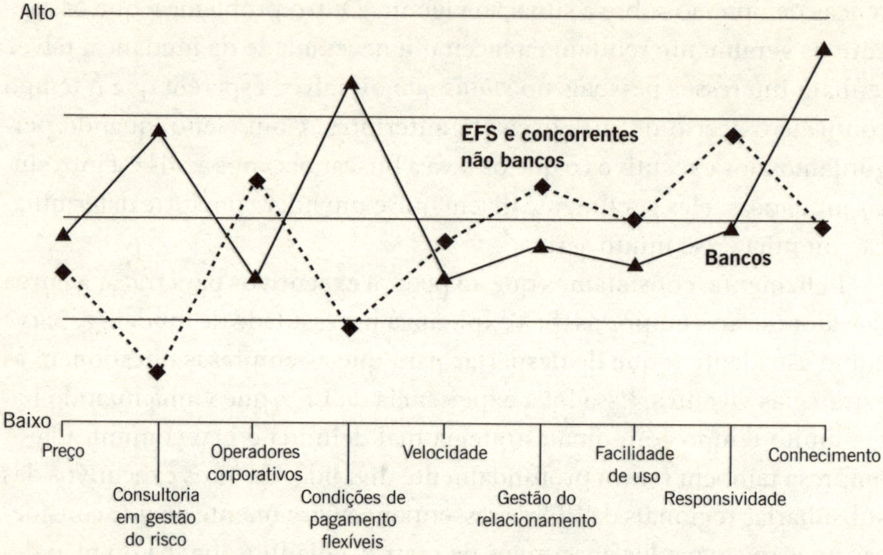

consultoria sobre gestão do risco, pois na percepção deles seus clientes eram por natureza avessos ao risco. Os americanos contudo rejeitavam a ideia, por considerá-la em grande parte irrelevante. Para eles, o importante era a velocidade e a facilidade de uso. Muita gente também tinha opiniões próprias e individuais, que não pareciam importantes para mais ninguém. Alguém na equipe on-line argumentou, por exemplo, que os clientes seriam atraídos pela promessa de confirmação instantânea de suas transações – serviço que ninguém mais considerava necessário.

Apesar dessas dificuldades, as equipes completaram as tarefas e apresentaram seus gráficos numa reunião geral de todos os participantes. Os resultados constam das Figuras 4.2 e 4.3.

Os gráficos revelam com nitidez as falhas na estratégia da empresa. As curvas de valor dos negócios off-line e on-line da EFS demonstraram séria falta de foco; a empresa estava investindo em muitos atributos diferentes nos dois negócios. Pior ainda, as duas curvas da EFS eram muito semelhantes às dos concorrentes. Não admira que nenhuma das duas equipes tenha concebido uma mensagem consistente que de fato sintetizasse a curva de valor.

FIGURA 4.3

Matriz de avaliação de valor de operações cambiais corporativas, on-line

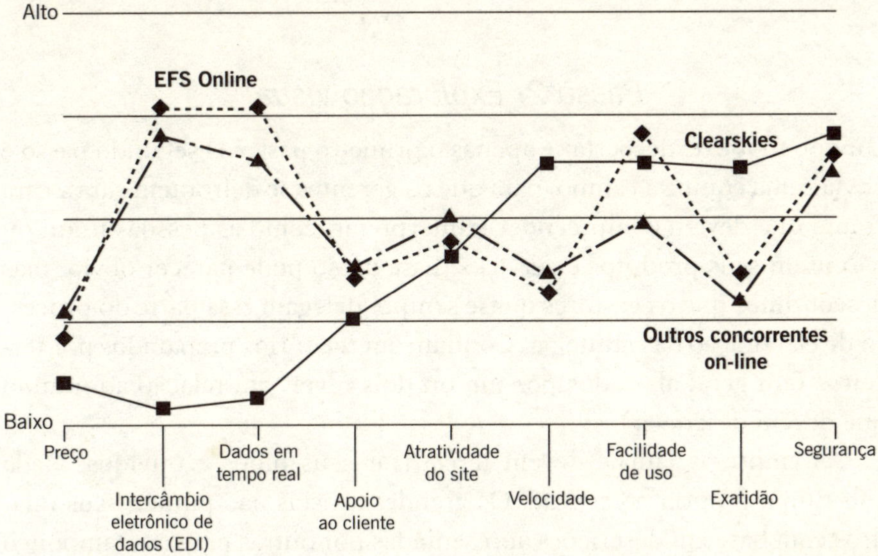

Os gráficos também revelaram contradições. O negócio on-line, por exemplo, investira muito dinheiro na facilidade de uso do site – inclusive chegando a receber prêmios pelos resultados – mas ficou evidente que a velocidade fora negligenciada. O site da EFS era um dos mais lentos do setor, o que talvez explicasse por que um trabalho tão bem conceituado fosse relativamente ineficaz em atrair clientes e em convertê-los em vendas.

Os choques mais violentos, contudo, talvez tenham decorrido da comparação da estratégia da EFS com as dos concorrentes. O grupo on-line percebeu que a estratégia de seu concorrente mais forte, que denominamos Clearskies, se caracterizava pelo foco e originalidade, além de ser comunicável com facilidade: "One-click E-Z FX." A Clearskies, em rápido crescimento, afastava-se do oceano vermelho.

Defrontando-se com provas inquestionáveis das deficiências da empresa, os executivos da EFS não podiam defender o que haviam demonstrado ser uma estratégia deficiente, sem originalidade e de difícil comunicação. As tentativas de desenhar as matrizes foram mais convincentes quanto à necessidade de mudança do que qualquer outro argumento baseado em números e palavras. Em consequência, a alta administração se imbuiu da forte intenção de repensar com seriedade a estratégia da empresa.

Passo 2: Exploração visual

Ouvir o toque de despertar é apenas o primeiro passo. O segundo passo é enviar uma equipe a campo, para que os gerentes se defrontem cara a cara com o que devem compreender e interpretar: como as pessoas usam ou não usam seus produtos e serviços. Esse passo pode parecer óbvio, mas descobrimos que os gestores quase sempre delegam essa parte do processo de elaboração da estratégia. Confiam em relatórios preparados por terceiros (em geral afastados por um ou dois níveis em relação ao mundo que devem descrever).

As empresas jamais devem terceirizar seus olhos e ouvidos. Nada substitui a própria percepção. Os grandes artistas não pintam seus quadros com base em descrições apresentadas por outras pessoas; tampouco reproduzem fotografias. Gostam de ver o tema com os próprios olhos. O mesmo se aplica aos grandes estrategistas. Michael Bloomberg, antes de se tornar prefeito de Nova York, era aclamado como visionário de negócios, por sua percepção de que os fornecedores de informações financeiras também precisavam oferecer análises on-line para ajudar os usuários a interpretar os dados. Mas ele era o primeiro a comentar que a ideia deveria ter sido óbvia para qualquer pessoa que algum dia tivesse *observado* os operadores usando os serviços Reuters ou Dow Jones Telerate. Antes de Bloomberg, os operadores usavam papel, lápis e calculadoras eletrônicas para anotar as cotações e calcular os preços justos, antes de tomar decisões de compra ou venda, prática que lhes custava tempo e dinheiro, além de erros prováveis.

Grandes insights estratégicos como o de Bloomberg são menos o produto da genialidade do que o da ida a campo e do questionamento das fronteiras da concorrência.[3] No caso de Bloomberg, o insight decorreu da mudança de foco do setor, dos compradores de TI para os usuários de TI: os operadores e os analistas. Isso lhe permitiu ver o que era invisível para outros.[4]

Evidentemente, os primeiros a opinar devem ser os clientes. Mas não se pode ficar apenas nisso. Também é importante ir atrás dos não clientes.[5] E quando o cliente não é o usuário, é preciso estender as observações aos usuários, a exemplo de Bloomberg. Não basta conversar com essas pessoas, é também importante observá-las em ação. A identificação do conjunto de produtos e serviços complementares que são consumidos com o seu próprio produto talvez sejam fontes de inspiração para ideias referentes a oportunidades de criação de pacotes de produtos e serviços (*bundling*). Por exemplo, os pais de crianças pequenas para irem ao cinema precisam contratar serviços de baby-sitter. A Kinepolis, operadora europeia de cinema, descobriu que a oferta desse tipo de serviço no próprio local ajudava a encher as salas de projeção. Finalmente, também é preciso observar como os clientes poderiam encontrar maneiras alternativas de atender à necessidade satisfeita por seus produtos e serviços. Por exemplo, em percursos curtos viajar de automóvel é alternativa para viajar de avião. Assim, é importante também analisar as vantagens e características diferenciadoras dessa alternativa.

A EFS enviou seus gerentes a campo por quatro semanas a fim de que explorassem as seis fronteiras para a criação de oceanos azuis.[6] Na experiência, cada gerente deveria entrevistar e observar dez pessoas que participassem de operações cambiais de empresas, inclusive clientes perdidos, novos clientes e clientes dos concorrentes e das alternativas da EFS. Os gerentes também foram além das fronteiras tradicionais do setor e visitaram empresas que ainda não usavam serviços de operações cambiais corporativas mas que talvez viessem a fazê-lo no futuro, como empresas de Internet com alcance global, a exemplo da Amazon.com. Também entrevistaram os usuários finais desses serviços – os departamentos de contabilidade e tesouraria. E, finalmente, examinaram produtos e serviços auxiliares utilizados pelos clientes – em especial, gestão de tesouraria e simulação de preços.

As pesquisas de campo reverteram muitas das conclusões a que os gerentes haviam chegado no primeiro passo do processo de formulação da estratégia. Por exemplo, os gerentes de relacionamento com os clientes, vistos por quase todos como fator crítico de sucesso, além de serem motivo de orgulho para a EFS, eram na verdade o calcanhar de aquiles da empresa. Os clientes detestavam perder tempo lidando com os gerentes de relacionamento. Para os clientes, os gerentes de relacionamento eram salvadores de relacionamento, pois a EFS não cumpria suas promessas.

Para espanto geral, o fator que os clientes mais valorizavam era obter confirmação rápida das transações, cuja importância apenas um gerente havia sugerido antes. Os gestores da EFS viram que os funcionários do departamento de contabilidade dos clientes gastavam muito tempo com telefonemas para confirmar se os pagamentos haviam sido efetuados e quando receberiam o dinheiro. Além disso, atendiam a numerosos telefonemas sobre o mesmo assunto e o tempo que perdiam tratando dessas questões era agravado pela necessidade de novos telefonemas para os prestadores de serviços de operações cambiais, a saber, a EFS ou um concorrente.

Em seguida, as equipes da EFS retornaram às pranchetas. No entanto, dessa vez, tinham de propor uma nova estratégia. Cada equipe deveria desenhar seis novas curvas de valor, baseadas no modelo das seis fronteiras explicado no Capítulo 3. Cada curva de valor deveria retratar uma estratégia que contribuísse para que a empresa se destacasse no mercado. Ao exigir seis desenhos de cada equipe, nosso objetivo era motivar os gerentes a desenvolver propostas inovadoras e romper os limites do pensamento convencional.

Para cada estratégia visual, as equipes também deveriam escrever uma mensagem consistente que refletisse a essência da estratégia e fosse clara aos compradores. Entre as sugestões, salientavam-se "Deixa com a gente", "Multiplique minha inteligência" e "Transações em confiança". Forte senso de competição desenvolveu-se entre as duas equipes, tornando o processo divertido, impregnando-o de energia e motivando as equipes a desenvolver estratégias do oceano azul.

Passo 3: Feira de estratégia visual

Depois de duas semanas de desenhos e redesenhos, a equipe apresentou suas matrizes de avaliação de valor no que chamamos de *feira de estratégia visual*. Entre os participantes estavam executivos seniores da matriz, mas a maioria era representante dos formadores de opinião externos à EFS – representantes dos públicos com os quais gerentes se encontraram durante suas visitas a campo, inclusive não clientes, clientes de concorrentes e alguns dos clientes mais exigentes da EFS. Em duas horas as equipes apresentaram todas as 12 curvas – seis do grupo on-line e seis do grupo off-line. Em não mais de dez minutos deveriam apresentar cada curva, com base na teoria de que qualquer ideia cuja explicação leve mais de dez minutos é provavelmente complicada demais para ser boa. Os desenhos foram afixados nas paredes para que o público pudesse vê-los com facilidade.

Depois da apresentação das 12 estratégias, cada juiz – convidado entre os participantes – recebeu cinco notas adesivas para que prendesse ao lado de suas estratégias preferidas. Os juízes podiam colocar todas as cinco ao lado de uma só estratégia, se a considerassem tão cativante. A transparência e o imediatismo do método eliminaram as considerações políticas que às vezes parecem endêmicas no processo de planejamento estratégico. Os gestores tinham de confiar na clareza e na originalidade de suas curvas e de seus argumentos. Um deles, por exemplo, começou com a observação: "Nossa estratégia é tão inteligente que vocês não serão nossos clientes, serão nossos fãs."

Depois da afixação das notas, os juízes justificaram suas escolhas, agregando outro nível de feedback ao processo de elaboração da estratégia. Além disso, também explicaram por que não votaram nas outras curvas de valor.

À medida que as equipes sintetizavam os aspectos que agradaram e desagradaram os juízes, elas perceberam que quase um terço do que julgavam serem atributos competitivos básicos, eram, na verdade, secundários para os clientes. Outro um terço não foi bem articulado ou foi ignorado na fase de despertar visual. Era evidente que os executivos precisavam reavaliar algumas premissas antigas, como a segregação na EFS entre os negócios on-line e off-line.

Também aprenderam que os compradores de todos os mercados tinham um conjunto básico de necessidades e esperavam serviços semelhantes. Caso se atendesse a essas necessidades comuns, os clientes alegremente relevariam todo o resto. As diferenças regionais se tornavam significativas apenas quando havia problemas com os atributos básicos. Isso era novidade para muita gente, para as quais suas regiões apresentavam características únicas.

Prosseguindo com a feira de estratégia, as equipes finalmente estavam em condições de cumprir suas missões. Conseguiram traçar uma curva de valor que refletia o perfil estratégico vigente com mais realismo que qualquer curva produzida antes, em parte porque a nova curva ignorava a diferenciação ilusória que a EFS estabelecia entre suas linhas de negócios on-line e off-line. Mais importante, os gestores se encontravam em condições de traçar uma estratégia futura que ao mesmo tempo fosse diferenciada e atendesse às necessidades efetivas, embora ocultas, do mercado. A Figura 4.4 salienta a grande diferença entre as estratégias presente e futura da empresa.

Como mostra a figura, a estratégia futura da EFS eliminou a gestão de relacionamento e reduziu os investimentos em executivos de contas, que, a partir desse ponto, seriam escalados apenas para contas "AAA". Essas iniciativas reduziram drasticamente os custos da EFS, porque os gerentes de relacionamento e os executivos de contas eram os elementos de mais alto custo no negócio. A estratégia futura da EFS enfatizou facilidade de uso, segurança, exatidão e velocidade. Esses atributos seriam fornecidos por meio da tecnologia da informação, que permitiria aos clientes entrar com os dados diretamente em seus computadores, em vez de precisar enviar um fax à EFS.

Essa iniciativa também liberaria tempo para operadores de mesa de câmbio, grande parte do qual era gasto em tarefas burocráticas e na correção de erros. Agora, os operadores estavam em condições de oferecer comentários mais ricos sobre a situação do mercado, o que se constituía em

FIGURA 4.4

EFS: antes e depois

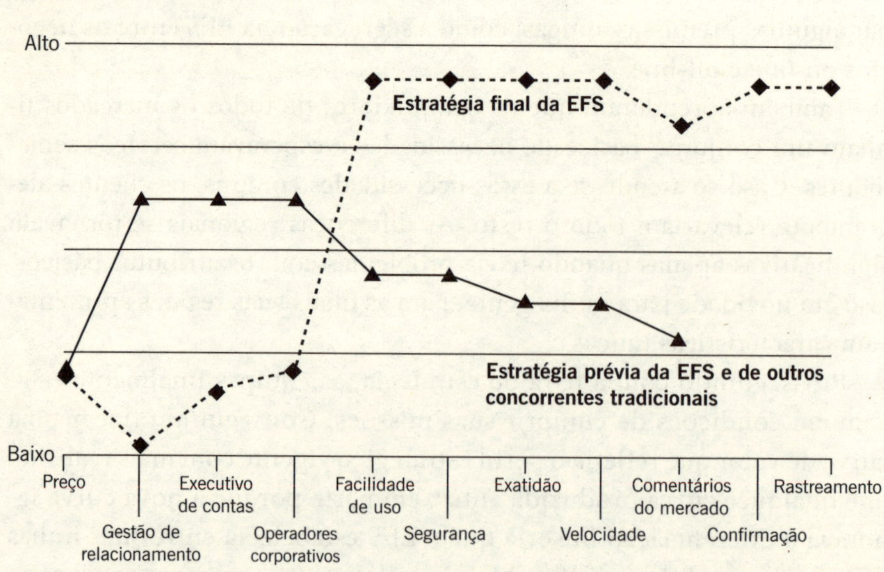

FIGURA 4.5

Matriz eliminar-reduzir-elevar-criar

Eliminar	**Elevar**
Gestão de relacionamento	Facilidade de uso Segurança Exatidão Velocidade Comentários sobre o mercado
Reduzir	**Criar**
Executivos de conta Operadores de mesa de câmbio	Confirmação Rastreamento

atributo crítico de sucesso. Usando a Internet, a EFS enviaria confirmações automáticas a todos os clientes. E também ofereceria um serviço de rastreamento de pagamentos, da mesma maneira como a FedEx e a UPS em relação às suas entregas expressas. O setor de operações de câmbio jamais oferecera tais serviços antes. A Figura 4.5 resume as quatro iniciativas da EFS para criar inovação de valor, a pedra angular da estratégia do oceano azul.

A nova curva de valor preenchia os critérios de uma estratégia bem-sucedida. Demonstrava mais foco do que a estratégia anterior e os investimentos envolviam muito mais comprometimento do que antes. Também se destacava das demais curvas do setor, que pouco se diferenciavam entre si, e ensejava mensagem consistente: "A FedEx das operações cambiais corporativas: fácil, confiável, rápida e rastreável." Ao reunir seus negócios on-line e off-line numa oferta irresistível, a EFS reduziu substancialmente a complexidade operacional de seu modelo de negócios, tornando mais fácil a execução sistemática.

Passo 4: Comunicação visual

Depois da definição da estratégia futura, o último passo é divulgá-la de maneira a ser compreendida por todos os empregados. A EFS distribuiu um diagrama de uma página, mostrando o novo perfil estratégico em comparação com o anterior, de modo que todos os empregados pudessem ver a atual situação da empresa e onde deveriam concentrar seus esforços para criar um futuro arrebatador. Os gestores seniores que participaram do desenvolvimento da estratégia promoveram reuniões com seu pessoal direto para orientá-los na interpretação do gráfico, explicando o que devia ser eliminado, reduzido, elevado e criado para navegar em um oceano azul. Essas pessoas, por sua vez, também transmitiram a mensagem a seus subordinados diretos. Os empregados ficaram tão motivados pela clareza do plano de jogo que muitos deles afixaram uma versão do diagrama em suas salas, como lembrete das novas prioridades da EFS e das lacunas a serem fechadas.

O novo diagrama converteu-se em ponto de referência em todas as decisões sobre investimentos. Apenas as ideias que ajudassem a EFS a deslocar-se da velha para a nova curva de valor recebiam aprovação. Quando, por exemplo, os escritórios regionais pediam que o departamento de TI acrescentasse links no site – algo que no passado seria feito sem qualquer análise – a unidade solicitante deveria explicar como os novos links ajudariam a EFS a adotar o novo perfil. Se os escritórios regionais não apresentassem argumentos satisfatórios, o pedido era negado, promovendo a clareza e combatendo a confusão no site. Do mesmo modo, quando o departamento de TI exaltou para a alta administração as virtudes de um sistema de apoio administrativo de alguns milhões de dólares, o principal critério de avaliação foi a capacidade do sistema de atender às necessidades estratégicas

Visualização da estratégia em nível corporativo

A visualização da estratégia também pode tornar muito mais esclarecedor o diálogo entre cada uma das unidades de negócios e o escritório central na transformação da empresa, de navegante de oceano vermelho em navegante de oceano azul. Quando as unidades de negócios apresentam suas matrizes de avaliação de valor umas às outras, elas aprofundam seus conhecimentos sobre os outros negócios que compõem o portfólio da matriz. Além disso, o processo também fomenta a transferência de melhores práticas estratégicas entre as unidades.

Usando a matriz de avaliação de valor

Para entender melhor o funcionamento do processo, veja como a Samsung Electronics of Korea usou as matrizes de avaliação de valor em sua conferência corporativa de 2000, da qual participaram mais de 70 gestores de alto nível, inclusive o CEO. Os chefes de unidades apresentaram suas matrizes e planos de implementação aos executivos seniores e uns aos outros. As discussões foram acaloradas e vários chefes de unidades argumentaram que a liberdade de suas unidades no desenvolvimento das estratégias futuras estava limitada pelo grau de competição que enfrentavam. Aqueles líderes com baixa performance achavam que tinham pouca escolha, senão imitar as ofertas dos concorrentes. Essa hipótese revelou-se falsa, quando uma das unidades em mais rápido crescimento – o negócio de telefonia móvel – apresentou sua matriz de avaliação de valor. A unidade não só tinha uma curva de valor diferenciada, mas também enfrentava a mais intensa competição.

A Samsung Electronics institucionalizou o uso de matrizes em suas principais decisões sobre criação de negócios, ao lançar o Centro do Programa de Inovação de Valor (PIV), em 1998. Equipes interfuncionais, compostas de representantes-chave das várias unidades de negócios se reúnem no Centro PIV para discutir seus projetos estratégicos. Essas discussões geralmente giram em torno das matrizes de avaliação de valor.

Com o conhecimento assim desenvolvido sobre inovação de valor, o centro, em suas 20 salas de projeto, ajuda as unidades nas decisões sobre ofertas de produtos e serviços. Em 2003, o PIV completou mais de 80 projetos estratégicos e abriu mais de dez escritórios PIV, para atender às demandas crescentes das unidades de negócios. Por exemplo, a maior TV LCD do mundo, com 40 polegadas, lançada em dezembro de 2002, é o resultado do esforço de quatro meses em regime de dedicação exclusiva de uma equipe de projeto do centro. O mesmo se aplica ao celular mais vendido do mundo, o SGH T-100, que vendeu mais de dez milhões de unidades.

Desde 1999, a Samsung Electronics repete todos os anos sua convenção sobre Inovação de Valor, com a presença de todos os seus altos executivos. Nesse evento, apresentam-se e analisam-se os projetos de maior sucesso em inovação de valor, premiando-se os melhores casos. Essa é a maneira pela qual a Samsung Electronics alimenta uma linguagem comum, instigando uma cultura organizacional e normas estratégicas que impulsionam seu portfólio de negócios dos oceanos vermelhos para oceanos azuis.[7]

Na sua empresa, os chefes das unidades de negócios não compreendem os outros negócios da organização? Na sua empresa, as melhores práticas estratégicas são mal comunicadas entre as unidades de negócios? As unidades de negócios com baixo desempenho não hesitam em culpar a situação competitiva pelos maus resultados? Se a sua resposta a algumas dessas perguntas for afirmativa, tente desenhar, e depois compartilhar, as matrizes de avaliação de valor de suas unidades de negócios.

Usando o mapa pioneiro-migrante-conformado – PMC

A visualização da estratégia também pode ajudar os gestores responsáveis pela estratégia da organização a prever e a planejar o crescimento e o lucro do negócio no futuro. Todas as empresas que criaram oceanos azuis em nosso estudo foram pioneiras nos respectivos setores, não necessariamente no desenvolvimento de novas tecnologias, mas na ampliação do valor que oferecem aos clientes, estendendo este valor para novas fronteiras. A metáfora do pioneiro pode ser uma maneira útil de falar sobre o potencial de crescimento dos negócios atuais e futuros.

Os *pioneiros* da empresa são os negócios que oferecem valor sem precedentes. São os desbravadores de estratégias do oceano azul e constituem as fontes mais poderosas de crescimento lucrativo. Esses negócios conquistam um séquito maciço de clientes. Sua curva de valor diverge da dos concorrentes na matriz de avaliação de valor. No outro extremo estão os conformados – negócios cujas curvas de valor se ajustam às características básicas do setor. Essas são as empresas imitativas e conformistas. Os conformados geralmente não contribuem muito para o crescimento da empresa no futuro, estão ancorados num oceano vermelho.

O potencial dos *migrantes* situa-se em algum ponto intermediário. Esses negócios expandem a curva da indústria, fornecendo aos clientes mais por menos, mas não alteram sua forma básica. Esses negócios oferecem valor incremental, mas não valor inovador. Suas estratégias situam-se no limiar entre oceanos vermelhos e oceanos azuis.

Um exercício útil para a equipe gerencial da empresa em busca de crescimento lucrativo é plotar os portfólios da empresa num mapa *pionei-*

ro-migrante-conformado – PMC. Para os efeitos do exercício, conformados são os negócios imitativos; migrantes são os negócios melhores do que a maioria existente no mercado e pioneiros são os únicos com um séquito maciço de clientes.

Se tanto o portfólio vigente quanto as ofertas planejadas compõem-se principalmente de conformados, a empresa está em trajetória de baixo crescimento, confinada em oceanos vermelhos e precisa buscar inovações de valor. Mesmo que a empresa seja lucrativa hoje, na medida em que os conformados ainda geram caixa, é possível que esteja na iminência de cair na armadilha da comparação competitiva, da imitação conformista e da concorrência baseada no preço.

Se as ofertas vigentes e planejadas consistem em muitos migrantes, pode-se esperar crescimento razoável. Mas a empresa não está explorando seu potencial de crescimento e corre o risco de ser posta de lado por uma empresa inovadora de valor. Com base em nossa experiência, quanto maior for a quantidade de conformados num setor, maiores serão as chances de inovar em valor e de desbravar oceanos azuis de novos espaços de mercado.

Esse exercício é especialmente valioso para os gerentes que querem atingir desempenho além dos limites do presente. Receita, lucratividade, participação no mercado e satisfação dos clientes são os indicadores da posição da empresa hoje. Ao contrário do que sugere o pensamento estratégico convencional, esses indicadores não são capazes de apontar o rumo para o futuro; as mudanças no ambiente são rápidas demais. A fatia do mercado no presente é reflexo do desempenho histórico do negócio. Lembre-se da reviravolta nas estratégias das empresas e da mudança no mercado que ocorreram quando a CNN entrou no mercado de notícias dos Estados Unidos. A ABC, a CBS e a NBC – todas já conformadas no mercado, em territórios bem demarcados – foram devastadas pela pioneira.

Em vez das abordagens tradicionais, os principais executivos devem usar valor e inovação como parâmetros básicos para gerenciar seu portfólio de negócios. A inovação é imprescindível porque, sem ela, as empresas caem na armadilha das melhorias competitivas. O valor é fundamental porque as ideias inovadoras serão lucrativas apenas se estiverem relacionadas com os atributos pelos quais os clientes estejam dispostos a pagar preços compensadores.

Evidentemente, os executivos seniores devem induzir as organizações a deslocar o equilíbrio de seu portfólio futuro para os pioneiros. Esse é o caminho para o crescimento lucrativo. O mapa PMC apresentado na Figura 4.6 retrata essa trajetória, mostrando a dispersão do portfólio de negócios de uma empresa, no qual o centro de gravidade do portfólio vigente, composto de 12 negócios, expressos como 12 pontos, se desloca da preponderância de conformados para maior concentração em migrantes e pioneiros.

No entanto, ao empurrar seus negócios para o território dos pioneiros, os executivos seniores devem estar bem conscientes de que os conformados, embora apresentem potencial de crescimento marginal, quase sempre produzem grande parte do caixa presente. Por outro lado, os pioneiros desfrutam do maior potencial de lucro, mas geralmente consomem caixa no presente, à medida que cultivam suas terras e ampliam seus limites. Evidentemente, o objetivo dos gerentes seniores nesse cenário deve consistir em gerenciar o portfólio de negócios, de modo a equilibrar com sabedoria o crescimento lucrativo e a geração de caixa em determinado momento.

FIGURA 4.6

Avaliação do potencial de crescimento de um portfólio de negócios

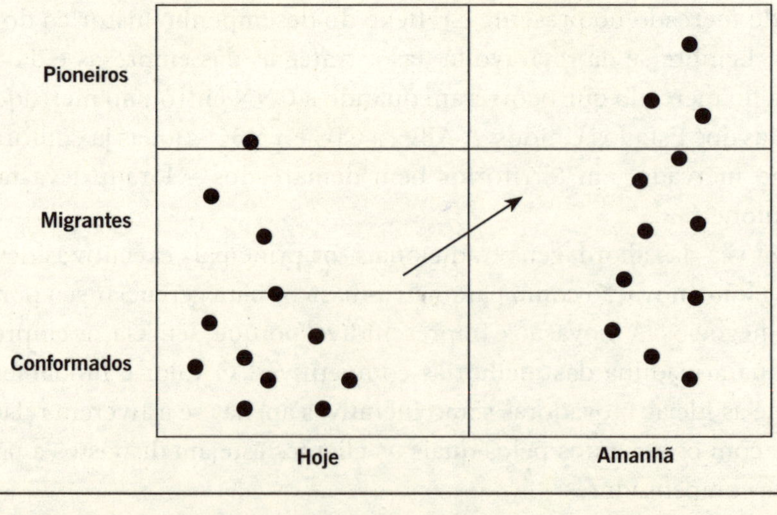

Superando as limitações do planejamento estratégico

Em geral, os gerentes manifestam insatisfação implícita ou explicitamente com as atuais abordagens de planejamento estratégico – a atividade básica da estratégia. Para eles, o planejamento estratégico deve empenhar-se mais em desenvolver a sabedoria coletiva do que em fazer previsões e definir objetivos, de cima para baixo ou de baixo para cima. Entendem que o processo deve ser impulsionado mais por diálogo do que por documentos e concentrar-se mais no desenho do panorama geral do que em exercícios de processamento de números. Deve ter forte componente criativo em vez de restringir-se a análises rigorosas e basear-se mais na motivação que promove o comprometimento voluntário e menos em barganhas que buscam comprometimento negociado. Todavia, não obstante esse apetite por mudança, poucos são os trabalhos existentes sobre a elaboração de alternativas viáveis para os atuais métodos de planejamento estratégico, que é hoje a principal atividade gerencial, no sentido de que quase todas as empresas do mundo não só a executam, mas também consomem vários meses por ano para completar o exercício.

A construção do processo em torno de imagens é uma maneira de enfrentar boa parte da insatisfação dos gerentes com os atuais processos de planejamento estratégico e produz resultados muito melhores. Conforme observou Aristóteles, "O cérebro nunca pensa sem imagens".

Evidentemente, as matrizes de avaliação de valor e os mapas PMC não são os únicos componentes do processo de planejamento estratégico. Em algum estágio, devem-se compilar e analisar números e documentos. Mas acreditamos que os detalhes se encaixarão com mais facilidade se os gerentes partirem do panorama geral para se desvencilhar da concorrência. Os métodos de visualização da estratégia aqui propostos voltarão a inserir a estratégia no planejamento estratégico e melhorarão em muito as chances de criação de oceanos azuis.

Como maximizar o tamanho do oceano azul que se está criando? O próximo capítulo trata dessa questão.

CAPÍTULO 5

Vá além da demanda existente

NENHUMA EMPRESA QUER AVENTURAR-SE além dos oceanos vermelhos, para de repente se ver numa poça enlameada. A pergunta é: Como maximizar o tamanho do oceano azul que se está criando? Isso nos leva ao terceiro princípio da estratégia do oceano azul: vá além da demanda existente. Esse é um fator-chave para a realização de inovações de valor. Ao agregar a maior demanda possível para uma nova oferta, essa abordagem atenua o risco de escala associado à criação de novos mercados.

Para tanto, as empresas devem questionar duas práticas da estratégia convencional. Uma é o foco nos clientes existentes. A outra é o impulso por segmentação mais refinada, a fim de acomodar diferenças entre os compradores. Em geral, para aumentar sua participação no mercado, as empresas se esforçam para reter e ampliar os clientes existentes. Essas tentativas quase sempre levam à divisão do mercado em segmentos mais estreitos e à adaptação das ofertas mais sob medida, para melhor atender às preferências dos clientes. Quanto mais intensa for a competição, mais forte será, em média, a tendência à personalização das ofertas daí resultante. Quando as empresas competem para satisfazer a todas as preferências dos clientes, por meio de segmentação mais refinada, geralmente correm o risco de criar mercados-alvo muito pequenos.

Para maximizar o tamanho de seus oceanos azuis, as empresas precisam avançar em direção oposta. Em vez de se concentrar nos clientes, devem focar nos não clientes. E em vez de atentar para as diferenças entre os clientes, precisam construir importantes pontos em comum no que é valorizado pelos compradores. Essa abordagem permite que as empresas ultrapassem os limites da demanda existente para criar um novo grupo de clientes até então não existentes.

Pense na Callaway Golf. Essa empresa agregou nova demanda às suas ofertas, mirando os não clientes. Enquanto a indústria de golfe nos Estados Unidos lutava para conquistar maior parcela dos clientes existentes, a Callaway criou um oceano azul de nova demanda, ao indagar por que os aficcionados por esportes e os frequentadores de country clubs *não* se dedicavam ao golfe como esporte. Ao investigar por que tanta gente rejeitava o golfe, ela descobriu importante fator comum entre os não clientes: acertar a bola de golfe era considerado muito difícil. A pequenez da cabeça do taco de golfe exigia enorme coordenação manual e visual, habilidade que só era dominada depois de muito tempo e exigia alta dose de concentração. Como resultado, os novatos não se divertiam e demoravam muito para ficarem bons no esporte.

Com base nessa constatação, a Callaway desenvolveu a ideia de como agregar nova demanda às suas ofertas. A resposta foi o Big Bertha, taco com cabeça maior, que tornava mais fácil acertar a bola. O Big Bertha não só converteu os não clientes em clientes, mas também agradou os atuais clientes do setor, tornando-se campeão de vendas do mercado. À exceção dos profissionais, logo ficou claro que grande parte dos clientes existentes também se sentia frustrada com a dificuldade de progredir no jogo, dominando as habilidades necessárias para sempre acertar na bola. A grande cabeça do taco também atenuou essa aflição.

Curiosamente, os clientes existentes, ao contrário dos não clientes, já se tinham conformado implicitamente com as dificuldades do jogo. Embora não gostassem da situação, os clientes atuais já haviam reconhecido que a dificuldade era parte do jogo. Em vez de manifestar essa insatisfação aos fabricantes de tacos de golfe, eles próprios assumiram a responsabilidade de desenvolver suas habilidades. Ao mirar os não clientes e ao focar seus principais pontos em comum – não suas diferenças – a Callaway percebeu como agregar nova demanda e oferecer à massa de clientes e não clientes um salto em valor.

Onde se situa o seu foco de atenção – na conquista de maior parcela dos clientes existentes ou na conversão de não clientes do setor em nova demanda? Você busca novos pontos em comum no que é valorizado pelos compradores ou se esforça para abarcar todo o espectro de diferenças entre os clientes, por meio de segmentação mais refinada? Para ir além da demanda existente, pense nos não clientes antes de pensar nos clientes; nos pontos em comum antes de nas diferenças; e na dessegmentação antes de estreitar a segmentação.

Os três níveis de não clientes

Embora quase sempre o universo de não clientes ofereça oportunidades de oceano azul, poucas empresas desenvolvem insights criativos sobre quem são e como liberar seu potencial de demanda. Para converter essa enorme demanda latente em demanda real, sob a forma de novos clientes promissores, as empresas precisam aprofundar seus conhecimentos sobre o universo de não clientes.

Três são os níveis de não clientes que podem ser transformados em clientes, os quais diferem entre si pela distância relativa que os separa do mercado em que você atua. Como mostra a Figura 5.1, o primeiro nível de não clientes é o que está mais perto do seu mercado, junto às fronteiras vigentes. São os compradores que já compram um mínimo das ofertas do setor, apenas por necessidade, embora sua mentalidade seja de não clientes. Estão sempre prontos para pular do navio e sair do setor assim que surgem oportunidades. Contudo, caso deparem com um avanço em valor, não só ficarão a bordo mas também aumentarão a frequência de suas compras, criando enorme demanda latente.

O segundo nível de não clientes é o das pessoas que se recusam a usar as ofertas do setor. São indivíduos que viram as ofertas do setor como opção para atender às suas necessidades, mas as rejeitaram como alternativa. No caso da Callaway, por exemplo, aí se enquadravam os entusiastas por esportes, sobretudo os praticantes de tênis nos country clubs, que poderiam ter optado pelo golfe, mas que, conscientemente, preferiram outro esporte.

O terceiro nível de não clientes é o que está mais afastado do mercado em que você atua. São os não clientes que nunca pensaram nas ofertas em questão como hipótese de escolha. Ao concentrar-se nos principais pontos em comum entre esses não clientes e entre os clientes exis-

FIGURA 5.1

Os três níveis de não clientes

Primeiro nível: Não clientes "quase convertidos", que estão na fronteira do seu mercado, prontos para embarcar.
Segundo nível: Não clientes "refratários", que conscientemente optaram contra o seu mercado.
Terceiro nível: Não clientes "inexplorados", que estão em mercados distantes do seu.

tentes, as empresas podem compreender como atraí-los para o que seria seu novo mercado.

Examinemos cada um dos três níveis de não clientes para aprender como atraí-los e ampliar o seu oceano azul.

Não clientes de primeiro nível

Esses não clientes *quase convertidos* são aqueles que já usam um mínimo das atuais ofertas do setor como paliativo enquanto buscam algo melhor. Ao descobrir qualquer alternativa preferível, não hesitarão em aderir a ela. Nesse sentido, estão em cima do muro do mercado. O mercado fica estagnado e enfrenta problemas de crescimento na medida em que aumenta o número de não clientes quase convertidos. No entanto, represado por esse primeiro nível de não clientes, encontra-se um oceano de demanda inexplorada, esperando para ser liberada.

Veja como a Pret A Manger, cadeia de lojas de fast-food inglesa constituída em 1988, expandiu seu oceano azul, ao explorar a enorme demanda latente no primeiro nível de não clientes. Antes da Pret, os profissionais que trabalhavam nos centros urbanos europeus almoçavam principalmente em restaurantes, onde desfrutavam de boa comida e de ambiente agradável. No entanto, a quantidade de não clientes no primeiro nível era grande e crescente. A preocupação cada vez maior com a necessidade de alimentação saudável despertava dúvidas sobre as refeições oferecidas pelos restaurantes. E nem sempre esses profissionais tinham tempo para sentar-se a uma mesa durante o almoço. Além disso, alguns restaurantes eram caros demais para refeições diárias. Assim, os profissionais cada vez mais recorriam a soluções alternativas comprando algo rápido, trazendo um lanche de casa ou até dispensando o almoço.

Esses não clientes de primeiro nível estavam em busca de melhores soluções. Embora fossem enormes as diferenças entre eles, todos compartilhavam três principais pontos em comum: queriam refeições rápidas, queriam comida fresca e saudável e queriam preços razoáveis.

O insight obtido desses pontos em comum entre os membros do primeiro nível de não clientes mostrou como a Pret poderia liberar e agregar demanda inexplorada. A fórmula da Pret é simples. Oferece sanduíches com qualidade de restaurante, sempre feitos diariamente e usando os mais finos ingredientes, e servidos com mais rapidez do que nos restaurantes convencionais e até mesmo nas lojas de fast-food. Tudo isso em ambientes agradáveis, a preços razoáveis.

Veja como é a Pret. Entrar numa Pret A Manger é como ingressar num luminoso estúdio *art déco*. Ao longo das paredes veem-se prateleiras refrigeradas, com mais de 30 tipos de sanduíches, ao preço médio de US$4 a US$6, feitos no mesmo dia, na própria loja, com ingredientes frescos, recebidos na manhã do mesmo dia. Os usuários também dispõem de outras opções feitas há pouco, como saladas, iogurtes, sorvetes, sucos e sushi. Cada loja tem sua própria cozinha, e os itens adquiridos prontos são produzidos por fornecedores de alta qualidade. Mesmo nas lojas de Nova York as baguetes são francesas, os croissants são oriundos da Bélgica e os folheados dinamarqueses são originários da Dinamarca. Nada é guardado para o dia seguinte. As sobras de alimentos em estoque são distribuídas entre sem-teto.

Além de oferecer sanduíches frescos e saudáveis, assim como outros alimentos frescos, a Pret acelera a experiência de pedido dos clientes, substituindo o ciclo de compra de fast-food – ficar na fila, pedir, pagar, esperar, receber, sentar – por outro muito mais rápido – escolher, pegar, pagar, sair. Em média, os clientes gastam apenas 90 segundos do momento em que entram na fila até o momento em que saem da loja. Tudo isso é possível por que a Pret produz sanduíches prontos e outros itens em alto volume, com alta padronização na montagem, não atende a pedidos especiais e não serve os clientes. Os clientes se servem como nos supermercados.

Enquanto os restaurantes convencionais assistiam à estagnação da demanda, a Pret convertia a massa de não clientes quase convertidos em clientes constantes e promissores, que comem na Pret com mais frequência do que costumavam fazer refeições nos restaurantes convencionais. Além disso, como no caso da Callaway, os usuários habituais de restaurantes, que estavam satisfeitos com essa alternativa convencional, também passaram a frequentar a Pret. Embora os almoços em restaurantes fossem aceitáveis, os principais pontos em comum entre os não clientes de primeiro nível (refeições rápidas, saudáveis e preços razoáveis) também eram relevantes para essas pessoas; ao contrário dos quase convertidos, eles não haviam pensado em questionar seus hábitos de almoço. Lição: os não clientes tendem a oferecer muito mais ideias sobre como liberar e cultivar oceanos azuis do que os clientes existentes, relativamente satisfeitos.

Hoje, a Pret A Manger vende mais de 25 milhões de sanduíches por ano, em suas 130 lojas no Reino Unido e em suas lojas recém-inauguradas em Nova York e em Hong Kong. Em 2002, suas vendas foram superiores a £100 milhões (US$160 milhões). Seu potencial de crescimento levou o McDonald's a adquirir participação de 33% na empresa.

Quais são as principais razões pelas quais os não clientes de primeiro nível querem pular do navio e abandonar o seu setor? Veja os pontos em comum entre suas respostas. Concentre-se nessas semelhanças e não nas diferenças. Assim, desenvolvem-se ideias sobre como dessegmentar os compradores e liberar um oceano de demanda latente inexplorada.

Não clientes de segundo nível

Esses são não clientes *refratários*, pessoas que não querem ou não podem usar as atuais ofertas do mercado, pois as consideram inaceitáveis ou além de suas condições. Suas necessidades são atendidas por outras fontes ou ignoradas. Entre os não clientes refratários, oculta-se no entanto um oceano de demanda à espera de ser liberada.

Veja como a JCDecaux, empresa francesa de propaganda em outdoors, puxou para o mercado a massa de não clientes refratários. Antes de a JCDecaux criar um novo conceito de propaganda em outdoors, chamado "mobiliário urbano", em 1964, o setor de propaganda em outdoors abrangia painéis nas ruas e anúncios em meios de transporte. Os painéis quase sempre se situavam nos arredores da cidade ou às margens de rodovias em que o tráfego fluía com rapidez; os anúncios em meios de transporte consistiam em cartazes em ônibus e táxis, que também eram entrevistos apenas quando se passava por eles, quase sempre correndo.

A propaganda em outdoors não era veículo de campanha muito valorizado pelas empresas, pois era visualizada apenas de passagem. Esses anúncios eram percebidos durante muito pouco tempo por pessoas em trânsito e a taxa de visitas repetidas era muito baixa. Sobretudo para as empresas menos conhecidas, tal veículo de propaganda era ineficaz, pois não podia transmitir mensagens abrangentes, necessárias para o lançamento de novos nomes e produtos. Portanto, muitas dessas empresas se recusavam a usar propaganda em outdoors, considerada de baixo valor agregado, pois a consideravam inaceitável ou um luxo inacessível.

Refletindo sobre os principais aspectos em comum entre os não clientes refratários do setor, a JCDecaux percebeu que a falta de pontos fixos na cidade era a principal razão pela qual o setor era impopular e pequeno. Na busca de uma solução, a empresa descobriu que as prefeituras podiam oferecer locais para instalação dos painéis fixos, como paradas de ônibus, onde as pessoas tendiam a permanecer alguns minutos e, portanto, teriam tempo para ler e ser influenciadas pelos anúncios. A empresa raciocinou que se conseguisse esses locais para a colocação de anúncios poderia converter não clientes de segundo nível em clientes.

Isso lhe deu a ideia de fornecer de graça às prefeituras mobiliário urbano, inclusive manutenção e conservação. A JCDecaux calculou que, caso a receita gerada pela venda de espaço para anúncio superasse os custos de fornecer e manter o mobiliário urbano com margens de lucro atraentes, a empresa iniciaria uma trajetória de forte crescimento lucrativo. E assim desenvolveu-se mobiliário urbano que integraria painéis de anúncios.

Dessa maneira, a JCDecaux empreendeu enorme salto em valor para os não clientes de segundo nível, para as prefeituras e para si mesma. A estratégia eliminou os custos tradicionais das cidades referentes a mobiliário urbano. Em troca desses produtos e serviços gratuitos, a empresa ganhou o direito exclusivo de exibir anúncios no mobiliário urbano localizado nas áreas da cidade. Ao oferecer a disponibilidade de anúncios nos centros das cidades, a empresa aumentou significativamente o tempo médio de exposição, melhorando a fixação das mensagens desse veículo junto ao público. O aumento no tempo de exposição também permitiu conteúdo mais rico e mensagens mais complexas. Além disso, como responsável pela manutenção do mobiliário urbano, a JCDecaux podia ajudar os anunciantes a mudar suas campanhas em dois ou três dias, em comparação com os 15 dias das campanhas em painéis tradicionais.

Em resposta à oferta de valor excepcional da JCDecaux, a massa de não clientes refratários afluiu em grande quantidade para o setor. Como meio de anúncio, o mobiliário de rua tornou-se o mercado de mais rápido crescimento do setor de propaganda em outdoors. Os gastos totais com mobiliário de rua entre 1995 e 2000, por exemplo, cresceram 60%, em comparação com 20% de aumento total em todo setor de outdoors para anúncios.

Ao assinar contratos de oito a 25 anos com as prefeituras, a empresa adquiriu direitos exclusivos a longo prazo para a exibição de anúncios em mobiliário urbano. Depois do investimento de capital inicial, a única despesa para a JCDecaux nos anos subsequentes é a manutenção e a renovação dos equipamentos. A margem operacional dos anúncios em mobiliário urbano chegava a 40%, em comparação com 14% em painéis e 18% em meios de transporte. Os contratos exclusivos e as altas margens operacionais criaram uma fonte constante e duradoura de receita e lucro. Por meio desse modelo de negócios, a JCDecaux promoveu um salto em valor para si mesma, em troca do salto em valor que ofereceu aos clientes.

Hoje, a JCDecaux é a maior fornecedora em todo o mundo de espaço para anúncios em mobiliário urbano, com 283 mil painéis em 33 países. Além disso, ao observar os não clientes de segundo nível e ao focar nos principais pontos em comum que os afastavam do setor, a JCDecaux também aumentou a demanda por anúncios em outdoors pelos atuais clientes do setor. Até então, os clientes existentes se concentravam nos painéis fixos e nos cartazes em ônibus que conseguissem, pelos períodos e preços possíveis. Admitiam que aquela era a única opção disponível e atuavam dentro desses limites. Mais uma vez, foi preciso que não clientes lançassem alguma luz sobre os pressupostos implícitos do setor e de seus atuais clientes, de modo a que fossem questionados e reformulados, criando condições para que se empreendesse um salto em valor para todos.

Quais são as principais razões por que os não clientes de segundo nível se recusam a usar os produtos e serviços do seu setor? Procure os aspectos comuns entre suas respostas. Concentre-se neles e não nas diferenças. Você reunirá ideias sobre como abrir as comportas de um oceano de demanda ainda inexplorada.

Não clientes de terceiro nível

O terceiro nível de não clientes é o mais afastado dos atuais clientes do setor. Tipicamente, esses não clientes *inexplorados* não foram almejados nem imaginados como clientes potenciais por qualquer participante do setor. Essa é a razão por que sempre se presumiu que as necessidades deles e as oportunidades de negócios a elas associadas de alguma maneira sempre pertenceram a outros mercados.

Muitas empresas ficariam loucas se soubessem de quantos não clientes de terceiro nível estão abrindo mão. Basta lembrar do pressuposto tradicional de que branqueamento de dentes era serviço prestado exclusivamente por dentistas e não por empresas fornecedoras de produtos de consumo para higiene bucal. Em consequência, as empresas de higiene bucal, até recentemente, nunca atentaram para as necessidades desses não clientes. Quando o fizeram, encontraram um oceano de demanda latente à espera de ser explorado; também constataram que tinham a capacidade de fornecer soluções de branqueamento dental seguras, de alta qualidade e de baixo custo. O mercado explodiu.

Esse potencial se aplica à maioria dos setores. Veja a indústria aeroespacial e de defesa dos Estados Unidos. Argumenta-se que a incapacidade de controlar os custos das aeronaves representa vulnerabilidade fundamental para o poderio militar americano no longo prazo.[1] A disparada dos custos e o encolhimento das verbas, segundo um relatório do Pentágono de 1993, deixou os militares sem plano viável para a sua frota de aviões de combate, em processo de obsolescência.[2] Se os militares não conseguissem descobrir uma maneira diferente de produzir aviões, o que preocupava sobremaneira os líderes das Forças Armadas americanas, os Estados Unidos não teriam aviões suficientes para defender seus interesses de maneira adequada.

Tradicionalmente a Marinha, os Fuzileiros Navais e a Força Aérea divergiam em suas ideias sobre o avião de combate ideal e assim cada ramo projetava e produzia suas próprias aeronaves, de maneira independente. A Marinha queria uma aeronave durável, capaz de resistir às tensões das aterrissagens em conveses de porta-aviões. Os Fuzileiros Navais almejavam um avião expedicionário, capaz de decolagens e aterrissagens em pistas curtas. A Força Aérea mirava a aeronave mais rápida e mais sofisticada.

Historicamente, aceitavam-se como inevitáveis essas diferenças entre os ramos independentes das Forças Armadas e admitia-se que a indústria aeroespacial e de defesa era composta de três segmentos diferentes e segregados. O programa Joint Strike Fighter (JSF) questionou essa prática do setor.[3] Observou todos os três segmentos como não clientes inexplorados que poderiam ser reunidos num novo mercado de aviões de combate de desempenho mais alto e custo mais baixo. Em vez de aceitar a segmentação existente e desenvolver produtos de acordo com as diferenças nas especificações e atributos exigidos por cada ramo das Forças Armadas, o programa JSF questionou essas diferenças. Buscou os principais critérios comuns entre os três ramos que até então eram desconsiderados uns pelos outros.

Esse processo revelou que os dois componentes de mais alto custo dos aviões dos três ramos eram os mesmos: aviônica (software) e motores. O uso e a produção compartilhada desses componentes acenaram com a promessa de enormes reduções de custo. Além disso, embora cada ramo apresentasse uma longa lista de critérios altamente específicos, a maioria das aeronaves dos três ramos executava as mesmas missões.

A equipe do JSF procurou compreender quantos desses critérios influenciavam as decisões de compra de cada ramo. Curiosamente, a resposta da Marinha não envolveu grande variedade de critérios. Ao contrário, resumiu-se em apenas dois: durabilidade e facilidade de manutenção. Com as aeronaves estacionadas em porta-aviões, a milhares de milhas do hangar de manutenção mais próximo, a Marinha almeja um avião de combate ao mesmo tempo de manutenção fácil, mas com a durabilidade de um caminhão Mack, de modo a absorver o impacto das sucessivas aterrissagens nos porta-aviões e resistir à constante exposição ao ar marinho. Receando que esses dois critérios essenciais ficassem minimizados em face das necessidades dos Fuzileiros Navais e da Força Aérea, a Marinha comprou seus aviões separadamente.

As exigências dos Fuzileiros Navais também eram muito diferentes das dos outros dois ramos, mas outra vez apenas duas delas eram decisivas para evitar a compra conjunta de aviões: decolagem em curto espaço e aterrissagem vertical, de um lado, e armamento de defesa, de outro. Para apoiar as tropas em situações remotas e hostis, os Fuzileiros Navais precisavam de um avião que atuasse como um jato de combate e pairasse como um helicóptero. E em face da natureza expedicionária das suas missões, realizadas a baixa altitude, também queriam um avião equipado com várias armas para contra-ataque – lança-chamas e dispositivos de bloqueio eletrônico – para escapar dos mísseis terra-ar do inimigo, uma vez que seus aviões são alvos relativamente fáceis dada a altitude das operações.

Incumbida de manter a superioridade aérea global, a Força Aérea exige aeronaves com velocidade imbatível e agilidade tática inigualável – a capacidade de superar em manobras todos os aviões inimigos atuais e futuros – além de incorporarem a "invisibilidade" (tecnologia antirradar): materiais e estruturas absorventes de ondas, para torná-las menos visíveis e, portanto, mais aptas a evadir-se dos mísseis e aviões inimigos. As aeronaves dos dois outros ramos careciam desses fatores e, portanto, a Força Aérea não as levava em conta.

Essas descobertas sobre não clientes inexplorados converteu o JSF em projeto viável. O objetivo era desenvolver um avião para as três divisões, combinando esses critérios críticos e reduzindo ou eliminando os demais – ou seja, todos os critérios que eram considerados imprescindíveis por cada ramo mas que ofereciam pouco valor, ou aqueles que haviam sido especificados em excesso na disputa para superar os concorrentes. Conforme esboçado na Figura 5.2, eliminaram-se ou reduziram-se cerca de 20 critérios competitivos nos segmentos dos Fuzileiros Navais, da Marinha e da Força Aérea.

Ao combinar os atributos dessa maneira e ao reduzir ou eliminar os demais, o programa JSF foi capaz de desenvolver um avião para os três clientes. O resultado foi a queda drástica nos custos e consequentemente no preço unitário, liberando um salto em valor no desempenho de todos os três ramos. Especificamente, o JSF comprometeu-se a reduzir o custo por avião dos US$190 milhões atuais para US$33 milhões. Ao mesmo tempo, o desempenho do JSF, hoje chamado F-35, deve ser superior ao de qualquer uma das aeronaves de alto desempenho dos três ramos: o F-22, da Força Aérea; o AV-8B Harrier, dos Fuzileiros Navais; e o F-18, da Mari-

FIGURA 5.2

Principais critérios competitivos da indústria aeroespacial e de defesa, depois do JSF

O JSF eliminou ou reduziu todos os critérios competitivos existentes, à exceção dos sombreados.

<table>
<tr><th>Força Aérea</th><th>Marinha</th><th>Fuzileiros Navais</th><th></th></tr>
<tr><td>Baixo peso</td><td>Dois motores</td><td>Decolagem vertical</td><td rowspan="6">Customização do desenho</td></tr>
<tr><td>Aviônica integrada</td><td>Dois assentos</td><td>Baixo peso</td></tr>
<tr><td>Tecnologia antirradar</td><td>Asas largas</td><td>Asas curtas</td></tr>
<tr><td>Motor supercruise</td><td>Durabilidade</td><td>Armamento de defesa</td></tr>
<tr><td>Longa distância</td><td>Longa distância</td><td></td></tr>
<tr><td>Agilidade</td><td>Facilidade de manutenção</td><td></td></tr>
<tr><td>Armamentos ar-ar</td><td>Capacidade de carga de armamentos grande e flexível</td><td>Capacidade de carga de armamentos grande e flexível</td><td rowspan="3">Customização dos armamentos</td></tr>
<tr><td>Capacidade de carga de armamentos internos fixos</td><td>Armamentos ar-ar e ar-terra</td><td>Armamentos ar-terra</td></tr>
<tr><td></td><td></td><td>Guerra eletrônica</td></tr>
<tr><td>Avião construído para qualquer missão</td><td>Avião construído para qualquer missão</td><td>Avião construído para qualquer missão</td><td>Customização da missão</td></tr>
</table>

nha. A Figura 5.3 mostra como o JSF criou valor excepcional, ao oferecer desempenho superior a custos mais baixos.

Como é revelado na figura, a matriz de avaliação de valor ilustra o JSF mantendo os atributos diferenciais do avião para a Força Aérea – agilidade e furtividade – e ao mesmo tempo oferecendo grande facilidade de manutenção, durabilidade, armamentos e decolagem vertical, fatores básicos requeridos pela Marinha e pelos Fuzileiros Navais. Esses fatores são adi-

FIGURA 5.3

Joint Strike Fighter (F-35) *versus* Air Force F-22

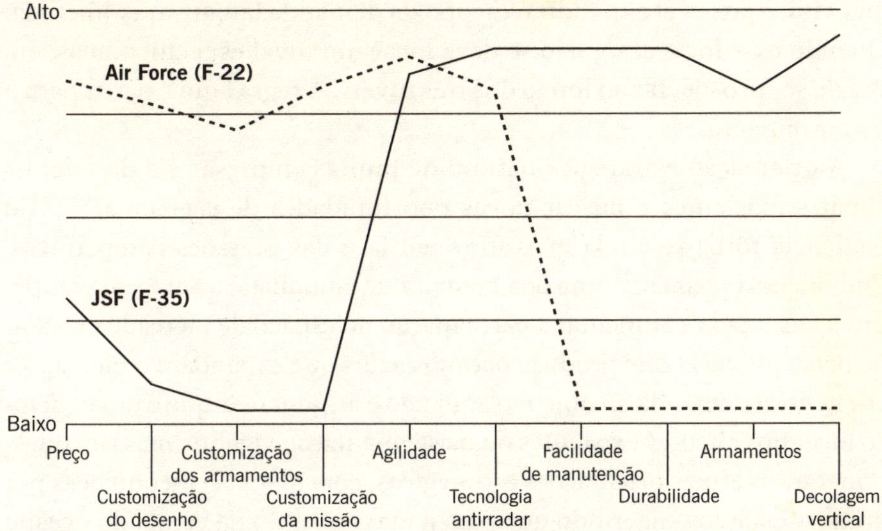

ções poderosas que a Força Aérea assumiu que não poderia ter. Focando nesses atributos decisivos e reduzindo ou cancelando todos os demais nos três domínios principais de customização – de desenho, armamento e da missão – o programa JSF tornou possível oferecer um avião de combate superior e a um baixo custo.

Avaliando além da base de clientes existente em cada um dos setores militares, o JFS agregou demanda previamente dividida entre eles. No outono de 2001, Lockheed Martin ganhou um contrato de US$200 bilhões – o maior contrato na história militar – superando a Boeing e o primeiro F-35 da JFS está programado para ser entregue em 2010. Atualmente o Pentágono está confiante que o programa vai ser um sucesso absoluto, não só pela excepcional curva de valor do F-35 como também pelo suporte dado pelas três armas.[4]

Parta para o maior impacto

Não existe regra fixa sobre quando e em que nível de não clientes concentrar a atenção. Como a grandeza de oportunidades de oceano azul que pode ser liberada por cada nível de não clientes varia no tempo e entre os setores, deve-se focar o nível que oferece o maior potencial de impacto no momento. Mas também é preciso verificar a ocorrência de aspectos comuns sobrepostos entre os três níveis de não clientes. Dessa maneira, é possível expandir o escopo da demanda latente a ser liberada. Quando esse for o caso, não se deve focar um nível específico, mas, em vez disso, prospectar ao longo dos três níveis. A regra aqui é partir para o maior impacto.

A orientação estratégica natural de muitas empresas é a de reter os clientes existentes e buscar novas oportunidades de segmentação. Tal tendência torna-se ainda mais forte em face das pressões competitivas. Embora essa possa ser uma boa maneira de conquistar vantagem competitiva focalizada e aumentar a participação no espaço de mercado existente, não é provável que produza oceanos azuis que expandam o mercado e criem nova demanda. O objetivo aqui não é argumentar que é um equívoco focar nos clientes existentes ou na segmentação vigente, mas sim questionar essas atuais orientações estratégicas, consideradas inequívocas por muitos. Estamos sugerindo que para a maximização da escala do oceano azul é preciso primeiro ir além da demanda existente e buscar oportunidades nos não clientes e na dessegmentação à medida que se formulam as estratégias futuras.

Caso não se encontrem tais oportunidades, pode-se partir para explorar mais profundamente as diferenças entre os clientes existentes. Porém, ao se tomar tal iniciativa estratégica, é importante estar consciente que quando os concorrentes conseguem cativar os não clientes com uma iniciativa de inovação de valor, muitos dos clientes existentes serão atraídos, pois também estarão dispostos a deixar de lado suas preferências atuais em favor do novo salto em valor.

Não é suficiente maximizar o tamanho do oceano azul que se está criando. Também é necessário lucrar com ele para produzir resultados duradouros positivos para todas as partes. O próximo capítulo mostra como construir um modelo de negócios viável que promova e sustente crescimento lucrativo para o novo oceano azul.

CAPÍTULO 6

Acerte a sequência estratégica

PERCORREMOS DIVERSOS CAMINHOS para descobrir possíveis oceanos azuis. Construímos a matriz de avaliação de valor que retrata com nitidez a futura estratégia do oceano azul. E analisamos como atrair a maior massa possível de compradores para a nossa ideia. O desafio seguinte consiste em construir um modelo de negócios robusto para garantir que o empreendimento gere bons lucros com base na ideia do oceano azul. Isso nos leva ao quarto princípio da estratégia do oceano azul: acerte a sequência estratégica.

Este capítulo analisa a sequência estratégica de como desenvolver e validar as ideias do oceano azul para garantir sua viabilidade comercial. Entendendo a sequência estratégica certa e sabendo avaliar as ideias do oceano azul dentro dos principais critérios dessa sequência, reduz-se drasticamente o risco do modelo de negócio.

A sequência estratégica certa

Como mostra a Figura 6.1, as empresas precisam elaborar a estratégia do oceano azul na sequência: utilidade para o comprador, preço, custo e adoção.

FIGURA 6.1

A sequência da estratégia do oceano azul

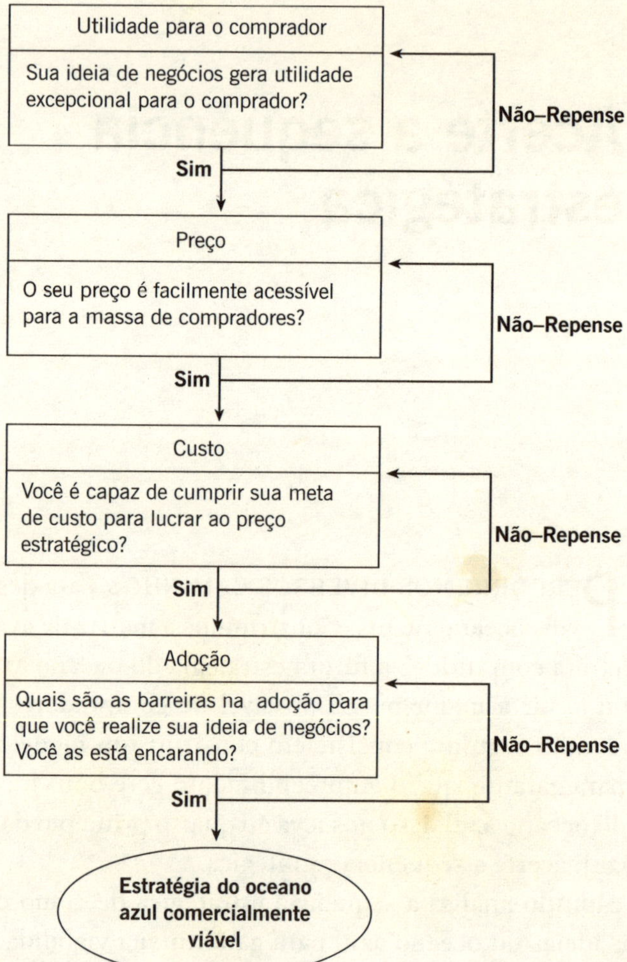

O ponto de partida é a utilidade para o comprador. A oferta gera utilidade excepcional? Existe alguma razão convincente para que as pessoas comprem a ideia? Na falta desse elemento, não existe, de imediato, potencial para a criação de oceanos azuis. Nesse caso, duas são as opções disponíveis: abandonar a ideia ou reformulá-la, até que se consiga uma resposta positiva.

Quando se transpõe a barreira da utilidade excepcional, avança-se para a segunda etapa: definir o preço estratégico certo. Lembre-se, a empresa não quer depender somente do preço para criar demanda. A principal pergunta aqui é: O preço do produto ou serviço foi definido para atrair a massa de compradores-alvo, de modo que o poder de compra deles seja inquestionável com relação à sua oferta? Se assim não for, o produto ou serviço será inacessível. Nesse caso, a oferta não será irresistível no mercado.

Essas duas primeiras etapas cuidam do lado da receita do modelo de negócios da empresa. Garantem a promoção de um salto no valor líquido para o comprador, entendendo-se por valor líquido para o comprador a utilidade recebida pelos compradores menos o preço pago por ela.

A garantia do lucro nos leva ao terceiro elemento: custo. Pode-se realmente produzir a oferta ao custo-alvo, de modo a gerar boa margem de lucro? Gera-se lucro ao preço estratégico – o preço facilmente acessível para a massa de compradores-alvo? Não se deve permitir que o custo determine o preço. Também não se deve reduzir a utilidade porque o alto custo inibe a capacidade de lucrar ao preço estratégico. Quando o custo-alvo é inviável, das duas uma: ou se abandona a ideia, porque o oceano azul não será lucrativo; ou se inova o modelo de negócios para atingir o custo-alvo. O lado do custo do modelo de negócios garante a realização de um salto em valor para a empresa, na forma de lucro – ou seja, o preço da oferta menos o custo de produção. É a combinação de utilidade excepcional, precificação estratégica e custo-alvo, que permite à empresa lograr inovação de valor – salto em valor para os compradores e para a empresa.

A última etapa é lidar com as barreiras à adoção. Quais são os impedimentos para pôr em prática a ideia? Eles foram enfrentados desde o início? A formulação da estratégia do oceano azul se completa apenas quando se cuida dos obstáculos à adoção desde o início, para garantir a realização bem-sucedida da ideia. As barreiras à adoção incluem, por exemplo, a possível resistência à ideia por parte dos varejistas e parceiros. Como as estratégias do oceano azul representam afastamento significativo em relação aos oceanos vermelhos, é fundamental tratar desde logo dos obstáculos à adoção.

Como avaliar se a estratégia do oceano azul está transpondo cada uma dessas etapas consecutivas? E como refinar a ideia para superar cada barreira? Analisemos essas questões, a começar com a utilidade.

Teste da utilidade excepcional

A necessidade de avaliar a utilidade para os compradores da oferta talvez pareça evidente. No entanto, muitas empresas não fornecem valor excepcional por estarem obcecadas pela novidade do produto ou serviço, sobretudo se um de seus principais componentes for nova tecnologia.

Veja o caso do CD-i da Philips, maravilha de engenharia que não ofereceu às pessoas razão convincente para comprá-lo. O player foi promovido como "Máquina da Imaginação", por causa de suas várias funções. O CD-i era player de vídeo, sistema de música, aparelho de jogo e ferramenta de ensino, tudo num só produto. Contudo, suas tarefas eram tão diversificadas que era difícil compreender sua operação. Além disso, os títulos de seus softwares não eram atraentes. Assim, mesmo que o CD-i teoricamente fosse capaz de fazer qualquer coisa, na realidade ele fazia muito pouco. Os clientes não tinham motivos convincentes para usá-lo e as vendas nunca decolaram.

Os gestores responsáveis pelo CD-i da Philips (assim como pelo Iridium, da Motorola) caíram na mesma armadilha: encantaram-se pelos penduricalhos da própria tecnologia. Agiram com base no pressuposto de que alta tecnologia é certeza de grande utilidade para os compradores – premissa que, conforme demonstra nossa pesquisa, raramente é verdadeira.

A armadilha da tecnologia, que criou dificuldades para a Philips e para a Motorola, volta e meia pega desprevenidas as melhores e mais brilhantes empresas. Se a tecnologia não tornar a vida dos compradores tremendamente mais simples, mais conveniente, mais produtiva e menos arriscada ou mais divertida e mais sofisticada, ela não atrairá as massas, por mais que seja premiada. Lembre-se, por exemplo, de empresas como Starbucks, Cirque du Soleil, The Home Depot, Southwest Airlines, [yellow tail] ou Ralph Lauren: inovação de valor não é o mesmo que inovação tecnológica.

Para contornar essa armadilha, o ponto de partida, conforme mostrado no Capítulo 2, é criar uma curva de valor que passe pelo teste inicial do foco, da singularidade e mensagem consistente que fale aos compradores. Isso feito, as empresas estão prontas para avaliar expressamente onde e como o novo produto ou serviço mudará a vida de seus compradores. Essa diferença de perspectiva é importante porque significa que a maneira de desenvolver o novo produto ou serviço é função menos das possibilidades técnicas e mais da utilidade para os compradores.

O mapa da utilidade para o comprador ajuda os gestores a examinar essa questão sob a perspectiva certa (ver Figura 6.2). Ele esboça todas as alavancas a serem manipuladas pela empresa para fornecer utilidade excepcional aos compradores e delineia as várias experiências possíveis dos compradores com o produto ou serviço. O mapa cria condições para que os gerentes identifiquem todo o espectro de utilidades que podem ser preenchidas pelo produto ou serviço. Examinemos com detalhes as dimensões do mapa.

Os seis estágios do ciclo da experiência de compra

Em geral, a experiência do comprador pode ser desdobrada num ciclo de seis estágios, que se desenvolvem mais ou menos em sequência, da compra ao descarte. Cada estágio abrange ampla variedade de experiências específicas. A compra, por exemplo, talvez inclua a experiência de navegar pela eBay ou de percorrer os corredores da The Home Depot. Em cada estágio, os gerentes podem fazer um conjunto de perguntas para avaliar a qualidade das experiências dos compradores, conforme descrito na Figura 6.3.

FIGURA 6.2

Mapa de utilidade para o comprador

	Os seis estágios do ciclo da experiência de compra					
As seis alavancas da utilidade	1. Compra	2. Entrega	3. Uso	4. Suplementos	5. Manutenção	6. Descarte
Produtividade do comprador						
Simplicidade						
Conveniência						
Risco						
Diversão e imagem						
Preservação ambiental						

As seis alavancas da utilidade

Ao longo dos estágios das experiências dos compradores encontram-se o que denominamos *alavancas da utilidade*: as maneiras pelas quais as empresas podem liberar utilidade excepcional para os compradores. Quase todas as alavancas são óbvias. Simplicidade, diversão e imagem e preservação ambiental demandam pouca explicação. O mesmo ocorre com a ideia de que o produto pode reduzir os riscos do cliente, em termos financeiros, físicos e de credibilidade. E com os produtos e serviços que oferecem conveniência simplesmente sendo fáceis de obter, usar e descartar. A alavanca utilizada com mais frequência é a da produtividade dos clientes, no sentido de que a oferta ajuda o cliente a executar suas tarefas com mais rapidez e eficiência.

Para testar a utilidade excepcional, as empresas devem verificar se seus produtos e serviços removeram os maiores obstáculos à utilidade, ao longo de todo o ciclo da experiência de compra, para os clientes e os não clientes. Os maiores obstáculos à utilidade geralmente representam as melhores e mais promissoras oportunidades para criar valor excepcional. A Figura 6.4 mostra como a empresa pode identificar os pontos críticos mais capazes de liberar utilidade excepcional. Ao localizar sua proposta de oferta nos 36 espaços do mapa de utilidade para o comprador, vê-se com clareza como, e se, a nova ideia não só cria uma proposta de utilidade diferente das ofertas existentes, mas também remove os maiores obstáculos à utilidade, que se interpõem no curso de converter não clientes em clientes. Se suas ofertas se enquadrarem no mesmo espaço ou nos mesmos espaços das dos concorrentes, o mais provável é que não se trate de uma oferta de oceano azul.

FIGURA 6.3

Ciclo da experiência de compra

Compra →	Entrega →	Uso →	Suplementos →	Manutenção →	Descarte
Qual é a demora para encontrar o produto de que se precisa?	Qual é a demora para receber o produto?	O produto exige treinamento ou assistência de especialistas?	Precisa-se de outros produtos ou serviços para que o produto funcione?	O produto exige manutenção externa?	O uso do produto gera resíduos?
O local da compra é atraente e acessível?	Qual é o grau de dificuldade para desembalar e instalar o novo produto?	É fácil guardar o produto quando não estiver em uso?	Em caso afirmativo, qual é o custo desses suplementos?	Qual é o grau de facilidade para manter e atualizar o produto?	Qual é o grau de facilidade para descartar o produto?
Qual é o grau de segurança do ambiente de transações?	Os próprios compradores devem providenciar a entrega? Em caso positivo, qual é o custo e a dificuldade da entrega?	Qual o grau de eficácia dos itens e funções do produto?	Qual é a demora para obtê-los?	Qual é o custo da manutenção?	O descarte seguro do produto envolve questões legais ou ambientais?
Com que rapidez se completa a compra?		O produto ou serviço fornece muito mais capacidade e opções do que as exigidas pela média dos usuários? Será que ele está cheio de itens desnecessários?	Qual é o grau de incômodo deles resultante?		Qual é o custo do descarte?
			Qual é o grau de facilidade para obtê-los?		

FIGURA 6.4

Descobrindo os obstáculos à utilidade para o comprador

Compra	Entrega	Uso	Suplementos	Manutenção	Descarte
Produtividade dos clientes:	Em que estágio se encontram os maiores obstáculos à produtividade dos clientes?				
Simplicidade:	Em que estágio se encontram os maiores obstáculos à simplicidade?				
Conveniência:	Em que estágio se encontram os maiores obstáculos à conveniência?				
Risco:	Em que estágio se encontram os maiores obstáculos à redução do risco?				
Diversão e imagem:	Em que estágio se encontram os maiores obstáculos a diversão e imagem?				
Preservação ambiental:	Em que estágio se encontram os maiores obstáculos à preservação ambiental?				

Veja o caso do Modelo T da Ford. Antes de seu lançamento, os mais de 500 fabricantes de automóveis nos Estados Unidos se empenhavam em produzir automóveis de luxo sob encomenda para os ricos. Nos termos do mapa de utilidade para o comprador, todos os produtores se concentravam na imagem durante a fase de uso, criando carros de luxo para excursões elegantes no fim de semana. Preenchia-se apenas um dos 36 espaços de utilidade.

Os maiores obstáculos à utilidade para a massa de compradores, contudo, não consistiam em refinar a imagem de luxo e estilo do automóvel. Em vez disso, tinham a ver com dois outros fatores. Um era conveniência na fase de uso. As estradas esburacadas e enlameadas predominantes no início do século eram adequadas para cavalos, mas quase sempre eram impróprias para automóveis. Essa situação restringia em muito onde e quando viajar de carro (dirigir em dias de chuva e nevasca não era aconselhável), tornando limitado e inconveniente o uso de automóveis. O segundo obstáculo à utilidade era o risco na fase de manutenção. Os veículos, por serem produtos artesanais refinados e com várias opções, enguiçavam com frequência e só eram consertados por especialistas, que eram caros e raros.

Com um único golpe, o Modelo T da Ford eliminou esses dois obstáculos à utilidade. O Modelo T foi denominado carro das grandes multidões. Era produzido em apenas uma cor (preto) e em apenas um modelo, com poucas opções. Dessa maneira, a Ford eliminou os investimentos em imagem na fase de uso. Em vez de desenvolver carros para fins de semana no campo – luxo que poucos podiam justificar – o Modelo T da Ford foi feito para o uso diário. Era confiável. Era durável; foi projetado para rodar pelas estradas empoeiradas, sob chuva, granizo ou sol. Era fácil de consertar e usar. Aprendia-se a dirigi-lo em um dia.

Assim, o mapa de utilidade do comprador enfatiza as diferenças entre ideias que realmente criam utilidade nova e excepcional e aquelas que são basicamente reformulações das ofertas existentes ou avanços tecnológicos que não geram valor. O objetivo é verificar se as ofertas passam pelo teste da utilidade excepcional, como ocorreu com o Modelo T. Ao aplicar o diagnóstico, descobre-se como refinar a ideia.

Onde estão os maiores obstáculos à utilidade ao longo do ciclo da experiência de compra para os seus clientes e não clientes? A sua oferta efetivamente elimina esses obstáculos? Em caso negativo, o provável é que a sua oferta não passe de inovação por amor à inovação, ou seja, mera reformulação das ofertas existentes. Quando a oferta de uma empresa passa por esse teste, ela está em condições de avançar para a etapa seguinte.

Da utilidade excepcional para a precificação estratégica

A fim de garantir um vigoroso fluxo de receita para a sua oferta, deve-se definir o preço estratégico certo. Essa etapa garante que os compradores não só vão querer comprar o produto ou serviço, mas que também terão poder aquisitivo para pagar o preço. Muitas empresas seguem o caminho inverso. No lançamento de uma nova ideia de negócios, primeiro testando o novo produto ou serviço, procurando os clientes ansiosos por novidades e insensíveis ao preço; apenas com o passar do tempo diminuem o preço para atrair o grosso dos compradores. No entanto, torna-se cada vez mais importante definir desde o início o preço que conquistará rapidamente a massa dos compradores-alvo.

Duas são as razões dessa mudança. Primeiro, as empresas estão descobrindo que o volume gera retornos mais elevados do que de costume. À medida que a natureza dos bens passa a envolver mais conhecimento, os custos das empresas decorrem cada vez mais do desenvolvimento de produtos do que das atividades de fabricação. Essa realidade é fácil de compreender na indústria de software. Por exemplo, a produção do primeiro exemplar do sistema operacional Windows XP custou à Microsoft bilhões de dólares, ao passo que os demais exemplares envolveram não mais do que o custo quase irrisório do CD. Daí a importância crítica do volume.

Uma segunda razão é que, para o comprador, o valor do produto ou serviço pode estar estreitamente vinculado ao número total de usuários. Um exemplo são os serviços de leilão on-line gerenciados pela eBay. As pessoas não comprarão produtos ou serviços que são usados por pouca gente. Em consequência desse fenômeno, denominado *externalidades de rede*, muitos produtos ou serviços são oito ou oitenta: ou se vendem milhões de uma vez ou não se vende absolutamente nada.[1]

No meio-tempo, a ascensão de produtos intensivos em conhecimento também gera a possibilidade de carona. Essa característica está associada à natureza de *não rivalidade* e da natureza parcialmente exclusiva do conhecimento.[2] O uso de *bens rivais* por uma empresa impede seu uso por outra. Assim, por exemplo, cientistas ganhadores do Prêmio Nobel que sejam empregados exclusivos da IBM não podem ao mesmo tempo trabalhar para outra empresa. Tampouco a sucata de aço consumida pela Nucor pode ao mesmo tempo ser usada no processo de produção de outra siderúrgica.

Em contraste, o uso de *bens não rivais* por uma empresa não limita seu uso por outra. As ideias se enquadram nessa categoria. Assim, por exemplo, quando a Virgin Atlantic Airways lançou sua marca Upper Class – novo conceito de viagem em classe executiva, que basicamente combina os assentos amplos e o espaço confortável para pernas da primeira classe tradicional com o preço das passagens de classe executiva – outras empresas de aviação tiveram liberdade para aplicar a ideia a seus próprios serviços de classe executiva, sem limitar a capacidade da Virgin de continuar explorando seu insight. Essa característica torna a imitação competitiva não só possível, mas também menos custosa. O custo e o risco de desenvolver uma ideia inovadora são ônus do criador, não do seguidor.

O desafio é ainda maior quando se considera a noção de *exclusividade*. A exclusividade é função tanto da natureza do bem quanto do sistema legal. O bem é exclusivo se a empresa pode evitar que outros o utilizem por meio do acesso limitado ou da proteção de patente. A Intel, por exemplo, pode impedir que outros fabricantes de microprocessadores utilizem suas instalações de fabricação com base nas leis referentes à propriedade de imóveis. Entretanto, a Curves, clube de fitness para mulheres, não pode impedir que alguém entre em uma de suas unidades, estude seu layout, sua atmosfera e sua rotina de exercícios e tente reproduzir seu conceito de boa forma física feminina: as mulheres precisam de apenas 30 minutos, três vezes por semana, para entrar em forma, enquanto se divertem com outras mulheres, sem nenhum dos embaraços costumeiros com que se defrontam nas academias de ginástica tradicionais. O elemento da fórmula da Curves que mais agrega valor não é exclusivo. Como as ideias estão lá, ao alcance de qualquer observador, o conhecimento vaza naturalmente para outras empresas.

Essa falta de exclusividade reforça o risco de carona. A exemplo dos conceitos criativos e explosivos da Curves, da Starbucks ou da Southwest Airlines, muitas das ideias mais poderosas de oceano azul também geram grande valor, mas não envolvem, em si, a descoberta de novas tecnologias. Em consequência, não são nem patenteáveis nem exclusivas, sendo, portanto, suscetíveis à imitação.

Isso significa que o preço estratégico definido para o novo bem ou serviço deve não só atrair grande quantidade de compradores, mas também contribuir para a retenção deles. Em face do alto potencial de reprodução do modelo, a reputação da oferta deve ser angariada já no primeiro dia, pois a construção da marca depende cada vez mais da rapidez com que se difundem as recomendações boca a boca através de nossa sociedade de rede. Assim, as empresas devem começar com uma oferta irrecusável para os compradores, preservando sua capacidade de atração para desencorajar imitações gratuitas. Daí a importância fundamental da precificação estratégica, que trata da seguinte questão: Será que a sua oferta foi precificada para atrair desde o início a massa de compradores-alvo por não terem dúvida sobre sua capacidade de pagar o preço do produto ou serviço? Quando se combina utilidade excepcional com precificação estratégica, desestimula-se a imitação.

Desenvolvemos uma ferramenta chamada *corredor de preço da massa* para ajudar os gerentes a determinar o preço certo de uma oferta irresistível, o qual não é necessariamente o mais baixo. A ferramenta envolve dois passos distintos, mas correlatos (ver Figura 6.5).

FIGURA 6.5

Corredor de preço da massa

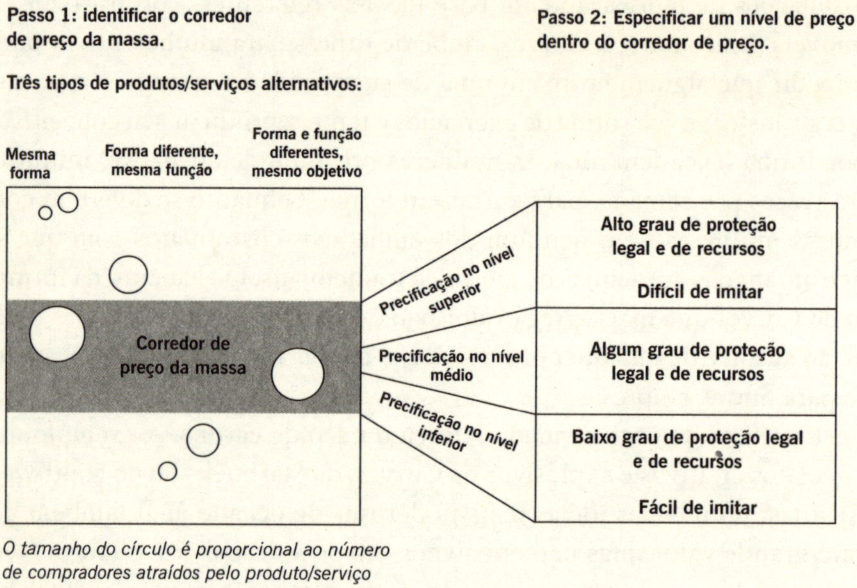

Passo 1: Identificar o corredor de preço da massa

Para definir o preço, todas as empresas observam primeiro os produtos e serviços que mais se parecem com suas ideias em termos de forma. Em geral, examinam outros produtos e serviços nos próprios setores. Evidentemente, esse exercício ainda é necessário, mas não é suficiente para atrair novos clientes. Assim, o principal desafio na determinação do preço estratégico é compreender o grau de sensibilidade ao preço por parte das pessoas que irão comprar o novo produto ou serviço com vários outros produtos e serviços aparentemente diferentes oferecidos fora do grupo de concorrentes tradicionais.

Uma boa maneira de olhar além das fronteiras do setor é listar os produtos e serviços que se enquadram em duas categorias: os que têm forma diferente, mas executam a mesma função; e os que apresentam forma diferente, executam função diferente, mas têm em comum um mesmo objetivo amplo e genérico.

Forma diferente, mesma função. Muitas empresas que criam oceanos azuis atraem clientes de outros setores que usam produtos e serviços capazes de executar a mesma função ou de oferecer a mesma utilidade básica mas que apresentam forma física muito diferente. No caso do Modelo T da Ford, a empresa olhou para as carruagens puxadas por cavalos, que ofereciam a mesma utilidade básica dos carros: transporte de indivíduos e famílias. Mas a forma daqueles veículos tradicionais era muito diferente: animais vivos *versus* máquinas. A Ford efetivamente converteu a maioria dos não clientes da indústria automobilística, a saber, os clientes das carruagens puxadas por cavalos, em clientes de seu próprio oceano azul ao precificar seu Modelo T em comparação com as carruagens puxadas por cavalos, em vez de com os carros de outros fabricantes de veículos automotivos.

No caso do setor de fornecimento de refeições em escolas, o levantamento dessa questão resultou em insight interessante. Supreendentemente os pais que preparam o almoço dos filhos entraram na equação. Para muitas crianças, os pais exerciam a mesma função: fornecer o almoço. Mas suas formas eram muito diferentes: mamãe ou papai *versus* fila para almoço no refeitório.

Forma e função diferentes, mesmo objetivo. Algumas empresas atraem clientes de searas ainda mais distantes. O Cirque du Soleil, por exemplo, captou clientes de um amplo espectro de atividades noturnas. Seu crescimento decorreu em parte da capacidade de cativar pessoas que até então preferiam outras atividades diferentes, na forma e na função. Por exemplo, bares e restaurantes têm poucas características físicas em comum com circos. Também executam funções distintas, ao oferecerem o prazer da conversa e da gastronomia, experiências muito diferentes do entretenimento visual proposto pelos circos. No entanto, apesar dessas diferenças na forma e função, as pessoas têm o mesmo objetivo ao se dedicarem a essas três atividades: desfrutar uma noite fora de casa.

A listagem dos produtos e serviços alternativos permite que os gerentes vejam toda a gama de compradores a serem atraídos de outros setores, e também de não setores, como os pais (no caso da indústria de fornecimento de refeições em escolas) ou o velho lápis, na função de ferramenta de gerenciamento de finanças pessoais (no caso da indústria de software de finanças pessoais). Em seguida, os gestores devem plotar graficamente o preço e o volume dessas alternativas, como na Figura 6.5.

Essa abordagem oferece uma maneira direta de identificar onde se encontra a massa de compradores-alvo e que preço eles estão dispostos a pagar pelos produtos e serviços de seu uso corrente hoje. A faixa de preço que capta os grupos mais amplos de compradores-alvo é o corredor de preço da massa.

Em alguns casos, a amplitude é muito grande. Para a Southwest Airlines, por exemplo, o corredor de preço da massa abrangia o grupo de pessoas que pagam desde US$400 em média por uma passagem aérea em classe econômica para um percurso curto até cerca de US$60 para percorrer a mesma distância de carro. O fundamental aqui é não definir o preço em comparação com o dos concorrentes no mesmo setor, mas, sim, em comparação com substitutos e alternativas ao longo de diferentes setores e não setores. Se a Ford, por exemplo, tivesse definido o preço de seu Modelo T com base no de outros automóveis, que em média correspondiam a mais de três vezes o das carruagens puxadas por cavalos, o mercado do Modelo T não teria explodido.

Passo 2: Especificar um nível dentro do corredor de preço

A segunda parte da ferramenta ajuda os gerentes a determinar o nível mais alto em que podem definir o preço dentro do corredor, sem atrair a concorrência de clones de produtos ou serviços. Essa avaliação depende de dois fatores principais. O primeiro é o grau em que o produto ou serviço conta com proteção legal, por meio de patentes e direitos autorais. O segundo é a extensão em que a empresa possui alguns recursos exclusivos ou capacidades essenciais, como instalações de produção que exigem altos investimentos e que, assim, impedem a imitação. A Dyson, empresa inglesa de eletrodomésticos de linha branca, tem conseguido cobrar alto preço unitário por seu aspirador de pó sem saco para poeira e detritos, desde seu lançamento, em 1995, graças à solidez das patentes e a seus recursos em serviços de difícil imitação.

Muitas outras empresas praticaram a precificação estratégica na fronteira superior e ainda assim atraíram a massa de compradores-alvo. Entre os exemplos se encontram a DuPont, com a marca Lycra em produtos químicos especiais; a Philips, com o ALTO no setor de iluminação profissional; a SAP, na indústria de sistemas integrados de gestão empresarial; e a Bloomberg, no setor de software financeiro.

Por outro lado, empresas com proteção incerta de patentes e recursos devem pensar em definir o preço em algum ponto intermediário do corredor. Quanto às empresas que não desfrutam de proteção, a recomendação é praticar preço relativamente baixo. No caso da Southwest Airlines, como seus serviços não eram patenteáveis e não exigiam recursos exclusivos, o preço de suas passagens ficou na fronteira inferior do corredor – a saber, comparável com o preço da viagem de automóvel. As empresas demonstrariam prudência ao adotar precificação estratégica entre o meio e a fronteira inferior do corredor, desde o início, caso se enquadrem em alguma das seguintes situações:

- Suas ofertas de oceano azul apresentam altos custos fixos, ao passo que os custos variáveis são apenas marginais.
- Sua atratividade depende intensamente das externalidades de rede.
- Sua estrutura de custos se beneficia de fortes economias de escala e de escopo. Nesses casos, o volume acarreta vantagens de custo significativas, situação que torna ainda mais fundamental o preço capaz de gerar volume.

O corredor de preço da massa não só sinaliza a zona central da precificação estratégica para atrair um oceano de nova demanda, mas também mostra como pode ser necessário ajustar a primeira estimativa de preço para atingir esse objetivo. Quando os produtos e serviços passam pelo teste da precificação estratégica, já se está em condições de avançar para a etapa seguinte.

Da precificação estratégica para o custo-alvo

O custo-alvo, etapa seguinte na sequência estratégica, cuida do lado do lucro do modelo de negócios. Para maximizar o potencial de lucro de uma ideia do oceano azul, a empresa deve começar com o preço estratégico e dele deduzir a margem de lucro almejada para chegar à meta de custo. Aqui, o custeio a partir do preço, em vez da precificação a partir do custo, é essencial para se chegar a uma estrutura de custos que seja ao mesmo tempo lucrativa e dificilmente igualável por seguidores potenciais.

No entanto, quando induzido pela precificação estratégica, o custo-alvo geralmente é agressivo. Enfrenta-se parte do desafio de atingir a meta de custo por meio da construção de uma curva de valor que apresente não só singularidade, mas também foco, o que leva a empresa a eliminar custos. Pense nas reduções de custos alcançadas pelo Cirque du Soleil ao excluir animais e artistas, ou pela Ford ao produzir o Modelo T com uma só cor e poucos opcionais.

Às vezes, essas reduções são suficientes para atingir o custo almejado, mas em geral esse não é o caso. Lembre-se das inovações de custo que a Ford precisou introduzir no Modelo T para atingir suas rigorosas metas de custo. A primeira providência consistiu em sucatear o sistema de produção tradicional, no qual os carros eram feitos a mão por artesãos qualificados, do início ao fim. Em seu lugar, a Ford introduziu a linha de montagem, que substituía os artesãos qualificados por operários comuns sem qualificações que executavam, cada um, uma única tarefa com mais rapidez e eficiência, reduzindo o tempo de fabricação do Modelo T de 21 dias para 4 dias, e reduzindo as horas de mão de obra em 60%.[3] Se a Ford não tivesse implementado essas inovações de custo, não teria conseguido atingir a meta de rentabilidade de sua precificação estratégica.

Se as empresas não se desdobrarem na busca de maneiras criativas de atingir a meta de custo, como fez a Ford, mas enveredarem pelo atalho tentador de aumentar o preço estratégico ou de reduzir a utilidade, elas já não mais estarão na trajetória para águas lucrativas. Para atingir a meta de custo, as empresas dispõem de três importantes alavancas.

A primeira envolve a dinamização das operações e a implementação de inovações de custo, desde a fabricação até a distribuição. Será que os materiais utilizados no produto ou serviço podem ser substituídos por outros não convencionais, menos dispendiosos – como o uso de plástico em vez de metal ou a transferência de um call center, de Londres para Bangalore? Será que é possível eliminar, reduzir ou terceirizar atividades de alto custo e baixo valor agregado, na cadeia de valor? Será que a unidade de fabricação dos produtos ou de prestação dos serviços pode ser transferida para uma área menos nobre, onde os imóveis sejam mais baratos, a exemplo do que fizeram a Home Depot, a IKEA e o Wal-Mart, no varejo, e a Southwest Airlines, no setor de aviação comercial, ao deslocar seus voos para aeroportos secundários? Será que é possível reduzir a quantidade de componentes do produto ou serviço e o número de estágios do processo de produção, por meio de mudanças drásticas na própria maneira de fazer as coisas, como agiu a Ford ao implementar a linha de montagem? Haveria condições de digitalizar para reduzir custos?

Ao analisar questões como essas, a Swatch, empresa suíça de fabricação de relógios, conseguiu chegar a uma estrutura de custos cerca de 30% mais baixa do que a de qualquer outro concorrente no mundo. No começo, Nicolas Hayek, chairman da empresa, constituiu uma equipe de projeto para determinar o preço estratégico de seus produtos. Na época, relógios baratos de quartzo (cerca de US$75), produzidos no Japão e em Hong Kong, estavam conquistando o mercado de massa. A Swatch fixou o preço em US$40, criando condições para que as pessoas comprassem vários relógios como acessórios de moda. O preço baixo não deixou margem de lucro para que as empresas do Japão e de Hong Kong copiassem a Swatch e vendessem a preço ainda mais baixo. Instruída a vender o Swatch por aquele preço e nem um centavo a mais, a equipe de projeto trabalhou do fim para o início, no intuito de atingir a meta de custo, processo que envolveu a determinação da margem de lucro necessária para cobrir as atividades de marketing e de serviços e ainda gerar lucro.

Em face do alto custo da mão de obra na Suíça, a Swatch conseguiu atingir essa meta apenas por meio de mudanças radicais no produto e nos métodos de produção. Em lugar do metal e do couro em componentes tradicionais, por exemplo, a Swatch adotou o plástico. Os engenheiros da empresa também simplificaram drasticamente o processo de funcionamento interno do relógio, reduzindo o número de partes de 150 para 51. Finalmente, os projetistas também desenvolveram novas técnicas de montagem mais baratas; por exemplo, os estojos dos relógios eram fechados e isolados por meio de solda ultrassônica, em vez de por parafusos. Em conjunto, as mudanças no projeto e na fabricação criaram condições para que a Swatch reduzisse os custos de mão de obra direta de 30% para menos de 10% dos custos totais. Essas inovações resultaram em estrutura de custos quase imbatível e permitiram que a Swatch dominasse com lucro o mercado de massa de relógios, até então controlado por fabricantes asiáticos com mão de obra mais barata.

Além da dinamização das operações e da implementação de inovações de custo, uma segunda alavanca a ser utilizada pelas empresas para atingir suas metas de custo são as parcerias. Ao lançar novos produtos e serviços no mercado, muitas empresas, equivocadamente, tentam executar por conta própria todas as atividades de distribuição e produção. Em geral, agem assim por encararem o produto ou serviço como plataforma para o desenvolvimento de novas capacidades. Outras vezes, trata-se apenas de uma questão de não levar em conta opções externas. As parcerias, contudo, são uma maneira de as empresas garantirem as capacidades necessárias com rapidez e eficácia, ao mesmo tempo em que reduzem sua estrutura de custos. Permitem que as empresas aproveitem o know-how e as economias de escala de outras organizações. Nessa hipótese se inclui o fechamento de lacunas nos recursos, por meio de pequenas aquisições, quando essa alternativa for mais rápida e mais barata, fornecendo acesso a recursos imprescindíveis, já dominados por terceiros.

Grande parte da capacidade da IKEA de atingir sua meta de custo, por exemplo, decorre de parcerias. A empresa busca os preços mais baixos para materiais e processos de produção por meio de parcerias com cerca de 1.500 empresas de manufatura em mais de 50 países, de modo a garantir a fabricação de sua linha de produtos, composta de mais ou menos 20 mil itens de forma mais rápida a custos mais baixos.

Ou veja o caso da empresa alemã SAP, líder mundial em software de gestão empresarial. Ao formar parceria com a Oracle, a SAP economizou centenas de milhões, se não de bilhões, de dólares em custos de desenvolvimento, ao mesmo tempo em que garantia acesso a um banco de dados central de classe mundial, o da Oracle, que se situa no próprio âmago de seus produtos essenciais R/2 e R/3. A SAP avançou ainda mais e também se associou a importantes empresas de consultoria, como Capgemini e Accenture, de modo a contar com uma força de vendas global, da noite para o dia e sem custo adicional. Enquanto a Oracle enfrentava em suas demonstrações financeiras os custos fixos de uma força de vendas muito menor, a SAP conseguiu explorar as poderosas redes globais da Capgemini e da Accenture, para alcançar seus clientes-alvo, sem implicações de custo para a empresa.

Às vezes, contudo, por mais que dinamize e agilize os processos, por mais que inove em custos e por mais que forme parcerias, a empresa não alcançará sua meta de custo. Essa situação nos leva à terceira alavanca à disposição das empresas para alcançar a margem de lucro almejada, sem comprometer o preço estratégico: mudar o modelo de precificação do setor. Alterando o modelo de precificação – e não o nível do preço estratégico – as empresas geralmente conseguem superar esse problema.

Quando apareceram os primeiros filmes em videocassete, por exemplo, seus preços giravam em torno de US$80. Poucas pessoas estavam dispostas a pagar essa quantia pelo produto, pois ninguém esperava ver o filme mais de duas ou três vezes. O preço estratégico do videocassete deveria ser definido em comparação com a alternativa de ir ao cinema, em vez de como algo que se possuiria pelo resto da vida. Assim, ao preço unitário de US$80, a demanda não decolava. De que maneira as empresas poderiam ganhar dinheiro, vendendo videocassetes por apenas alguns dólares, caso seguisse a abordagem da precificação estratégica? A resposta era que não conseguiriam. A Blockbuster, contudo, contornou o problema, ao mudar o modelo de precificação de venda para aluguel. Dessa maneira, viabilizou o preço estratégico do videocassete, em apenas uns poucos dólares por aluguel. O resultado foi a explosão do mercado doméstico para fitas de vídeo, permitindo que a Blockbuster ganhasse mais dinheiro alugando várias vezes os mesmos videocassetes a um preço acessível do que teria sido possível com a venda dos produtos. Do mesmo modo, a IBM explodiu o mercado de processamento de dados, mudando o modelo de precificação de venda para leasing, de modo a atingir o preço estratégico e cobrir a estrutura de custos.

Além das alternativas de aluguel, da Blockbuster, ou de leasing, da IBM, outras empresas recorreram a várias inovações nos modelos de precificação de modo a viabilizar o fornecimento lucrativo ao preço estratégico. Um desses modelos é o *time-sharing*, ou compartilhamento do tempo. A NetJets, empresa de Nova Jersey, Estados Unidos, adota esse modelo para tornar seus aviões acessíveis a ampla gama de clientes empresariais que compram o direito de usar os aviões durante certo tempo, em vez de adquirir o avião em si. Outro modelo é o *slice-share*; os gestores de fundos de investimento, por exemplo, prestam serviços de alta qualidade em gestão de carteiras – em geral restritos a clientes ricos através dos bancos – a pequenos investidores, vendendo somente uma "lasca" do portfólio, em vez de toda a carteira.

Algumas empresas estão abandonando totalmente o conceito de preço, ao fornecerem seus produtos em troca de *participação societária* no negócio dos clientes. A Hewlett-Packard, por exemplo, tem oferecido servidores de alta potência a novas empresas do Vale do Silício, recebendo em contrapartida determinada porcentagem da receita. Assim, o cliente consegue acesso imediato a um recurso-chave e a HP passa a ter a chance de receber muito mais do que o preço da máquina. O objetivo não é fazer concessões ao preço estratégico, mas atingir a meta por meio de um novo modelo de precificação. Denominamos esse processo de *inovação de precificação*. No entanto, não se esqueça de que muitas vezes o que é inovação de precificação para um setor, como o aluguel de fitas de vídeo, é modelo de precificação comum para outro setor.

A Figura 6.6 mostra como a inovação de valor quase sempre maximiza o lucro, usando essas três alavancas. Como se vê, a empresa começa com o preço estratégico, do qual deduz a meta de margem de lucro para chegar à meta de custo. Para atingir a meta de custo capaz de gerar a meta de lucro, as empresas dispõem de duas alavancas fundamentais: de um lado, inovações de custo e de processos de negócio; de outro, parcerias. Quando não se consegue alcançar a meta de custo, apesar de todos os esforços para construir um modelo de negócios de baixo custo, a empresa deve recorrer à terceira alavanca, a inovação de precificação, de modo a poder praticar com lucro o preço estratégico. Evidentemente, mesmo quando se atinge meta de custo, ainda se pode buscar a inovação de precificação.

FIGURA 6.6

Modelo de lucro da estratégia do oceano azul

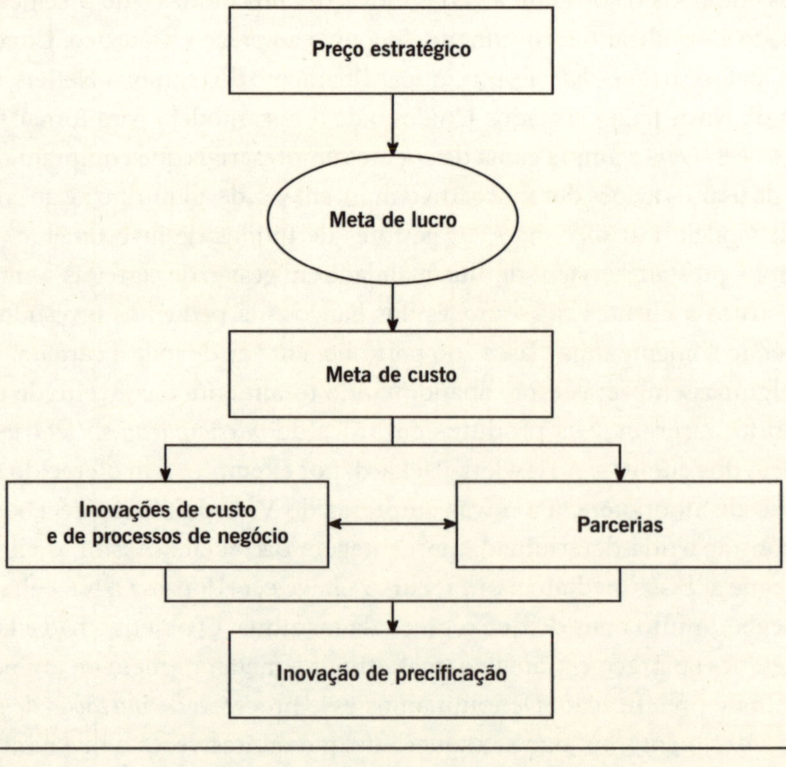

Quando a oferta de produtos ou serviços realiza com sucesso a meta de lucro do modelo de negócios, a empresa está em condições de avançar para a última etapa da estratégia do oceano azul.

O modelo de negócios baseado na sequência utilidade excepcional/precificação estratégica/custo-alvo produz inovação de valor. Ao contrário da prática dos tradicionais inovadores de tecnologia, a inovação de valor é um jogo ganha-ganha entre compradores, empresa e sociedade. O Apêndice C mostra como se joga esse jogo no mercado e analisa as implicações econômicas e de bem-estar social para as partes envolvidas.

De utilidade, preço e custo para adoção

Mesmo um modelo de negócios imbatível pode não ser suficiente para garantir o sucesso comercial de uma ideia de oceano azul. Quase por definição, a nova ideia ameaça o *status quo* e, por esse motivo, talvez desperte medo e resistência entre os três principais stakeholders da empresa: empregados, parceiros de negócios e o público em geral. Antes de avançar e investir na nova ideia, a empresa deve primeiro combater esses medos, por meio da educação dos temerosos.

Empregados

Não lidar de maneira adequada com as preocupações dos empregados referentes ao impacto da nova ideia em suas vidas pode sair muito caro. Quando a administração da Merrill Lynch anunciou planos para desenvolver serviços de corretagem on-line, o preço de suas ações caiu 14% ao surgirem as primeiras notícias sobre resistência e luta interna na grande divisão de corretagem de varejo da empresa.

Antes de divulgarem uma ideia, as empresas devem convencer todos os empregados de que estão conscientes das ameaças resultantes da execução dela. Além disso, devem trabalhar com os empregados para desarmar essas ameaças, de modo que todos saiam ganhando, apesar das mudanças nos papéis, responsabilidades e recompensas dos indivíduos. Em contraste com a Merrill Lynch, a Morgan Stanley Dean Witter & Co envolveu os empregados em amplo debate interno aberto sobre a estratégia da organização para enfrentar o desafio da Internet. Os esforços da Morgan foram mais do que recompensados. Como o mercado percebeu que os empregados compreendiam a necessidade da empresa explorar a Internet, por meio de algum novo *e-venture* ou empreendimento cuja base é a exploração dos recursos da Internet, as ações da empresa subiram 13% quando finalmente se anunciou a iniciativa.

Parceiros de negócios

Potencialmente ainda mais destrutiva do que a insatisfação dos empregados é a resistência dos parceiros, receosos de que seus fluxos de receita e suas posições de mercado sofram impactos adversos decorrentes da nova ideia de negócios. Esse foi o problema com que se defrontou a SAP, ao desenvolver seu produto AcceleratedSAP (ASAP), software integrado de gestão empresarial de rápida implementação e, portanto, de baixo custo. O ASAP pôs ao alcance das empresas de pequeno e médio portes, pela primeira vez, os aplicativos de gestão de negócios. O problema é que o desenvolvimento de paradigmas de melhores práticas para o ASAP exigia a cooperação ativa de grandes empresas de consultoria, que obtinham receitas substanciais com a implementação demorada dos produtos tradicionais da SAP. Em consequência não estavam necessariamente motivadas para encontrar a maneira mais rápida de implementar o novo software.

A SAP resolveu o dilema por meio da discussão franca e aberta da questão com os parceiros. Seus executivos convenceram as empresas de consultoria de que elas tinham a chance de conquistar mais negócios por meio da cooperação. Embora o ASAP reduzisse o tempo de implementação para as pequenas e médias empresas, as consultorias ganhariam acesso a uma nova base de clientes, cujo volume mais do que compensaria a perda de receita com as grandes empresas, muito menos numerosas. O novo sistema também ofereceria aos consultores uma maneira de responder às preocupações crescentes dos clientes com o tempo de implementação dos sistemas tradicionais de gestão empresarial.

Público em geral

A oposição a uma ideia de negócios também pode difundir-se entre o grande público, sobretudo se ela for muito inovadora e ousada, ameaçando os costumes sociais e políticos tradicionais. Os efeitos podem ser devastadores. Veja o caso da Monsanto, que produz alimentos geneticamente modificados. As intenções da empresa foram questionadas por consumidores europeus, sobretudo em consequência dos esforços de grupos ambientais, como Greenpeace, Friends of the Earth e The Soil Association. Os ataques desses grupos fizeram vibrar muitas cordas sensíveis da Europa, que tem uma história de preocupação com o meio ambiente e de poderosos lobbies em favor da agricultura.

O erro da Monsanto foi permitir que outras partes assumissem o controle do debate. A empresa deveria ter procurado esclarecer os grupos ambientais, assim como o público em geral, quanto aos benefícios dos alimentos transgênicos e seu potencial para eliminar a fome e algumas doenças em todo o mundo. Por ocasião do lançamento dos produtos, a Monsanto teria agido melhor se houvesse oferecido aos consumidores a possibilidade de escolha entre alimentos orgânicos e transgênicos, identificando os produtos oriundos de sementes geneticamente modificadas. Se a Monsanto tivesse adotado essas medidas, é bem provável que, em vez de se tornar a vilã, acabasse sendo vista como a "Intel Inside" dos alimentos do futuro – a provedora da tecnologia básica.

Ao educar esses três grupos de stakeholders – os empregados, os parceiros e o público em geral – o principal desafio é engajá-los em discussão aberta e franca sobre as razões que tornam necessária a adoção da nova ideia. É preciso explicar seus méritos, definir expectativas claras quanto às suas ramificações e descrever como a empresa lidará com tais implicações. Os stakeholders devem saber que suas vozes foram ouvidas e que não haverá surpresas. As empresas que se dão o trabalho de promover esse diálogo com os stakeholders descobrirão que seu tempo e esforço serão mais do que recompensados. (Para uma análise completa de como as empresas podem envolver os stakeholders, ver Capítulo 8.)

Teste de ideias do oceano azul (TOA)

Embora as empresas devam desenvolver sua estratégia do oceano azul na sequência utilidade, preço, custo e adoção, essas etapas formam um todo integrado que garante o sucesso comercial. O *teste de ideias do oceano azul* (TOA) apresenta uma nova avaliação simples mas poderosa dessa visão sistêmica (ver Figura 6.7).

FIGURA 6.7

Teste de ideias do oceano azul (TOA)

		CD-i da Philips	Iridium da Motorola	i-mode da DoCoMo, Japão
Utilidade	A utilidade é excepcional? As razões para comprar seus produtos e serviços são irresistíveis?	–	–	+
Preço	Seu preço é facilmente acessível para a massa de compradores?	–	–	+
Custo	Sua estrutura de custos é compatível com a meta de custo?	–	–	+
Adoção	Você enfrentou antecipadamente as barreiras à adoção?	–	+/–	+

Como mostra a Figura 6.7, se o CD-i da Philips e o Iridium da Motorola tivessem avaliado seus conceitos com base no TOA, teriam percebido como estavam longe do desbravamento de oceanos azuis lucrativos. O CD-i da Philips não criou utilidade excepcional para os compradores com sua oferta de funções tecnológicas complexas e poucos títulos de software. Seu preço estava fora de alcance para a massa de compradores e seu processo de fabricação era complicado e dispendioso. Com seu desenho complexo, demorava-se mais de 30 minutos para explicar seu funcionamento e completar a venda aos clientes, situação que não motivava os funcionários das lojas a vender o produto em ambientes de varejo de rápida movimentação. Assim, o CD-i da Philips não satisfez nenhum dos critérios do TOA, apesar dos bilhões nele investidos.

Se tivesse avaliado a ideia do CD-i com base no TOA durante a fase de desenvolvimento, a Philips talvez houvesse percebido suas deficiências implícitas logo no começo e teria tomado providências para eliminá-las, simplificando o produto e buscando parceiros para desenvolver títulos de sofware, definindo preço estratégico acessível às massas, estabelecendo o custo a partir do preço e não o inverso e trabalhando com o varejo desenvolvendo maneiras simples e fáceis para que a força de vendas explicasse o produto e concluísse a venda em alguns minutos.

Do mesmo modo, o Iridium da Motorola estava absurdamente caro por causa dos altos custos de produção. Não oferecia utilidade atraente para a massa de compradores, por não ser útil em edifícios ou em carros e por ser do tamanho de um tijolo. Na fase da adoção, a Motorola superou muitas dificuldades regulatórias e obteve direitos de transmissão de numerosos países. Os empregados, os parceiros e a sociedade também estavam razoavelmente motivados para aceitar a ideia. Mas as equipes de vendas e os canais de marketing da empresa eram fracos nos mercados globais. Como a Motorola não conseguia explorar com eficácia as oportunidades de vendas, os telefones Iridium nem sempre estavam disponíveis quando solicitados. As deficiências em utilidade, preço e custo, mais a capacidade de adoção apenas medíocre, indicavam que a ideia do Iridium seria um fracasso.

Em contraste com esses fiascos, veja a história do lançamento do i-mode da NTT DoCoMo no Japão. Em 1999, quando a maioria das operadoras de telefonia se concentrava na corrida tecnológica e no preço baixo, como fatores críticos no mercado de dispositivos sem fio para transmissão de voz, a NTT DoCoMo, maior operadora de telefonia do Japão, lançou o i-mode para acesso à Internet por telefones celulares. Os padrões da telefonia móvel no Japão já haviam alcançado alto nível de sofisticação, em termos de mobilidade, qualidade de voz, facilidade de uso e desenho do hardware. Mas oferecia poucos serviços de transmissão de dados como e-mails, acesso a informações, notícias, jogos e recursos transacionais, os quais eram os aplicativos mais atraentes do mundo da Internet via PC. O i-mode reuniu as principais vantagens desses dois setores alternativos – telefonia móvel e Internet – e criou utilidade exclusiva e superior para os compradores.

Os serviços do i-mode ofereciam utilidade excepcional a preço acessível para a massa de compradores. A tarifa de assinatura mensal do i-mode, a taxa de transmissão de voz e dados e o preço do conteúdo situavam-se na zona de “irreflexão” do corredor de preço da massa, encorajando a compra por impulso e cativando as massas com rapidez incrível. Por exemplo, o preço da assinatura mensal para um site de conteúdo situa-se entre 100 e 300 ienes (US$1 a US$3), que é o resultado da comparação com o preço das revistas semanais que a maioria dos japoneses compra com regularidade na banca de jornais da estação ferroviária.

Depois de definir um preço atraente para a massa de compradores, a NTT DoCoMo empenhou-se em obter os recursos necessários para prestar os serviços dentro de suas metas de custo, a fim de obter lucro. Para alcançar esse objetivo, a empresa nunca se viu limitada por seus próprios ativos e recursos. Embora se concentrasse em seu papel tradicional de operadora para desenvolver e manter uma rede de alta velocidade e alta capacidade no projeto i-mode, ela também procurou oferecer outros elementos críticos de sua oferta, tomando a iniciativa de formar parcerias com fabricantes de hardware e com provedores de informação.

Ao criar uma rede de parcerias vantajosa para todas as partes, a empresa almejava alcançar e sustentar a meta de custo compatível com o seu preço estratégico. Embora muitos sejam os membros e as dimensões de sua rede de parcerias, alguns aspectos são especialmente relevantes. Primeiro, a NTT DoCoMo compartilhou know-how e tecnologia, de maneira regular e persistente, com seus parceiros de fabricação de hardware, para ajudá-los a manter-se à frente dos concorrentes. Segundo, a empresa exerceu a função de portal e de gateway da rede sem fio, ampliando e atualizando a lista de sites de menu do i-mode ao mesmo tempo em que atraía provedores de conteúdo para juntar-se à lista do i-mode e criar o conteúdo que impulsionaria o tráfego de usuários. Ao cuidar do faturamento para os provedores de conteúdo, mediante a cobrança de pequena comissão, a empresa ofereceu-lhes maiores economias mediante a eliminação dos custos referentes ao desenvolvimento e operação do sistema de faturamento, ao mesmo tempo em que também gerava um fluxo de receita crescente para si mesma.

Ainda mais importante, em vez de usar a Wireless Markup Language (WML) sob o padrão WAP para a criação de sites, o i-mode adotou a c-HTML, linguagem já de amplo uso no Japão. Esse aspecto tornou o i-mode mais atraente para os provedores de conteúdo, porque, dessa maneira, os engenheiros de software não precisavam de novo treinamento para converter os sites existentes, projetados para o ambiente de Internet, em sites para uso no i-mode, e assim não incorriam em custos adicionais. A NTT DoCoMo também desenvolveu esquemas de colaboração com importantes parceiros estrangeiros como Sun Microsystems, Microsoft e Symbian, para reduzir os custos totais de desenvolvimento e abreviar os prazos para o lançamento eficaz do produto.

Outro aspecto fundamental da estratégia do i-mode foi a forma de execução do projeto. Constituiu-se uma equipe com dedicação exclusiva, cuja missão e autonomia não deixavam lugar para dúvidas. O chefe da equipe do i-mode selecionou a maioria dos membros e envolveu-os num debate aberto sobre como criar o novo mercado de comunicação de dados por aparelhos móveis, engajando-os no projeto. Tudo isso promoveu um ambiente organizacional favorável para a adoção do i-mode. Além disso, a condição que a empresa desenvolveu para os parceiros, em que todos saíam ganhando, assim como a disposição do grande público japonês para usar serviços de banco de dados, também contribuíram para a adoção bem-sucedida do i-mode.

Os serviços do i-mode passaram pelos quatro critérios do TOA, como já se mostrou na Figura 6.7. Na verdade, o i-mode revelou-se um sucesso explosivo. Seis meses depois do lançamento, a quantidade de assinantes já superava a marca de um milhão. Em dois anos, o número de assinantes chegava a 21,7 milhões e as receitas oriundas apenas da transmissão de pacotes aumentara 130 vezes. Em fins de 2003, a quantidade de assinantes alcançou 40,1 milhões e a receita proveniente da transmissão de dados, imagens e textos aumentou de 295 milhões de ienes (US$2,6 milhões) para 886,3 bilhões de ienes (US$8 bilhões).

A DoCoMo é a única empresa que tem conseguido ganhar dinheiro com a Internet móvel. Hoje, a DoCoMo supera sua matriz, a NTT, em valor de mercado e em potencial de crescimento lucrativo.

Embora o i-mode tenha sido um enorme sucesso no Japão, seu êxito fora do Japão depende de sua capacidade de superar as barreiras regionais à adoção, de natureza regulatória, cultural e emocional, assim como as decorrentes da dinâmica das parcerias e da infraestrutura econômica.

Depois de serem aprovadas pelo teste de ideias do oceano azul, as empresas estão prontas para mudar de marcha, deixando para trás a fase de formulação da estratégia do oceano azul e avançando para o estágio de execução. A questão é: Como impulsionar a organização para executar a estratégia, embora ela não raro represente ruptura radical com o passado? Assim, chegamos à segunda parte do livro e ao quinto princípio da estratégia do oceano azul: Supere os principais obstáculos organizacionais, assunto de nosso próximo capítulo.

PARTE TRÊS

Executando a estratégia do oceano azul

CAPÍTULO 7

Supere as principais barreiras organizacionais

UMA VEZ DESENVOLVIDA a estratégia do oceano azul com um modelo de negócios lucrativo, a empresa deve executá-la. Evidentemente, qualquer estratégia impõe o desafio da execução. As empresas, como as pessoas, geralmente enfrentam dificuldades para converter o pensamento em ação seja em oceanos vermelhos ou em oceanos azuis. Mas, quando comparada à estratégia oceano vermelho, a estratégia do oceano azul representa uma ruptura muito mais drástica com o *status quo*, pois consiste em substituir a convergência pela divergência através das curvas de valor a custos mais baixos. Essa característica torna a execução mais difícil.

Os gestores nos garantem que o desafio é árduo, pois abrange quatro barreiras. Uma é cognitiva: despertar os empregados para a necessidade da mudança de fundamentos. Os oceanos vermelhos podem não oferecer trajetórias para o crescimento lucrativo no futuro, mas pelo menos proporcionam sensação de conforto e é até possível que tenham servido bem à organização até agora; assim, por que mudar?

A segunda barreira é a limitação de recursos. Quanto maior for a mudança na estratégia, mais se necessitará de recursos para executá-la. Porém muitas das organizações de nosso estudo reduziam recursos em vez de aumentá-los.

A terceira é motivação. Como motivar as principais empresas do mercado a agir com rapidez e tenacidade para promover uma ruptura com o *status quo*? O processo levaria anos e os gestores não dispõem de tanto tempo.

A última barreira é a política organizacional. Como disse um gestor, "Em nossa organização, as pessoas são abatidas antes de ficarem em pé".

Embora todas as empresas enfrentem em graus diferentes cada um desses desafios, e muitas talvez se defrontem com apenas algum subconjunto dos quatro, saber como superar esses desafios é fundamental para atenuar o risco organizacional. E assim chegamos ao quinto princípio da estratégia do oceano azul: supere as principais barreiras organizacionais para converter a estratégia do oceano azul em ação.

No entanto, para alcançar esse resultado com eficácia, as empresas devem abandonar a sabedoria convencional referente à realização da mudança; a qual aponta que, quanto maior a mudança, maiores os recursos e tempo necessários para obter os resultados. O segredo é virar a sabedoria convencional de cabeça para baixo, por meio do que chamamos *liderança no ponto de desequilíbrio* (*tipping point leadership*). A liderança no ponto do desequilíbrio cria condições para que se superem esses quatro obstáculos com rapidez e baixo custo, ao mesmo tempo em que se conquista o apoio dos empregados na ruptura do *status quo*.

Liderança no ponto de desequilíbrio em ação

Veja o caso do Departamento de Polícia da Cidade de Nova York (NYPD), que, na década de 1990, executou uma estratégia do oceano azul no setor público. Quando Bill Bratton foi nomeado comissário de polícia da cidade de Nova York, em fevereiro de 1994, as apostas contra ele cresciam numa extensão que poucos executivos haviam enfrentado. No início dos anos 90, a cidade de Nova York estava se tornando uma armadilha. O número de assassinatos quebrava todos os recordes de alta. Os casos de roubo, os ataques da Máfia, justiceiros e os assaltos à mão armada eram manchetes diárias na imprensa. Os nova-iorquinos viviam sitiados enquanto o orçamento de Bratton estava congelado. Com efeito, depois de três décadas de aumento da criminalidade na cidade de Nova York, muitos cientistas sociais haviam concluído que a delinquência se tornara imune à ação policial. O clamor dos cidadãos de Nova York era cada vez maior. Manchete de primeira página no *New York Post* clamava: "Dave, faça alguma coisa!" – apelo direto ao prefeito David Dinkins para que reduzisse já a criminalidade.[1] Com salários miseráveis, condições de trabalho perigosas, jornadas muito longas e pouca esperança de promoção funcional, o moral entre os 36 mil policiais do NYPD estava no fundo do poço – para não falar nos efeitos depressivos dos cortes orçamentários, dos equipamentos inoperantes e da corrupção desenfreada.

Em termos de negócios, o NYPD era uma organização desprovida de dinheiro com 36 mil empregados amarrados ao *status quo*, desmotivados e mal pagos; com grande base de clientes insatisfeitos – os cidadãos da cidade de Nova York; e com desempenho em rápida deterioração, conforme se verificava pelo aumento da criminalidade, pelo medo generalizado e pela desordem incontrolável. Os conflitos entre os silos organizacionais e a predominância dos interesses políticos completavam o quadro clínico da patologia organizacional. Em suma, liderar o NYPD na execução da mudança estratégica era um pesadelo gerencial que superava de longe a imaginação da maioria dos executivos. Os concorrentes – os criminosos – tornavam-se cada vez mais fortes e numerosos.

No entanto, em menos de dois anos e sem aumento de verbas, Bratton transformou Nova York na metrópole mais segura dos Estados Unidos. Ele rompeu as barreiras do oceano vermelho com uma estratégia policial do oceano azul que rompeu com o conceito de polícia nos Estados Unidos nos termos até então conhecidos. Entre 1994 e 1996, a organização ganhou, à medida que aumentavam os "lucros": a criminalidade em geral caiu 39%; os assassinatos, 50%; e os roubos, 35%. Os "clientes" ganharam: as pesquisas do Gallup mostravam que o índice de confiança do público na polícia da cidade de Nova York saltou de 37% para 73%. E os empregados ganharam: pesquisas internas revelaram que o nível de satisfação dos policiais nunca esteve tão alto. Como disse um patrulheiro: "Por aquele cara, iríamos ao inferno e voltaríamos." Talvez o mais importante é que as mudanças sobreviveram ao líder, sugerindo a ocorrência de transformações substanciais na cultura organizacional e na estratégia do NYPD. Mesmo depois da saída de Bratton, em 1996, os índices de criminalidade continuaram em queda.

Poucos líderes empresariais se deparam com barreiras organizacionais tão árduas quanto as enfrentadas por Bratton ao promover a ruptura com o *status quo*. E ainda menos executivos são capazes de orquestrar o tipo de salto no desempenho empreendido por Bratton em quaisquer condições organizacionais, muito menos em contexto tão adverso. Mesmo Jack Welch precisou de dez anos e dezenas de milhões de dólares gastos em reestruturação e treinamento para converter a GE em uma potência mundial.

Além disso, desafiando a sabedoria convencional, Bratton conseguiu esses resultados extraordinários em tempo recorde, com recursos escassos, ao mesmo tempo em que elevava o moral do pessoal, criando uma situação em que todas as partes sairiam ganhando. E essa também não foi a primeira virada estratégica de Bratton. Foi a quinta, embora cada uma delas envolvesse todas as quatro barreiras que, segundo alegam os executivos, limitam sua capacidade de implementar a estratégia do oceano azul: a barreira cognitiva, que cega os empregados para a necessidade imperiosa da mudança radical; a barreira dos recursos, que é endêmica nas empresas; a barreira motivacional, que desestimula e desmoraliza o pessoal; e a barreira política da resistência externa e interna à mudança (ver Figura 7.1).

FIGURA 7.1

As quatro barreiras organizacionais à execução da estratégia

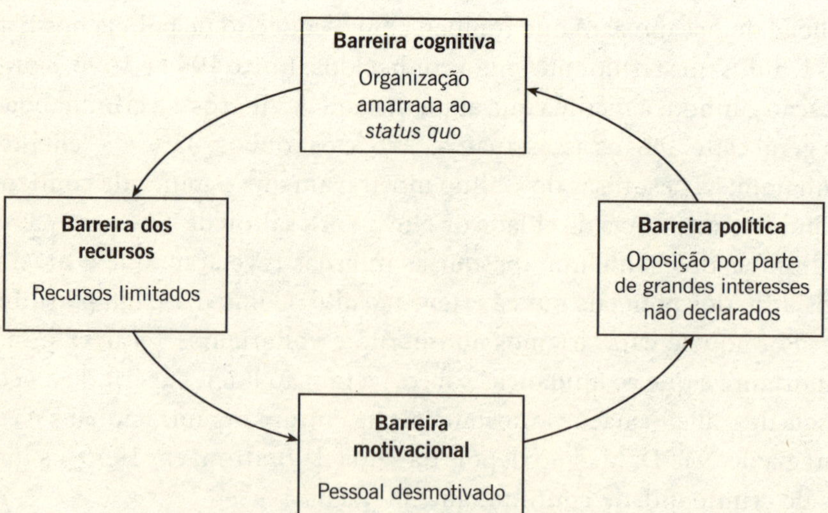

A alavanca decisiva:
Fatores influentes desproporcionais

A liderança no ponto de desequilíbrio tem raízes no campo da epidemiologia e na teoria dos pontos de desequilíbrio.[2] Baseia-se no insight de que em qualquer organização determinadas mudanças fundamentais ocorrem com rapidez quando as crenças e energias de certa massa crítica de pessoas cria um movimento epidêmico em direção a uma ideia. O ponto-chave para desencadear o movimento epidêmico é a concentração, não a difusão.

A liderança no ponto de desequilíbrio parte da realidade muito pouco explorada de que em todas as organizações algumas *pessoas*, *atos* e *atividades* exercem *influência desproporcional* sobre o desempenho. Em consequência, ao contrário da sabedoria convencional, a superação de grandes desafios não exige que se reúnam recursos igualmente maciços, de modo a alcançar melhorias de desempenho por meio de investimentos proporcionais à dificuldade do empreendimento. Em vez disso, o mais importante é conservar recursos e reduzir prazos, concentrando o foco na identificação e na exploração dos fatores de influência desproporcional na organização.

As principais perguntas a serem respondidas pelos líderes no ponto de desequilíbrio são as seguintes: Que fatores ou atos exercem influência positiva desproporcional na ruptura com o *status quo*? Na obtenção do máximo de resultados com o mínimo de recursos? Na motivação dos líderes de maior influência para promover a mudança com mais agressividade? E na derrubada das barreiras políticas que geralmente atravancam o avanço até das melhores estratégias? Ao focarem com obstinação os pontos de influência desproporcional, os líderes no ponto de desequilíbrio são capazes de demolir os quatro obstáculos que limitam a execução da estratégia do oceano azul. E é possível fazê-lo com rapidez e baixo custo.

Vejamos como se podem explorar os fatores que exercem influência desproporcional na derrubada das quatro barreiras à conversão do pensamento em ação, no processo de execução da estratégia do oceano azul.

Rompa a barreira cognitiva

Em muitas viradas e transformações organizacionais, a batalha mais difícil consiste simplesmente em conscientizar as pessoas quanto à necessidade da mudança estratégica e convencê-las de tal necessidade. A maioria dos CEOs tenta argumentar em favor da mudança apontando para os números e insistindo em que a empresa defina e alcance melhores resultados. "Só existem duas alternativas para o desempenho: alcançar as metas ou superá-las."

Mas, como todos sabemos, os números podem ser manipulados. A insistência em objetivos ousados estimula abusos no processo orçamentário. Isso, por sua vez, provoca hostilidade e suspeita entre as várias partes da organização. Adicionalmente, ainda que não sejam manipulados, os números podem ser ilusórios. Os vendedores que recebem comissões, por exemplo, raramente são sensíveis aos custos de suas vendas, concentrando-se apenas no volume ou receita.

Por fim, as mensagens transmitidas por meio de números raramente perduram na memória das pessoas. O argumento em favor da mudança parece abstrato e afastado da realidade dos gerentes-chave, exatamente os indivíduos a serem conquistados pelo CEO. Aqueles cujas unidades apresentam bom desempenho interpretarão que a crítica se destina a outros e o problema é a alta administração. Enquanto isso, os gerentes das unidades com mau desempenho interpretarão a mensagem como advertência, e quem está preocupado com a segurança do seu emprego tende a se voltar para o mercado de trabalho, em vez de se esforçar para resolver os problemas da empresa.

A liderança no ponto de equilíbrio não se baseia em números para romper as barreiras cognitivas da organização. A fim de desequilibrar e derrubar com rapidez o obstáculo cognitivo, os líderes no ponto de desequilíbrio, como Bratton, concentram o foco no ato da influência desproporcional: fazer com que as pessoas vejam e experimentem a dura realidade em primeira mão. As pesquisas em neurociências e em ciências cognitivas mostram que as pessoas registram e reagem com mais eficácia ao que veem e experimentam: "Ver para crer." No campo da experiência, os estímulos positivos reforçam o comportamento enquanto estímulos negativos mudam atitudes e comportamentos. Em termos simples, quando uma criança prova um sorvete com o dedo, quanto mais gostar do sabor, mais repetirá a dose. Não precisará de conselho dos pais para adotar o mesmo comportamento várias vezes seguidas. No sentido contrário, depois de queimar a mão numa chapa quente, a criança nunca mais cometerá o mesmo erro. Depois de uma experiência negativa, a criança muda por conta própria o comportamento que provocou o efeito adverso. Também aqui, os pais não precisam repreendê-la.[3] Por outro lado, as experiências que não envolvem tato, visão ou qualquer percepção de resultados como as decorrentes de uma folha cheia de números, não exercem impacto duradouro e são esquecidas com facilidade.[4]

A liderança no ponto de desequilíbrio explora essa ideia para inspirar mudanças de mentalidade rápidas, *que sejam impulsionadas internamente pelas próprias percepções pessoais*. Em vez de recorrer a números para desequilibrar e derrubar o obstáculo cognitivo, a liderança no ponto de desequilíbrio leva as pessoas a experimentar a necessidade da mudança de duas maneiras.

Viaje no "esgoto elétrico"

Para romper o *status quo*, os empregados devem encarar os principais problemas operacionais. Não permita que membros da alta administração, gerentes de nível médio ou gestores de qualquer nível especulem sobre a realidade. Se de um lado os números são questionáveis e enfadonhos, de outro lado defrontar-se cara a cara com o mau desempenho é traumatizante e inescapável, mas induz à ação. Essa experiência direta exerce influência desproporcional para desequilibrar e derrubar com rapidez o obstáculo cognitivo.

Veja o seguinte exemplo. Na década de 1990, o sistema de metrô de Nova York cheirava a medo, um odor tão intenso que ganhou o epíteto "esgoto elétrico". A receita caía com rapidez, à medida que os usuários boicotavam o meio de transporte. Mas os membros do Departamento de Polícia de Trânsito da cidade de Nova York se recusavam a admitir o problema. Por quê? Porque apenas 3% dos grandes crimes da cidade aconteciam no metrô. Assim, por mais que o público gritasse, seus gritos eram ignorados. Não se percebia a necessidade de repensar as estratégias policiais.

Bratton foi então nomeado chefe e em questão de semanas promoveu uma ruptura completa em relação ao *status quo* na mentalidade dos policiais da cidade. Como? Nem pela força, nem com base em argumentos numéricos, mas sim convencendo os escalões de nível médio e superior da organização – a começar por ele mesmo – a entrar no "esgoto elétrico" dia e noite. Antes de Bratton isso nunca tinha acontecido.

Embora as estatísticas possam ter convencido a polícia de que o metrô era seguro, o que eles viam agora era o que os nova-iorquinos enfrentavam todos os dias: um sistema de trens subterrâneos à beira da anarquia. Gangues de jovens assaltavam os vagões, usuários pulavam sobre as catracas e os passageiros enfrentavam pichadores, mendigos agressivos e bêbados deitados nos bancos. A polícia não mais podia esquivar-se da dura realidade. Ninguém podia negar que a ineficácia das estratégias policiais vigentes deixava clara a necessidade de ruptura em relação ao *status quo* – com urgência.

A iniciativa de mostrar a pior realidade também pode ocorrer no sentido oposto, ou seja, dos subordinados para os chefes, de modo a mudar com rapidez a mentalidade destes últimos. A mesma abordagem é eficaz como contribuição para sensibilizar rapidamente os superiores em relação às necessidades dos líderes. No entanto, poucos líderes exploram o poder desse estridente toque de despertar. Muito pelo contrário, agem da maneira oposta. Tentam conquistar apoio com base em argumentos numéricos que carecem de senso de urgência e de impulso emocional. Ou procuram apresentar os mesmos casos exemplares de excelência operacional para angariar suporte. Embora essas alternativas às vezes deem certo, nenhuma desequilibra e derruba as barreiras cognitivas dos superiores de maneira tão rápida e drástica quanto chocar com o pior.

Quando Bratton, por exemplo, gerenciava a divisão de polícia da Massachusetts Bay Transportation Authority (MBTA), o Conselho de Administração da entidade decidiu comprar pequenos carros de patrulha que envolviam menores custos de aquisição e operação, o que ia de encontro à nova estratégia de policiamento de Bratton. No entanto, em vez de combater a decisão ou defender aumentos de verbas – táticas que demorariam meses para serem analisadas e provavelmente acabariam sendo rejeitadas – Bratton convidou o gerente-geral da MBTA para uma visita de forma a conhecer o distrito.

Para que o gerente-geral sentisse o horror que seria perpetrado a qualquer momento, Bratton o apanhou num carro de patrulha pequeno, como os que estavam sendo encomendados. Puxou os bancos para a frente, de modo que o gerente-geral sentisse como seria difícil para um policial alto acomodar as pernas. Também fez questão de sair para o passeio com o cinto de policial, com as algemas e com o revólver para que o gerente percebesse como o carro era acanhado para acomodar as ferramentas do ofício. Além disso, não evitou nenhum buraco ao longo do trajeto, para deixar clara a instabilidade do veículo. Depois de duas horas, o gerente-geral estava ansioso para sair daquela arapuca. E disse a Bratton que não entendia como ele aguentava ficar tanto tempo num carro tão apertado, e ainda por cima com um criminoso encolhido no banco traseiro. E, assim, Bratton recebeu os veículos espaçosos e potentes, compatíveis com sua nova estratégia.

Encontre-se com clientes desgostosos

Para desequilibrar a barreira cognitiva, é necessário não só arrancar os gestores do conforto dos escritórios, para mostrar-lhes os horrores operacionais, mas também levá-los para ouvir sem intermediários os clientes desgostosos. Não confie em pesquisas de mercado. Com que frequência sua diretoria observa o mercado com os próprios olhos e se encontra com clientes insatisfeitos para ouvir as suas queixas? Você já parou para pensar por que as vendas não estão no nível da confiança que você tem em seu produto? Em termos simples, nada substitui o contato direto com os clientes insatisfeitos.

Em fins da década de 1970, a Área Distrital 4 da Polícia de Boston, onde se situavam o Symphony Hall, a Christian Science Mother Church e outras instituições culturais, estava sendo assolada por violenta onda de criminalidade. O público se sentia cada vez mais amedrontado; os moradores vendiam suas casas e iam embora, empurrando a região para uma espiral de decadência. No entanto, embora os cidadãos estivessem abandonando a área em grandes grupos, a força policial sob a direção de Bratton ainda estava convencida de que vinha fazendo um bom trabalho. Os indicadores de desempenho tradicionais, que serviam de base para a comparação com outros departamentos de polícia, atingiam altas sem precedentes. Os tempos de resposta aos telefonemas de emergência nunca estiveram tão baixos e prisões por crimes graves nunca foram tão frequentes. Para resolver o paradoxo, Bratton providenciou uma série de reuniões coletivas de seus oficiais com os líderes comunitários.

Não demorou muito para que o hiato nas percepções emergisse com clareza. Embora os policiais se orgulhassem de seus recordes em rapidez de atendimento e solução de grandes delitos, esses esforços não eram notados nem valorizados pelos cidadãos; poucos se sentiam ameaçados por crimes graves. O que os afligia e incomodava eram os pequenos delitos, que no conjunto eram exasperadores: bêbados, pedintes, prostitutas e pichadores.

As reuniões coletivas resultaram em completa reformulação das prioridades policiais, deslocando o foco para estratégia do oceano azul das "janelas quebradas".[5] A criminalidade despencou e as comunidades de novo se sentiram seguras.

Quando você pretende despertar a organização para a necessidade de mudança estratégica e para a urgência da ruptura com o *status quo*, você apresenta argumentos numéricos? Ou leva os gerentes, empregados, superiores e você mesmo para ver com os próprios olhos os piores problemas operacionais? Você também chama os gestores para ver o mercado e para conversar com os clientes desgostosos? Ou você terceiriza os próprios olhos e despacha questionários de pesquisa de mercado?

Pule a barreira dos recursos

Depois que os membros da organização aceitam a necessidade de mudança estratégica e concordam mais ou menos com os contornos da nova estratégia, a maioria dos líderes se defronta com a dura realidade da falta de recursos. Será que há dinheiro suficiente para as reformas necessárias? A essa altura, quase todos os CEOs reformistas adotam uma das seguintes alternativas: restringem suas ambições e desmotivam a força de trabalho, voltando à estaca zero, ou lutam por mais recursos dos acionistas e banqueiros, processo às vezes demorado, que dispersa o foco em relação aos problemas básicos. Isso não significa dizer que essa abordagem não seja necessária ou compensadora, mas o processo de aquisição de mais recursos é em geral demorado e com muitas implicações políticas.

Como conseguir que a organização execute a mudança estratégica com menos recursos? Em vez de se concentrar na obtenção, os líderes no ponto de desequilíbrio concentram-se na multiplicação do valor dos recursos disponíveis. Quando se trata de recursos escassos, os executivos podem explorar três fatores que exercem por um lado influência desproporcional na liberação de recursos e por outro lado multiplicam o valor destes recursos. São eles: pontos quentes, pontos frios e barganha.

Pontos quentes são atividades que consomem poucos recursos, mas apresentam alto potencial de ganhos de desempenho. Em contraste, *pontos frios* são atividades que consomem muitos recursos, mas exercem pouco impacto sobre o desempenho. Em todas as organizações, os pontos quentes e os pontos frios são abundantes. *Barganha* consiste em trocar o excesso de recursos de uma unidade numa área pelo excesso de recursos de outra unidade noutra área, de modo a preencher carências nos demais recursos. Ao aprender a usar os recursos existentes da maneira certa, as empresas geralmente concluem que podem desequilibrar e derrubar de vez a barreira dos recursos.

Suas ações consomem seus principais recursos, mas provocam pouco impacto sobre o desempenho? No sentido oposto, que atividades exercem maior efeito sobre o desempenho, mas consomem poucos recursos? Quando formulam as perguntas dessa maneira, as organizações logo desenvolvem novas ideias sobre como liberar recursos de baixo retorno e redirecioná-los para áreas de alto impacto. Dessa maneira, buscam-se e alcançam-se ao mesmo tempo redução de custos e aumento de valor.

Redistribua recursos para os pontos quentes

Na Polícia de Trânsito de Nova York, os antecessores de Bratton argumentavam que, para aumentar a segurança dos trens do metrô, precisariam escalar um policial para cada linha de trem e patrulhar todas as entradas e saídas. Melhorar os resultados (reduzir a criminalidade) demandaria aumento dos custos (policiais) em múltiplos que não eram possíveis em face das limitações orçamentárias. A lógica básica era que as melhorias de desempenho só eram possíveis mediante aumentos proporcionais no consumo de recursos – a mesma lógica intrínseca que orienta a visão da maioria das empresas quanto aos ganhos de performance.

Bratton, no entanto, promoveu as maiores reduções de todos os tempos na criminalidade, no medo e na desordem imperantes no metrô não com o aumento da quantidade de policiais, mas com o direcionamento dos policiais existentes para os pontos quentes. Suas análises revelaram que, embora o sistema do metrô fosse um labirinto de linhas, entradas e saídas, a grande maioria dos crimes ocorria em apenas umas poucas estações e poucas linhas. Ele também descobriu que essas áreas careciam de atenção policial, embora exercessem impacto desproporcional sobre os níveis de criminalidade, enquanto linhas e estações que raramente apareciam nos relatórios policiais contassem com o mesmo aparato policial. A solução consistiu em completo remanejamento dos policiais para os pontos quentes do metrô, de modo a deter a delinquência. E assim a criminalidade despencou, embora a força policial se mantivesse constante.

Do mesmo modo, antes da chegada de Bratton no NYPD, a unidade de narcóticos funcionava no horário de nove às cinco, apenas em dias de semana, e absorvia menos de 5% dos recursos humanos totais. Em busca de pontos quentes de recursos, Jack Maple, vice-comissário de estratégia criminal, numa de suas primeiras reuniões com os chefes do NYPD, pediu a todos os presentes que estimassem a porcentagem da criminalidade total representada por crimes atribuíveis ao uso de narcóticos. A maioria disse 50%; alguns, 70%; a menor estimativa foi 30%. Dessa maneira, conforme observou Maple, era difícil defender que a unidade de narcóticos, composta de menos de 5% da força do NYPD, tivesse tão pouca gente. Além disso, constatou-se que o esquadrão de narcóticos trabalhava de segunda a sexta-feira, embora boa parte das drogas se vendesse nos fins de semana, quando quase sempre ocorriam os crimes relacionados com drogas. Por quê? Porque sempre fora assim; esse era o *modus operandi* inquestionável.

Quando se expuseram esses fatos e se identificaram os pontos quentes, logo se aceitaram os argumentos de Bratton em favor de grande redistribuição de recursos dentro do NYPD. Assim, Bratton realocou pessoal e recursos para os pontos quentes, conseguindo queda drástica na criminalidade associada a drogas.

Como ele conseguiu recursos para essa proeza? Analisando ao mesmo tempo os pontos frios da organização.

Redirecione os recursos oriundos dos pontos frios

Os líderes devem liberar recursos, buscando pontos frios. Mais uma vez no metrô, Bratton descobriu que um dos maiores pontos frios era o julgamento dos criminosos nos tribunais. Em média, gastavam-se 16 horas de um policial para escoltar os delinquentes durante os julgamentos, mesmo no caso de delitos secundários. Nesse intervalo, os policiais não patrulhavam o metrô nem agregavam valor.

Bratton mudou tudo isso. Em vez de levar os criminosos aos tribunais, ele trouxe "delegacias itinerantes" (*bust buses*) até os criminosos – ônibus antigos transformados em pequenos postos policiais, que ficavam estacionados junto das estações do metrô. Agora, em vez de levar o suspeito até uma vara criminal do outro lado da cidade, o policial precisava apenas escoltá-lo até o nível da rua, onde se encontrava o ônibus. Dessa maneira, reduziu-se de 16 horas para apenas uma hora o tempo necessário para a autuação, liberando mais policiais para patrulhar o metrô e prender delinquentes.

Procure barganhar

Além da redistribuição interna dos recursos já controlados pela unidade, os líderes no ponto de desequilíbrio barganham com habilidade os recursos de que não necessitam por outros recursos que são importantes para os seus objetivos. Veja novamente a situação de Bratton. Os chefes de organizações do setor público sabem que o tamanho de suas verbas orçamentárias e o número de pessoas sob seu controle geralmente são objetos de debates calorosos, pois, como se sabe, seus recursos são notoriamente limitados. Em consequência, esses gestores geralmente relutam em anunciar excesso de recursos, muito menos liberá-los para uso por outras partes da organização, pois assim correriam o risco de perder o controle sobre tais recursos. Assim, com o passar do tempo, muitas dessas organizações acumulam alguns recursos desnecessários, ainda que careçam de outros recursos.

Ao assumir como chefe da Polícia de Trânsito de Nova York, em 1990, Dean Esserman, chefe do departamento jurídico e assessor de políticas e normas de Bratton, e hoje chefe de polícia de Providence, Rhode Island, desempenhou papel crítico nas barganhas. Esserman descobriu que a unidade de Trânsito, que carecia de espaço nos escritórios, dispunha de mais viaturas do que necessitava, ao passo que a Divisão de Condicionais de Nova York, por outro lado, tinha poucas viaturas, mas excesso de espaço de escritório. Esserman e Bratton propuseram a troca óbvia, que foi recebida de bom grado pelo pessoal de Condicionais. Por sua vez, o pessoal de Trânsito vibrou com o primeiro andar de um edifício em área nobre da cidade. O negócio reforçou a credibilidade de Bratton na organização, facilitando a aceitação e a implementação futura de mudanças mais profundas. Além disso, também melhorou sua imagem perante seus chefes políticos como pessoa capaz de resolver problemas.

A Figura 7.2 ilustra a extensão em que Bratton redistribuiu os recursos da Polícia de Trânsito para romper o oceano vermelho e executar sua estratégia do oceano azul. O eixo vertical mostra o nível relativo da alocação de recursos e o eixo horizontal apresenta os vários atributos em que se investiram recursos. Ao desenfatizar ou praticamente eliminar alguns atributos tradicionais do trabalho da Polícia de Trânsito e enfatizar ou criar outros simultaneamente, Bratton promoveu mudança drástica na alocação de recursos.

FIGURA 7.2

Matriz de avaliação de valor da Polícia de Trânsito: Como Bratton redistribuiu recursos

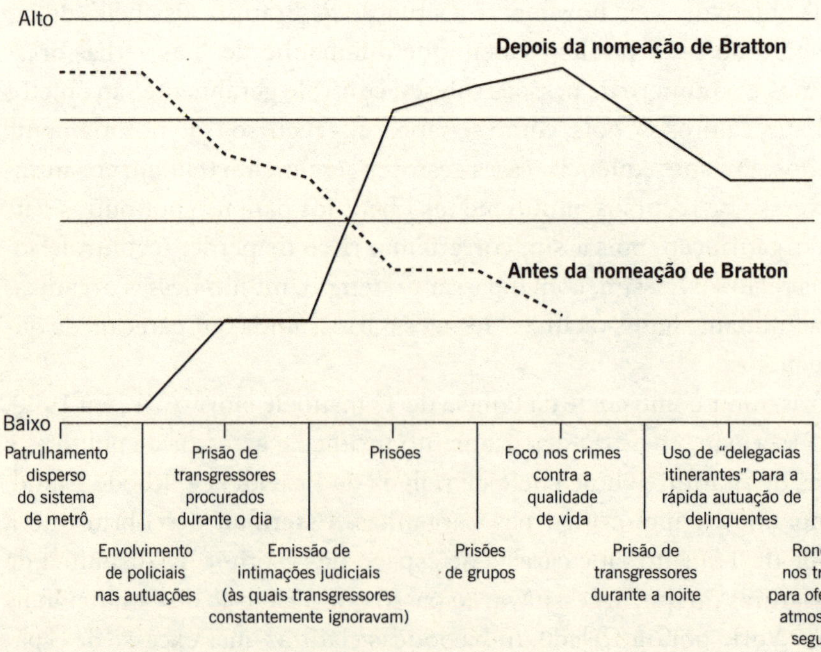

Enquanto as ações de eliminar e reduzir cortavam custos da organização, a elevação de certos elementos e a criação de outros exigiam mais investimentos. No entanto, como se vê na matriz de avaliação de valor, os investimentos totais de recursos se mantiveram mais ou menos constantes enquanto o valor para os cidadãos tornou-se muito maior. A eliminação da prática de patrulhamento disperso do sistema de metrô e sua substituição por uma estratégia de concentração em pontos quentes criou condições para que a Polícia de Trânsito combatesse a criminalidade nos trens e estações com mais eficiência e eficácia. A redução do envolvimento de policiais na autuação de delinquentes, ou pontos frios, e a criação de delegacias itinerantes aumentaram significativamente o valor da polícia, permitindo que os policiais concentrassem tempo e atenção no policiamento do metrô. O maior volume de investimentos no combate aos crimes contra a qualidade de vida em vez da prevenção de delitos mais graves, bem menos comuns, redistribuiu os recursos da polícia para o combate a transgressões que representavam perigo constante para a vida cotidiana dos cidadãos. Por meio dessas iniciativas, a Polícia de Trânsito de Nova York criou condições para melhoria substancial no desempenho dos seus policiais, que agora não mais precisavam preocupar-se com detalhes burocráticos, e focar-se em tarefas como em quais tipos de delitos se concentrar e onde combatê-los.

Você está alocando os recursos com base em velhos pressupostos ou procura concentrá-los nos pontos quentes? Onde estão os seus pontos quentes? Que atividades exercem forte impacto sobre o desempenho, mas estão carentes de recursos? Onde estão os seus pontos frios? Que atividades estão com excesso de recursos, mas exercem pouco impacto sobre o desempenho? Você tem um bom barganhista e algo para oferecer?

Salte a barreira motivacional

Para alcançar o ponto de desequilíbrio da organização e executar a estratégia do oceano azul, é preciso alertar os empregados para a necessidade da mudança estratégica e descobrir como executá-la com recursos limitados. Para que a nova estratégia se converta em ação, as pessoas devem não só saber o que precisa ser feito, mas também agir com base nessas ideias, de maneira duradoura e eficaz.

Como motivar os funcionários, com rapidez e baixo custo? Quando querem romper o *status quo* e transformar suas organizações, os líderes de negócios em sua maioria divulgam visões estratégicas grandiosas e empreendem iniciativas aparatosas de mobilização maciça de cima para baixo. Partem do pressuposto de que, para desencadear reações intensas, precisam deflagrar ações igualmente maciças. Mas esse é um processo geralmente problemático, dispendioso e demorado, em face da ampla variedade de necessidades motivacionais em quase todas as grandes empresas. E as visões estratégicas mirabolantes quase sempre inspiram mais discursos pomposos do que ações objetivas. Seria mais fácil manobrar um porta-aviões dentro de uma banheira.

Ou será que existe alguma alternativa? Em vez de disseminar o esforço de mudança da maneira mais ampla possível, os líderes no ponto de desequilíbrio seguem o rumo oposto e buscam a mais densa concentração possível. Para tanto, focam três fatores de influência desproporcional sobre a motivação dos empregados, que chamamos de pino mestre, gestão de aquário e atomização.

Foco nos pinos mestres

Para que a mudança estratégica realmente exerça impacto vigoroso, os funcionários de todos os níveis devem movimentar-se em massa. No entanto, a fim de desencadear um movimento epidêmico de energia positiva, não se deve diluir o esforço, para não espalhar por área muito ampla uma camada muito fina. Em vez disso, o esforço deve mirar os *pinos mestres*, ou seja, os principais influenciadores da organização. São os membros que atuam como líderes naturais, que são respeitados e convincentes ou que têm a capacidade de abrir ou bloquear acessos aos recursos-chave. Como no boliche, quando se acerta neles em cheio, também se alcança o efeito almejado com todos os demais. Dessa maneira, poupa-se a organização do trabalho da persuasão individual e no final todos são convencidos e alteram seus comportamentos. Além disso, como na maioria das organizações os grandes influenciadores são relativamente poucos e tendem a compartilhar problemas e preocupações comuns, é relativamente fácil para o CEO identificar e motivar esses pinos indivíduos.

No NYPD, por exemplo, Bratton se focou nos 76 chefes de delegacias policiais, como seu principais influenciadores e pinos mestres. Por quê? Cada um desses delegados controlava diretamente 200 a 400 policiais. Portanto, a conquista desses 76 pinos mestres exerceria o efeito multiplicador natural de atingir e motivar os 36 mil policiais a abraçar a nova estratégia de policiamento.

Exponha os pinos mestres num aquário

A essência da motivação duradoura e expressiva dos pinos mestres consiste em sempre ressaltar a atuação deles posicionando-os sob os refletores, de modo a garantir-lhes o máximo de visibilidade. É o que chamamos de gestão de *aquário*, segundo a qual as ações e omissões dos pinos mestres tornam-se tão transparentes para os observadores quanto peixes num aquário. Ao colocar os pinos mestres num aquário, aumenta-se enormemente o risco para os omissos. O foco é colocado nos retardatários, assim como no palco brilham os agentes de mudança mais eficazes. Para que funcione, a gestão de aquário deve basear-se na transparência, na inclusão e no processo justo.

No NYPD, o aquário de Bratton eram as reuniões quinzenais de avaliação da estratégia, conhecidas como Compstat, que juntavam os principais oficiais da polícia da cidade para analisar o desempenho de todos os 76 comandantes de delegacias policiais, sob o aspecto de execução da estratégia. A presença era obrigatória para todos os comandantes de delegacias. Além disso, os chefes de três estrelas, os subcomissários e os chefes de distritos também deviam participar das reuniões. O próprio Bratton comparecia sempre que possível. Durante as exposições de cada comandante de delegacia e ao longo das subsequentes sessões de perguntas e respostas sobre os aumentos e reduções da criminalidade em suas respectivas áreas, com a participação ativa de pares e superiores, sob os critérios das novas diretrizes estratégicas da organização, projetavam-se grandes mapas e gráficos gerados por computador, ilustrando visualmente e de forma clara o desempenho do comandante na execução da nova estratégia. O comandante devia explicar os mapas, mostrando como ele e seus oficiais lidavam com os assuntos e analisando as causas dos avanços e retrocessos nos níveis de desempenho. Essas reuniões abrangentes produziam resultados instantâneos e definiam as atribuições de todos com clareza e transparência.

Como resultado, desenvolveu-se em poucas semanas vigorosa cultura de desempenho – não em meses e muito menos em anos – pois nenhum pino mestre queria sentir-se embaraçado na frente dos demais e todos faziam questão de brilhar diante dos colegas e chefes. No aquário, os delegados incompetentes não mais tinham condições de encobrir seus fracassos, atribuindo os maus resultados de sua delegacia às deficiências de outras delegacias, pois os respectivos comandantes também estavam presentes para contestar as acusações. Com efeito, a capa do material distribuído aos participantes das reuniões mostrava a fotografia do comandante de delegacia em pauta, deixando claro que ele era responsável e deveria prestar contas por todos os resultados da unidade.

Ao mesmo tempo, o aquário representava uma oportunidade para que os grandes realizadores fossem objeto de reconhecimento pelos resultados de suas próprias delegacias e provessem apoio aos demais. Além disso, as reuniões também criavam condições para que os líderes comparassem suas experiências. Antes da chegada de Bratton, os comandantes de delegacias raramente se reuniam como grupo. Com o passar do tempo, esse estilo de gestão de aquário se disseminou nos escalões mais baixos da organização à medida que os delegados experimentavam suas próprias versões das reuniões de Bratton. Com os holofotes iluminando intensamente o desempenho de cada um, os comandantes de delegacia estavam fortemente motivados para alinhar todos os seus oficiais em marcha coesa e uníssona rumo à execução da estratégia.

Entretanto, para que tudo isso dê certo, também é fundamental que ao mesmo tempo a organização converta o *modus operandi* em processo justo. Para nós, *processo justo* significa o envolvimento de todas as pessoas afetadas no processo da mudança, explicando-lhes os critérios das decisões e os motivos pelos quais serão promovidos ou relegados no futuro, além de definir expectativas claras sobre o que isso significa para o desempenho dos empregados. Nas reuniões de avaliação da estratégia de combate ao crime da NYPD, ninguém podia alegar que as regras do jogo não eram justas. Todos os pinos mestres estavam no aquário. Havia uma clara transparência na avaliação de cada um dos comandantes e como isso teria impacto sobre as respectivas carreiras. Além disso, em todas as reuniões definia-se com nitidez o que se esperava do desempenho de cada um.

Dessa maneira, o processo justo deixa claro para todos que o campo de jogo está nivelado e que os líderes valorizam as qualidades emocionais e intelectuais dos funcionários, não obstante todas as mudanças que possam ser necessárias. Essas certezas atenuam os sentimentos de desconfiança e dúvida que quase sempre afligem o pessoal quando as organizações tentam empreender grandes mudanças estratégicas. A sustentação promovida pelo processo justo combinada com a ênfase da gestão de aquário no desempenho objetivo impulsiona e ampara as pessoas ao longo da jornada, demonstrando o respeito emocional e intelectual dos gestores pelos funcionários. (Para uma análise mais completa do processo justo e de suas implicações motivacionais, ver Capítulo 8.)

Atomizar para que a organização promova sua própria mudança

O último fator de influência desproporcional é a atomização. *Atomização* é o enquadramento do desafio estratégico – uma das tarefas mais sutis e sensíveis do líder no ponto de desequilíbrio. Se as pessoas não acreditarem que o desafio estratégico é superável, a execução da mudança torna-se improvável. À primeira vista, o objetivo de Bratton na cidade de Nova York era tão ambicioso que se tornava quase inacreditável. Quem acreditaria que alguém seria capaz de converter essa enorme cidade, que se transformara no lugar mais perigoso do mundo, no mais seguro? Quem estaria disposto a investir tempo e energia na realização de um sonho impossível?

Para tornar o desafio superável, Bratton o dividiu em "átomos" que poderiam ser enfrentados por indivíduos nos diferentes níveis organizacionais. Em suas próprias palavras, o desafio com que se defrontava o NYPD era "tornar as ruas de Nova York mais seguras, em cada quarteirão, em cada distrito e em cada região administrativa". Assim definido, o objetivo era abrangente, mas viável. Para o policial nas ruas, o desafio consistia em tornar a sua área mais segura – só isso. Para os delegados, o desafio era aumentar a segurança em seu distrito – só isso. Os responsáveis pelas regiões administrativas também tinham um propósito – tornar a sua jurisdição mais segura – só isso. Ninguém podia dizer que sua missão era impossível. Nem alegar que realizá-la estava fora de seu alcance – "Está além da minha capacidade". Assim, a responsabilidade pela execução da estratégia do oceano azul de Bratton foi transferida dele para cada um dos 36 mil policiais do NYPD.

Será que você tenta motivar as massas de maneira indistinta? Ou você foca os principais influenciadores, os seus pinos mestres? Será que você acende os refletores e gerencia os pinos mestres como se estivessem num aquário, com base num processo justo? Ou você apenas exige alto desempenho e cruza os dedos, até a divulgação dos próximos números do trimestre? Será que você divulga visões estratégicas grandiosas? Ou você atomiza o desafio para torná-lo superável em todos os níveis?

Derrube a barreira política

A juventude e a habilidade sempre vencerão a experiência e as artimanhas. Verdadeiro ou falso? Falso. Até os melhores e mais brilhantes a toda hora são comidos vivos pela política, pela intriga e pelo conluio. A política organizacional é realidade inevitável nas empresas e na vida pública. Mesmo que uma organização tenha atingido o ponto de desequilíbrio da execução, poderosos interesses velados resistirão ao esforço de mudança. (Veja também nossa análise sobre as barreiras à adoção no Capítulo 6.) Quanto mais provável se torna a mudança, mais ferozes e ruidosos ficarão aqueles que resistem – sejam internos ou externos à organização – na luta pela proteção de suas posições, podendo essa resistência danificar seriamente e até mesmo descarrilar o processo de execução da estratégia.

Para superar essas forças políticas os líderes no ponto de desequilíbrio se concentram em três fatores de influência desproporcional: alavancar os anjos, silenciar os demônios e infiltrar uma eminência parda na alta administração. *Anjos* são os que mais têm a ganhar com a mudança estratégica. *Demônios* são os que mais têm a perder com a mudança estratégica. *Eminência parda* é um conselheiro político e ao mesmo tempo um *insider* altamente respeitado, que conhece a localização de todas as armadilhas, as pessoas que o atacarão e aquelas que o defenderão.

Infiltre uma eminência parda na sua alta administração

A maioria dos líderes se concentra no desenvolvimento de uma equipe gerencial dotada de fortes habilidades funcionais, como marketing, operações e finanças – e isso é importante. Os líderes no ponto de desequilíbrio, contudo, também cuidam de uma função que poucos executivos levam em conta: a eminência parda. Para tanto, Bratton sempre fez questão de contar com um *insider* de alto nível e muito respeitado na equipe executiva sênior, que conhecesse como a palma de sua mão o terreno minado da nova estratégia de policiamento. No NYPD, nomeou John Timoney (hoje, comissário de polícia de Miami) seu número dois. Timoney era um policial de policiais, respeitado e temido por sua dedicação ao NYPD e pelas mais de 60 condecorações e medalhas de mérito que recebera ao longo de sua carreira. Seus 20 anos de ascensão na hierarquia lhe ensinaram não só a identificar os protagonistas, mas também a conhecer o estilo de cada um no jogo político. Uma de suas primeiras tarefas foi preparar um relatório para Bratton sobre as atitudes prováveis do pessoal de alto nível do NYPD em relação à nova estratégia de policiamento, identificando os que a combateriam de peito aberto e os que a sabotariam por baixo do pano. Daí resultou mudança drástica na guarda.

Alavanque os anjos e silencie os demônios

Para derrubar as barreiras políticas, você deveria se fazer dois conjuntos de perguntas:

- Quem são os meus demônios? Quem me combaterá? Quem perderá mais com a futura estratégia do oceano azul?
- Quem são os meus anjos? Quem espontaneamente se aliará a mim? Quem ganhará mais com a mudança da estratégia?

Não lute sozinho. Conquiste as vozes mais poderosas e amplas para lutar ao seu lado. Identifique seus detratores e defensores – esqueça os indiferentes – e lute para produzir resultados favoráveis para ambos. O importante é movimentar-se com rapidez. Isole seus detratores, formando uma coalizão mais ampla com os anjos, antes do início da batalha. Dessa maneira, você dissuadirá os detratores, antes que tenham qualquer oportunidade de iniciar os combates e ganhar força.

Uma das ameaças mais sérias à nova estratégia de policiamento de Bratton partiu dos tribunais da cidade de Nova York. Na crença de que o foco nos crimes contra a qualidade de vida sobrecarregaria o sistema com pequenos delitos, como prostituição e embriaguez, os magistrados se opuseram à mudança. Para vencer a oposição, Bratton expôs com clareza aos seus correligionários, como o prefeito, os procuradores distritais e os gestores de presídios, que o sistema judiciário realmente poderia lidar com os novos processos resultantes de crimes contra a qualidade de vida e que o foco no novo tipo de transgressão até contribuiria para a redução da carga de trabalho dos tribunais. O prefeito decidiu intervir.

Assim a coalizão de Bratton, liderada pelo prefeito, partiu para a ofensiva na imprensa, com uma mensagem clara e simples: se os tribunais não contribuírem com a sua parte, os índices de delinquência na cidade não diminuirão. A aliança de Bratton com o gabinete do prefeito e com os principais jornais isolou com sucesso os tribunais, que jamais admitiriam ser vistos como opositores ostensivos de uma iniciativa que não só melhoraria a qualidade de vida em Nova York, mas também acabaria reduzindo a quantidade de ações judiciais. Com o prefeito defendendo vigorosamente na imprensa a necessidade de combater os crimes contra a qualidade de vida e o jornal mais respeitado e mais liberal da cidade enaltecendo a nova estratégia de policiamento, o risco de combater Bratton era insuportável. Bratton venceu a batalha e os tribunais cederam. E também ganhou a guerra pois os índices de criminalidade realmente despencaram.

O segredo para derrotar os detratores ou demônios é prever com o máximo de exatidão todos os flancos de onde partirá a ofensiva inimiga e desenvolver contra-argumentos apoiados por fatos e razões irrefutáveis. Por exemplo, quando os comandantes de delegacias do NYPD receberam o primeiro pedido para compilar dados e mapas detalhados sobre a criminalidade, eles resistiram à ideia, argumentando que ela tomaria muito tempo. Antecipando-se à reação, Bratton já testara a operação para estimar o tempo necessário: não mais de 18 minutos por dia, o que representava, como disse aos comandantes, menos de 1% da carga de trabalho média. Armado com informações inquestionáveis, ele também logrou desequilibrar e derrubar o obstáculo político e vencer mais essa batalha, antes mesmo do primeiro tiro.

Você tem uma eminência parda – um *insider* altamente respeitado – na alta administração ou conta apenas com um diretor financeiro e com outras cabeças que chefiam áreas funcionais? Você sabe quem o combaterá e quem se aliará à nova estratégia? Você construiu coalizões com aliados naturais para cercar os dissidentes? Você pediu à eminência parda para desarmar as principais armadilhas de modo a poupar seu tempo e esforço na tentativa de mudar os que já estão com a cabeça feita?

Desafiando a sabedoria convencional

Como mostra a Figura 7.3, a teoria convencional da mudança organizacional se fundamenta na transformação em massa. Assim, os esforços de mudança se concentram em convencer a maioria, exigindo recursos vultosos e longos horizontes temporais – luxos inaceitáveis para a maioria dos executivos. A liderança no ponto de desequilíbrio, em contraste, toma o rumo oposto. Para mudar em massa, concentra-se na conversão dos extremos: as pessoas, ações e atividades que exercem influência desproporcional sobre o desequilíbrio. Ao transformar os extremos, os líderes no ponto de desequilíbrio conseguem mudar o núcleo com rapidez e baixo custo para executar a nova estratégia.

FIGURA 7.3

Sabedoria convencional *versus* liderança no ponto de desequilíbrio

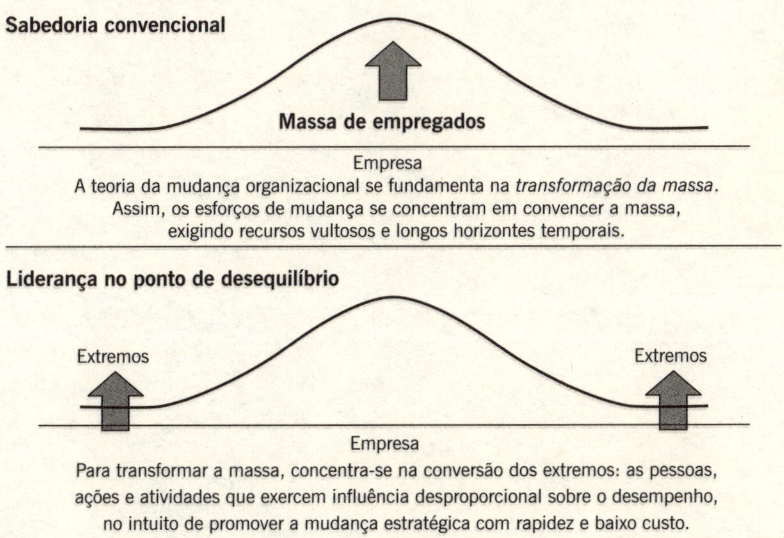

Nunca é fácil empreender a mudança estratégica e executá-la com rapidez e recursos limitados é ainda mais difícil. No entanto, nossas pesquisas sugerem que a proeza é possível por meio da liderança no ponto de desequilíbrio. Ao enfrentar de maneira consciente as barreiras à execução da estratégia e ao concentrar-se nos fatores que exercem influência desproporcional sobre os resultados, você também conseguirá desequilibrá-los e derrubá-los para realizar a mudança estratégica. Não siga a sabedoria convencional, nem todos os desafios estratégicos demandam ação proporcional. Foque os atos que provocam impacto desproporcional. Esse é um componente fundamental da liderança na execução das estratégias do oceano azul, pois alinha as ações dos empregados com a nova estratégia.

O próximo capítulo detalha um nível ainda mais profundo. Trata do desafio de alinhar as mentes e os corações das pessoas com a nova estratégia ao desenvolver uma cultura de confiança, de comprometimento e de cooperação voluntária na sua execução, assim como de apoio ao líder. A superação desse desafio determina a diferença entre a execução forçada, e a execução voluntária, movida por pessoas dotadas de livre-arbítrio.

CAPÍTULO 8

Embuta a execução na estratégia

A EMPRESA NÃO É SÓ ALTA ADMINISTRAÇÃO e gerência intermediária. Seus resultados dependem do desempenho de todos, do topo às linhas de frente. E ela se destaca dos concorrentes por sua capacidade de execução somente quando todos os membros da organização estão alinhados com a estratégia e sempre dispostos a apoiá-la em todas as circunstâncias. A superação dos obstáculos organizacionais à estratégia é importante passo para esse fim, pois elimina os entraves que podem paralisar até a melhor das estratégias.

Mas, no final, a empresa precisa recorrer à base mais primordial de qualquer iniciativa: as atitudes e os comportamentos das pessoas, como parte integrante dos valores da organização. Deve-se promover uma cultura de confiança e comprometimento, que motive as pessoas a executar a estratégia combinada, não se limitando à observância da regra, mas se impregnando de seu próprio espírito. O coração e a mente das pessoas precisam alinhar-se com a nova estratégia, de modo que, como indivíduos, a abracem de maneira espontânea, dispostos a ir além da execução compulsória e cooperando voluntariamente para a sua realização.

Quando se trata de estratégia do oceano azul, o desafio é ainda maior. A turbulência se intensifica quando as pessoas são forçadas a sair de suas zonas de conforto e a mudar seu próprio estilo de trabalho. E ficam pensando: Qual é a verdadeira razão para essa mudança? Será que a alta administração está sendo honesta quando fala em promover o crescimento futuro, mudando a direção estratégica? Ou estão tentando nos tornar desnecessários e dispensar nosso trabalho?

Quanto mais afastadas estiverem do topo e quanto menos houverem participado do desenvolvimento da estratégia, mais as pessoas sentirão a turbulência. Nas linhas de frente, exatamente no nível em que a estratégia deve ser executada, as pessoas não raro se ressentem das pressões para a execução da estratégia, sem perceberem qualquer consideração por seus sentimentos e opiniões. Extamente quando você pensa que fez tudo certo, as coisas podem, repentinamente, estar indo muito mal na sua linha de frente.

Isso nos leva ao sexto princípio da estratégia do oceano azul: para desenvolver a confiança e o comprometimento das pessoas que atuam nas entranhas da organização e inspirar a cooperação voluntária de todos, as empresas precisam introduzir a execução na própria elaboração da estratégia desde o início. Esse princípio cria condições para que minimizem o risco gerencial da desconfiança, da falta de cooperação e até de sabotagem. Esse risco gerencial é relevante para a execução da estratégia tanto em oceanos vermelhos quanto em oceanos azuis, mas é maior nestes últimos, pois sua execução quase sempre requer mudanças significativas. Portanto, a minimização do risco gerencial é ainda mais importante na execução de estratégias do oceano azul. Para tanto, as empresas devem ir além das recompensas usuais, do tipo "cenoura e chicote". É fundamental que adotem o processo justo na elaboração e na execução da estratégia.

Nossas pesquisas mostram que o processo justo é fator crítico que distingue as estratégias do oceano azul bem-sucedidas daquelas que não deram certo. A presença ou ausência do processo justo pode construir ou destruir as melhores iniciativas de execução da estratégia.

Maus processos podem arruinar a execução da estratégia

Veja a experiência de um líder global no fornecimento de líquidos refrigerantes à base de água para empresas metalúrgicas. Vamos chamar essa organização de Lubber. Em face da diversidade de métodos de fabricação na indústria metalúrgica, dispõe-se de várias centenas de espécies complexas de refrigerantes, tornando delicado o processo de escolha do tipo certo.

Antes da compra, os produtos devem ser testados nas máquinas de produção e a decisão geralmente depende de uma lógica difusa, na qual as variáveis não são absolutamente falsas ou verdadeiras, mas se situam entre mais provável ou menos provável em vez de certo ou errado. Essa situação acarreta custos com a paralisação das máquinas e com a realização de testes, extremamente onerosos para os clientes e para a Lubber.

A fim de oferecer aos clientes um salto em valor, a Lubber concebeu uma estratégia para eliminar a complexidade e os custos da fase de testes. Usando inteligência artificial, desenvolveu um sistema especializado que reduziu os índices de fracasso na seleção de refrigerantes a menos de 10%, em comparação com a média setorial de 50%. O sistema também diminuiu o tempo de paralisação das máquinas, facilitou o gerenciamento dos refrigerantes e melhorou a qualidade geral dos produtos dos clientes. Para a Lubber, o processo de vendas tornou-se muito mais simples, dando aos vendedores mais tempo para conquistar novas vendas e diminuindo o custo por venda.

No entanto, essa iniciativa estratégica de inovação de valor, vantajosa para todas as partes, estava condenada ao fracasso desde o início. Não que a estratégia fosse ruim ou que o sistema especialista fosse ineficaz; muito pelo contrário, os resultados foram excepcionalmente bons. A estratégia jamais daria certo porque a força de vendas a combateu.

Por não ter participado do processo de elaboração da estratégia nem ter sido esclarecida sobre as razões da mudança estratégica, os representantes de vendas encararam o sistema sob um enfoque que a equipe do projeto e a equipe gerencial nunca haviam imaginado. Para eles, era uma ameaça direta ao que viam como a sua contribuição mais valiosa – participar da fase de experimentação para determinar o refrigerante mais adequado na longa lista de soluções possíveis. Todos os benefícios maravilhosos – desvencilhar-se da parte mais árdua de seu trabalho, ter mais tempo para realizar mais vendas e angariar mais contratos pelo novo fator de diferenciação no setor – não foram considerados.

Com a força de vendas sentindo-se ameaçada e em geral trabalhando contra o sistema, ao comentar com os clientes suas dúvidas sobre a eficácia da inovação, as vendas não decolaram. Amaldiçoando a própria arrogância e aprendendo da maneira mais difícil a importância de lidar com o risco gerencial desde o início, a gerência foi forçada a retirar o sistema especialista do mercado e trabalhar na reconstrução da confiança entre seus representantes de vendas.

O poder do processo justo

E, então, o que é processo justo? E como ele cria condições para que as empresas introduzam a execução na estratégia? As questões de equidade e justiça têm preocupado escritores e filósofos desde tempos imemoriais. Mas a origem teórica direta do processo justo remonta a dois cientistas sociais: John W. Thibaut e Laurens Walker. Em meados da década de 1970, eles combinaram seu interesse pela psicologia da justiça com o estudo do processo, criando o termo *justiça procedimental*.[1] Focando a atenção no contexto legal, procuraram compreender o que leva as pessoas a confiar no sistema legal de modo a cumprirem as leis sem coerção. Seus estudos e pesquisas mostraram que as pessoas se importam tanto com a justiça do processo quanto com seu próprio desfecho. A satisfação das pessoas com o desfecho e seu comprometimento com ele aumenta quando se exerce a justiça procedimental.[2]

FIGURA 8.1

Como o processo justo afeta as atitudes e os comportamentos

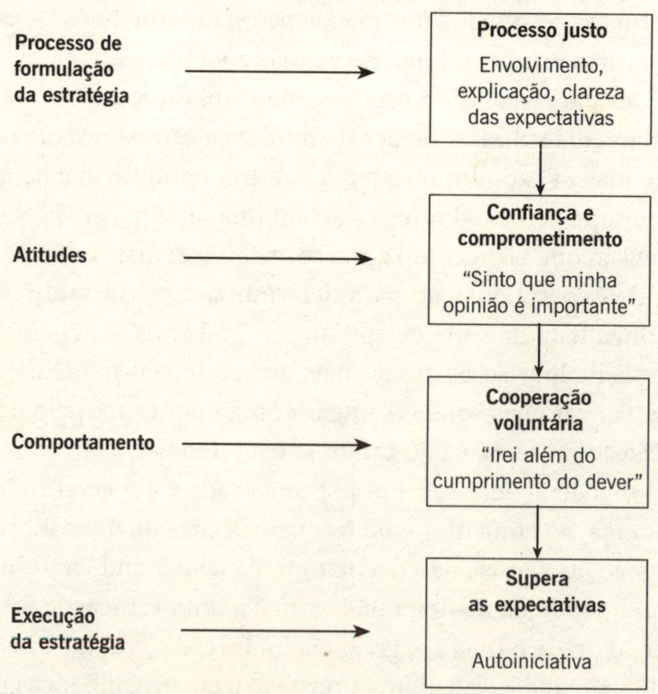

Processo justo é o nosso equivalente em gestão para a teoria da justiça procedimental. Como no contexto legal, o processo justo considera a execução na própria elaboração da estratégia, ou seja, incute nas pessoas desde o início a disposição para comprar a mudança. Quando se aplica o processo justo em situações de elaboração da estratégia, os participantes confiam no nivelamento do campo de jogo. Essa confiança os leva a cooperar voluntariamente na execução das decisões estratégicas.

Cooperação voluntária é mais do que execução mecânica, quando se faz apenas o mínimo imprescindível para salvar as aparências. Significa ir além do cumprimento do dever, criando-se uma situação em que os indivíduos despendem energia e tomam iniciativas, dando o melhor de si – até sacrificando seus interesses pessoais – para garantir a execução da estratégia.[3] A Figura 8.1 apresenta o fluxo causal que observamos entre processo justo, atitudes e comportamento.

Os três "Es" do processo justo

Três princípios se reforçam reciprocamente e definem o processo justo: Envolvimento, Explicação e clareza de Expectativas. Não importa que as pessoas sejam executivos seniores ou simples operadores, todas buscam esses elementos. Nós os denominamos *os três "Es" do processo justo.*

Envolvimento significa engajar os indivíduos nas decisões estratégicas que os afetam, pedindo sua contribuição e permitindo o questionamento recíproco das ideias e pressupostos uns dos outros. O envolvimento transmite o respeito da gerência pelos indivíduos e por suas ideias. O estímulo à contestação aguça o raciocínio de todos e desenvolve a sabedoria coletiva. O envolvimento resulta em melhores decisões estratégicas pela gerência e em maior comprometimento de todos os atores na execução da estratégia.

Explicação significa que todos os participantes e interessados nas decisões estratégicas devem compreender suas razões e critérios. A explicação do raciocínio justifica as decisões e aumenta a confiança das pessoas em que os gerentes consideraram suas opiniões e foram imparciais na busca dos interesses gerais da empresa. Esses esclarecimentos criam condições para que os empregados confiem nas intenções dos gerentes, mesmo que suas próprias ideias tenham sido rejeitadas. Tudo isso também gera poderoso feedback que promove o aprendizado.

A *clareza das expectativas* exige que depois da elaboração da estratégia os gerentes definam com clareza as novas regras do jogo. Ainda que as expectativas sejam desafiadoras, os empregados devem saber desde o início com base em que padrões serão avaliados e quais serão as consequências do fracasso. Quais são os objetivos da nova estratégia? Quais são as novas metas e marcos? Quem é responsável pelo quê? Para adotar o processo justo, os objetivos, expectativas e atribuições são menos importantes do que a clareza com que são compreendidos por todos. Quando as pessoas entendem com nitidez o que se espera delas, minimizam-se a politicagem e o favoritismo, criando condições para a execução rápida da estratégia.

Em conjunto, esses três critérios como um todo resultam em julgamentos baseados em processo justo. Isso é importante, porque qualquer subconjunto dos três não produz os mesmos efeitos.

Um conto de duas fábricas

Como funcionam os três Es do processo justo para influenciar a execução da estratégia bem no âmago da organização? Veja a experiência de um fabricante de sistemas de elevador que chamaremos de Elco. Em fins da década de 1980, caíram as vendas na indústria de elevadores. O excesso de espaço para escritórios deixou algumas cidades americanas com taxas de desocupação de até 20%.

Com a queda da demanda doméstica, a Elco resolveu oferecer aos compradores um salto em valor, ao mesmo tempo em que baixava seus custos, para estimular nova demanda e desvencilhar-se da concorrência. No esforço para criar e executar a estratégia do oceano azul, a empresa percebeu que precisava substituir o sistema de lotes de produção pela abordagem de células de produção, que permitiria a formação de equipes autogerenciadas, a fim de alcançar desempenho superior. A equipe gerencial estava de acordo e pronta para a ação. Para executar esse fator-chave da estratégia, a equipe adotou o que parecia ser a maneira mais rápida e inteligente de avançar.

Primeiro implementaria o novo sistema na fábrica de Chester e depois o transferiria para a fábrica de High Park. A lógica era simples. A fábrica de Chester mantinha relacionamento exemplar com os empregados, tanto que a maioria saiu do sindicato. A gerência estava certa de que poderia contar com a cooperação deles para executar a mudança estratégica nos processos de fabricação. Nas palavras da empresa, "era a força de trabalho ideal". Em seguida, a Elco implementaria o processo na fábrica de High Park, onde se esperava que um sindicato forte resistisse a essa ou a qualquer outra mudança. A gerência acreditava ter alcançado certo impulso natural em Chester, que, esperava, exerceria efeitos positivos em High Park.

A teoria era boa. Na prática, contudo, as coisas tomaram um rumo inesperado. A implementação do novo processo de fabricação na fábrica de Chester logo desencadeou uma reação de revolta e rebelião. Em poucos meses, os índices de desempenho em custo e qualidade estavam em queda livre. Os empregados já falavam em trazer de volta o sindicato. Tendo perdido o controle da situação, o gerente da fábrica, em estado de desespero, pediu ajuda ao psicólogo industrial da empresa.

Em contraste, a fábrica de High Park, apesar de sua reputação de resistência, aceitara a mudança estratégica no processo de fabricação. Todos os dias, o gerente de High Park aguardava o colapso anunciado, mas a hora fatídica nunca chegou. Mesmo quando as pessoas não gostavam das decisões, sentiam que tinham sido tratadas de maneira justa e participavam com disposição da execução rápida do novo processo de fabricação, componente básico da nova estratégia da empresa.

Um exame mais cuidadoso da maneira como se empreendeu a mudança estratégica nas duas fábricas revela as razões da aparente anomalia. Na fábrica de Chester, os gerentes transgrediram os três princípios básicos do processo justo. Primeiro, não envolveram os empregados nas decisões estratégicas que os afetavam diretamente. Carecendo de conhecimentos especializados em células de produção, a Elco contratou uma empresa de consultoria para desenvolver o plano básico da conversão. Os consultores receberam a orientação de trabalhar rápido e de atrapalhar o mínimo possível os empregados, de modo que a implementação fosse rápida e indolor. E seguiram as instruções. Um dia, quando os empregados da Chester chegaram ao trabalho, descobriram estranhos na fábrica, que não só se vestiam de maneira diferente – ternos escuros, camisas brancas e gravata – mas também falavam em voz baixa uns com os outros. Para não perturbar a produção, não interagiam com os empregados. Em vez disso, ficavam na retaguarda, observando o trabalho, fazendo anotações e desenhando diagramas. Logo espalhou-se o rumor de que, tão logo os empregados iam para casa no fim da tarde, aquelas pessoas estranhas percorriam a fábrica como enxames, bisbilhotavam as estações de trabalho e travavam discussões calorosas.

Durante esse período, o gerente da fábrica tornava-se cada vez mais ausente. Passava mais tempo no escritório central da Elco, em reuniões com os consultores – programadas de propósito fora da fábrica para não atrapalhar os empregados. Mas esse afastamento produziu o efeito oposto. À medida que as pessoas ficavam mais ansiosas, indagando por que o capitão abandonara o navio, os rumores se espalhavam e ganhavam força. Todos se convenceram de que a função dos consultores era enxugar a fábrica, inclusive com a demissão de pessoal. E não tinham dúvida de que estavam prestes a perder o emprego. O fato de o gerente da fábrica estar sempre ausente, sem explicações – evidentemente, os estava evitando – só poderia significar, segundo imaginavam, que a administração estava tentando "passar a perna na gente". A confiança e o comprometimento na fábrica de Chester se deterioraram com rapidez.

Logo circulavam pela fábrica recortes de jornais sobre outras fábricas que haviam sido fechadas com a ajuda de consultores. Os empregados se consideravam vítimas iminentes da intenção oculta da gerência de enxugar a fábrica e de dispensar boa parte do pessoal. Na verdade, a administração da Elco não pretendia fechar a fábrica. Queria apenas reduzir os desperdícios, liberando as pessoas para produzir elevadores de melhor qualidade, com mais rapidez e a custos mais baixos, para superar a concorrência. Mas os empregados da fábrica não sabiam disso.

Os gerentes de Chester também não explicaram por que estavam tomando aquelas decisões estratégicas e o que elas significavam para as carreiras do pessoal e para os métodos de trabalho. A administração divulgou o plano básico de mudança numa sessão de 30 minutos com os empregados. O público ouviu que os métodos tradicionais de trabalho seriam substituídos por algo chamado "células de produção". Ninguém explicou a necessidade daquela mudança estratégica, como a empresa precisava libertar-se da concorrência para estimular nova demanda e por que a mudança no processo de fabricação era elemento fundamental da nova estratégia. Os empregados ficaram em silêncio, perplexos, sem compreender as razões da mudança. Os gerentes interpretaram erroneamente aquela atitude como sinal de aceitação, se esquecendo de como fora difícil para eles, durante os últimos meses, sentir-se à vontade com a ideia de adotar o novo método de produção para executar a estratégia.

Com o plano básico na mão, a gerência rapidamente começou a mudar o layout da fábrica. Quando os empregados perguntavam qual era o objetivo daquela nova arrumação, a resposta sempre era "ganhos de eficiência". Os gerentes não tinham tempo para explicar por que era necessário aumentar a eficiência e não queriam assustar o pessoal. No entanto, sem compreenderem o que estava acontecendo, alguns empregados começaram a se sentir doentes quando chegavam à fábrica.

Os gerentes também não tiveram o cuidado de esclarecer o que se esperava dos empregados no novo processo de fabricação. Apenas informaram os empregados de que não mais seriam avaliados pelo desempenho individual, mas, sim, em função do desempenho da célula. Também disseram que os empregados mais rápidos e mais experientes teriam de compensar as deficiências dos colegas mais lentos e menos experientes. Mas não explicaram os detalhes. Como funcionariam e se integrariam as novas células de produção? Ninguém se deteve em explicar com clareza.

As transgressões aos princípios do processo justo solaparam a confiança dos empregados na mudança estratégica e na administração. Com efeito, o novo projeto das células de produção ofereceria enormes vantagens para o pessoal – por exemplo, facilitando a programação de férias e dando-lhes oportunidades para ampliar suas habilidades e envolver-se com maior variedade de trabalho. No entanto, os empregados só viam os efeitos negativos. E começaram a descarregar medo e raiva uns nos outros. A toda hora estouravam brigas no chão da fábrica, quando alguém se recusava a ajudar um colega visto como "preguiçoso que não consegue terminar o próprio trabalho" ou interpretava as ofertas de ajuda como intromissão, com respostas do tipo: "Esse é o meu trabalho. Fica na sua."

A força de trabalho exemplar de Chester estava caindo aos pedaços. Pela primeira vez na carreira do gerente da fábrica, os empregados se recusaram a atender a um pedido da gerência, recusando tarefas, "mesmo que vocês me demitam". Sentiram que não mais podiam confiar no até então popular gerente da fábrica, e começaram a passar por cima dele, levando suas queixas diretamente ao chefe dele, no escritório central. Na ausência de um processo justo, os empregados da fábrica de Chester rejeitaram a transformação e se recusaram a desempenhar o seu papel na execução da nova estratégia.

Em contraste, a gerência da fábrica de High Park observou os três princípios do processo justo, ao introduzir a mudança estratégica. Quando os consultores chegaram, o gerente da fábrica apresentou-os a todos os empregados. A gerência envolveu os empregados, promovendo uma série de reuniões em todo o âmbito da fábrica, nas quais os executivos da matriz analisaram abertamente as condições declinantes do negócio e a necessidade de a empresa mudar a direção estratégica para se desvencilhar da concorrência e ao mesmo tempo gerar mais valor a custos menores. Explicaram que haviam visitado fábricas de outras empresas e que tinham verificado *in loco* o aumento de produtividade resultante da adoção do método das células de produção. E esclareceram como tal mudança poderia ser um determinante básico da capacidade da empresa de executar a nova estratégia. E ainda anunciaram uma nova política, destinada a oferecer maior garantia de emprego e atenuar o receio justificável dos empregados de que a empresa viesse a promover reduções no efetivo de pessoal. À medida que se descartavam os velhos indicadores de desempenho, os gerentes trabalhavam com os empregados para desenvolver os substitutos e para definir as novas atribuições das equipes de cada célula. Os empregados receberam explicações objetivas e claras sobre os novos objetivos e expectativas da empresa.

Ao praticar em paralelo os três princípios do processo justo, a gerência conquistou a compreensão e o apoio dos empregados de High Park, que se referiam com admiração ao gerente da fábrica, ao se solidarizarem com as dificuldades que os gestores da Elco estavam enfrentando para executar a nova estratégia e empreender a mudança da fábrica para as células de produção. E concluíram que tais iniciativas eram necessárias, compensadoras e positivas.

Os gerentes da Elco ainda encaram essa experiência como uma das mais dolorosas de suas carreiras. Aprenderam que o pessoal ligado à operação se importa tanto com o processo justo quanto os executivos de alto nível. Quando transgridem o processo justo na elaboração e implementação de estratégias os gerentes podem transformar os melhores empregados nos mais ferrenhos detratores, disseminando desconfiança e resistência em relação à própria estratégia para cuja execução dependem deles. Mas quando praticam o processo justo, os piores empregados podem converter-se nos melhores colaboradores, capazes de empreender até as mais difíceis mudanças estratégicas, por meio do comprometimento voluntário e da construção da confiança.

Qual é a importância do processo justo?

Por que o processo justo é importante na formação das atitudes e do comportamento das pessoas? Especificamente, por que a observância ou a transgressão do processo justo tem o poder de impulsionar ou paralisar a execução da estratégia? Tudo se resume em reconhecimento intelectual e emocional.

Emocionalmente, as pessoas precisam de reconhecimento do seu valor, não como "mão de obra", "pessoal" ou "recursos humanos", mas como seres humanos a serem tratados com todo o respeito e dignidade e a serem valorizados por seus méritos individuais, independentemente do nível hierárquico. Intelectualmente, os indivíduos buscam reconhecimento de suas ideias, no sentido de que peçam suas opiniões e sugestões e reflitam sobre elas, demonstrando consideração por sua inteligência e pedindo que exponham seus pensamentos. Expressões citadas com frequência em nossas entrevistas, do tipo "isso se aplica a todo mundo que conheço" ou "todas as pessoas querem sentir", além de referências constantes a "pessoas" e "seres humanos" reforçam o ponto de que os gerentes devem perceber o valor quase universal do reconhecimento intelectual e emocional implícito no processo justo.

Teoria do reconhecimento intelectual e emocional

A adoção do processo justo na elaboração da estratégia tem fortes vínculos com o reconhecimento emocional e intelectual. Demonstra por meio de atos a premência e a relevância de confiar nas pessoas e de tratá-las com desvelo, assim como a confiança profundamente arraigada em seus conhecimentos, talentos e habilidades.

Quando se consideram reconhecidas por seu valor intelectual, as pessoas se dispõem a compartilhar seus conhecimentos; com efeito, elas se sentem motivadas a impressionar e a confirmar as expectativas em relação à sua capacidade mental, tomando a iniciativa de propor soluções e de trocar opiniões. Do mesmo modo, quando se levam em conta suas emoções, as pessoas desenvolvem ligações sentimentais com a estratégia e se dispõem a dar o máximo de si mesmas. Na verdade, no estudo clássico de Frederick Herzberg sobre motivação, constatou-se que o reconhecimento inspirava forte motivação intrínseca, dando força às pessoas para irem além do cumprimento do dever e levando-as a praticar a cooperação voluntária.[4] Assim, na medida em que os julgamentos formulados ao longo do processo justo demonstram reconhecimento intelectual e emocional, as pessoas aplicarão melhor seus conhecimentos e habilidades, assim como se empenharão de maneira espontânea em cooperar para o sucesso da organização na execução da estratégia.

No entanto, o reverso da medalha exige igual ou ainda mais atenção: a não observância do processo justo e, com ela, o não reconhecimento do valor intelectual e emocional dos indivíduos. O padrão mental e comportamental observado pode ser resumido nos seguintes termos: quando não são tratadas de maneira que demonstre que seus conhecimentos são valorizados, as pessoas são dominadas pela indignação intelectual e não compartilharão suas ideias e habilidades; ao contrário, ocultarão seus melhores raciocínios e insights criativos, impedindo o surgimento de novas perspectivas e abordagens. O que é pior, também rejeitarão o valor intelectual dos outros. É como se dissessem: "Você não valoriza minhas ideias. Logo, também não valorizo suas ideias nem confio nas suas decisões estratégicas, na verdade, nem quero saber delas."

Do mesmo modo, na medida em não se reconhece o seu valor emocional, as pessoas se sentem enraivecidas e não investem energia em suas ações; ao contrário, embromarão no trabalho e adotarão contramedidas, inclusive sabotagem, como no caso da fábrica de Chester, da Elco. Essa situação geralmente leva os empregados a forçar a retirada de estratégias que lhes foram impostas de maneira injusta, ainda que em si sejam boas – fundamentais para o sucesso da empresa e benéficas para os empregados e gerentes. Não confiando no processo de elaboração da estratégia, as pessoas também não confiam na estratégia resultante. Esse é o poder emocional do processo justo. A Figura 8.2 apresenta o padrão causal observado.

Processo justo e estratégia do oceano azul

Comprometimento, confiança e cooperação voluntária não são meras atitudes e comportamentos. São ativos intangíveis. Quando existe confiança entre as pessoas, elas se sentem mais seguras quanto às intenções e ações umas das outras. Quando estão comprometidas, mostram-se dispostas a sacrificar seus interesses próprios em favor dos interesses da empresa.

FIGURA 8.2

Consequências sobre a execução da estratégia da presença e ausência de processo justo na elaboração da estratégia

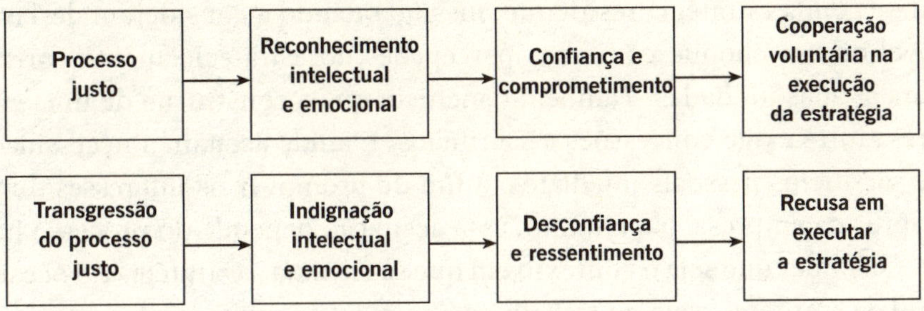

Quando se pergunta a qualquer empresa que desenvolveu e executou com sucesso uma estratégia do oceano azul, os gerentes não hesitarão em exaltar a importância dos ativos intangíveis para o seu sucesso. Do mesmo modo, os gerentes e empresas que não conseguiram executar estratégias do oceano azul observarão que a falta destes ativos contribuiu para o seu fracasso. Essas empresas não foram capazes de orquestrar as mudanças estratégicas, pois careciam da confiança e do comprometimento das pessoas. Comprometimento, confiança e cooperação voluntária criam condições para que as empresas se destaquem na qualidade, na velocidade e na consistência da execução da estratégia, de modo a implementar mudanças estratégicas com rapidez e a baixo custo.

A questão com que se debatem as empresas é como estabelecer confiança, comprometimento e cooperação voluntária bem no âmago da organização. Não se consegue esse resultado segregando formulação e execução da estratégia. Embora essa separação talvez seja a característica básica da prática da maioria das empresas, também é característica comum da implementação lenta e questionável e do acompanhamento mecânico da estratégia, na melhor das hipóteses. Evidentemente, os incentivos tradicionais de dinheiro e poder – respectivamente "cenoura e chicote" – são úteis. Mas não inspiram comportamentos humanos que vão além do interesse próprio movido a resultados. Nas situações em que os comportamentos positivos não são espontâneos, sobra muito espaço para embromação e sabotagem.

O exercício do processo justo contorna o dilema. Ao organizar a formulação da estratégia com base nos princípios do processo justo, pode-se consolidar a execução com a própria elaboração da estratégia desde o início. Quando se adota o processo justo as pessoas tendem a comprometer-se com a estratégia resultante, mesmo quando a consideram desfavorável ou em choque com suas percepções do estrategicamente correto para as suas unidades. Também concluem que a construção de uma empresa forte exige concessões e sacrifícios. E ainda aceitam a necessidade de sacrifícios pessoais imediatos, a fim de promover os interesses duradouros da empresa. No entanto, essa aceitação depende do processo justo. Qualquer que seja o contexto em que se executa a estratégia do oceano azul da empresa – seja no trabalho com um sócio numa joint-venture, na terceirização de componentes dos produtos, na reorientação da força de vendas, na reformulação dos processos de produção ou na transferência do call center da empresa, dos Estados Unidos para a Índia – consistentemente observamos essa dinâmica.

CAPÍTULO 9

Conclusão: Sustentabilidade e renovação da estratégia do oceano azul

A CRIAÇÃO DE ESTRATÉGIAS DO OCEANO AZUL não é uma realização estática, mas um processo dinâmico. Depois que a empresa desbrava um oceano azul e descobre as suas consequências em termos de desempenho poderoso, mais cedo ou mais tarde surgem imitadores no horizonte. A pergunta é: Quanto demorarão para aparecer? Em outros termos, qual é o grau de dificuldade para imitar a estratégia do oceano azul?

À medida que a empresa e seus primeiros imitadores alcançam o sucesso almejado e expandem a estratégia do oceano azul, mais empresas pularão a bordo. O que levanta uma questão correlata: Quando a empresa deve buscar outro oceano azul? Neste capítulo final, abordamos os temas de sustentabilidade e renovação da estratégia do oceano azul.

Barreiras à imitação

A estratégia do oceano azul em si já envolve consideráveis barreiras à imitação. Algumas delas são operacionais e outras, cognitivas. Em geral, as estratégias do oceano azul resistem dez ou 15 anos sem enfrentar grandes desafios, como foi o caso do Cirque du Soleil, da Southwest Airlines, da Federal Express, da The Home Depot, da Bloomberg e da CNN, para começar. Essa sustentabilidade pode ser atribuída às seguintes barreiras à imitação, inerentes à própria estratégia do oceano azul:

- A iniciativa de inovação de valor não faz sentido para a lógica estratégica convencional. Quando do lançamento da CNN, suas concorrentes, a NBC, a CBS e a ABC, ridicularizaram a ideia de uma emissora de notícias em tempo real, 24 horas por dia, sete dias por semana, sem grandes estrelas. E o ridículo não inspirou a imitação rápida.

- Conflitos com a imagem da marca evitam que as empresas imitem de pronto as estratégias do oceano azul. A adotada pela The Body Shop, por exemplo – que vedava modelos estonteantes, com promessas de beleza e juventude eternas, e embalagens dispendiosas – paralisou as grandes empresas de cosméticos de todo o mundo durante anos, pois a imitação seria um sinal de que seus atuais modelos de negócios já não eram válidos.

- Os monopólios naturais impedem a imitação, quando o tamanho do mercado não comporta mais um participante. Por exemplo, a Kinepolis, empresa de cinemas da Bélgica, construiu em Bruxelas o primeiro megaplex da Europa e não foi imitada durante mais de 15 anos, apesar de seu enorme sucesso. A razão é que o tamanho de Bruxelas não suportava um segundo megaplex, que infligiria perdas tanto à Kinepolis, quanto ao imitador.

- Patentes ou licenças bloqueiam a imitação.

- O alto volume de vendas gerado pela inovação de valor cria com rapidez vantagens de custo significativas, acarretando ao mesmo tempo desvantagens de custo consideráveis para os imitadores. As enormes economias de escala de que se beneficia o Wal-Mart em suas compras desencorajaram outras empresas a imitar sua estratégia do oceano azul.

- As externalidades de rede também impedem as empresas de imitar com facilidade e credibilidade as estratégias do oceano azul, a exemplo das que desfruta a eBay no mercado de leilões on-line. Em síntese, quanto maior for a quantidade de clientes on-line da eBay, mais atraente se tornará o site de leilões para vendedores e compradores, criando poucos incentivos para que se transfiram para um possível imitador.

- Como a imitação geralmente exige que as empresas empreendam mudanças substanciais em suas atuais práticas de negócios, a política logo entra em cena, retardando durante anos a decisão da empresa de reproduzir a estratégia do oceano azul. Quando a Southwest Airlines, por exemplo, criou um serviço que oferecia a velocidade da viagem de avião e o custo e flexibilidade da viagem de automóvel, a imitação dessa estratégia do oceano azul exigiria grandes reformulações nas rotas dos aviões, reciclagem do pessoal, mudança no marketing e na precificação, para não falar em cultura organizacional – mudanças expressivas que a política interna de poucas organizações é capaz de absorver em pouco tempo.

- Quando uma empresa oferece um salto em valor, ela rapidamente conquista vibração com a marca e angaria clientes leais no mercado. Mesmo as grandes verbas de propaganda de imitadores agressivos raramente têm o poder de superar a empolgação inicial, conquistada pelo inovador de valor. A Microsoft, por exemplo, há anos tenta desalojar a inovação de valor da Intuit, o Quicken. Mais de dez anos depois, apesar de todos os esforços e investimentos, ela ainda não realizou a proeza.

A Figura 9.1 apresenta uma relação dessas barreiras à imitação. Como se percebe, as barreiras são altas e essa é a razão por que raramente observamos imitações rápidas de uma estratégia do oceano azul. Além disso, a estratégia do oceano azul é uma abordagem sistêmica que exige não só o acerto de cada elemento da estratégia, mas também o alinhamento de todos eles num sistema integrado, de modo a gerar inovações de valor. A imitação de tais sistemas não é tarefa fácil.

FIGURA 9.1

Barreiras à imitação de estratégias do oceano azul

- A inovação de valor não faz sentido para a lógica convencional das empresas.
- A estratégia do oceano azul pode entrar em conflito com a imagem da marca da empresa.
- Monopólio natural: o mercado raramente comporta um segundo participante.
- Patentes ou licenças quase sempre bloqueiam a imitação.
- Grandes volumes geram rápidas vantagens de custo para o inovador de valor, desencorajando a entrada de seguidores no mercado.
- As externalidades de rede desestimulam as imitações.
- Em geral, a imitação também exige mudanças políticas, operacionais e culturais significativas.
- As empresas que inovam em valor promovem vibração com a marca e conquistam clientes leais, que tendem a rejeitar os imitadores.

Quando mais uma vez inovar em valor

No final, contudo, quase todas as estratégias do oceano azul serão imitadas. Enquanto os imitadores tentam abocanhar um pedaço do oceano azul, a empresa geralmente lança ofensivas para defender a base de clientes conquistada a duras penas. Mas os imitadores insistem. Obcecada pela ideia de preservar sua fatia de mercado, a empresa pode cair na armadilha da concorrência sangrenta, esforçando-se para vencer os novos concorrentes. Com o tempo, os concorrentes, não os clientes, podem vir a ocupar o centro do pensamento e da ação estratégica da empresa. Ao enveredar por esse rumo, a forma básica da curva de valor da empresa começará a se aproximar da curva dos concorrentes.

Para evitar a armadilha da concorrência, a empresa precisa monitorar as curvas de valor. O monitoramento das curvas de valor sinaliza quando inovar em valor e quando persistir na estratégia vigente, fazendo soar o alarme de que chegou a hora de desbravar novo oceano azul no momento em que a curva de valor começa a convergir com as dos concorrentes.

Ela também evita que se parta em busca de outro oceano azul quando ainda resta enorme fluxo de lucros a ser captado pelas atuais ofertas. Quando a curva de valor da empresa ainda tem foco, singularidade e mensagem consistente, deve-se resistir à tentação de mais uma vez inovar em valor, e sim concentrar-se na ampliação do fluxo de caixa por meio de melhorias operacionais e de expansão geográfica a fim de alcançar o máximo em economias de escala e em cobertura do mercado. No oceano azul, deve-se afastar tanto quanto possível da costa, mantendo-se o tempo todo em movimento e mudando-se a toda hora o rumo, de modo a jamais ser alvo fixo para os concorrentes e a manter distância dos primeiros imitadores, desencorajando-os de prosseguir no processo. O objetivo aqui é dominar o oceano azul em relação aos imitadores, durante tanto tempo quanto possível.

À medida que a rivalidade se intensifica e a oferta supera a demanda, inicia-se a competição sangrenta e as águas azuis ficam vermelhas. Quando as curvas de valor se tornam convergentes, é hora de começar a buscar outra inovação de valor para desbravar um novo oceano azul. Portanto, ao desenhar sua curva de valor e compará-la constantemente às curvas de valor dos concorrentes, consegue-se visualizar o grau de imitação e portanto a intensidade da convergência e em que extensão o oceano azul se tinge de vermelho.

A Body Shop, por exemplo, dominou seu oceano azul durante mais de uma década. No entanto, ela se encontra hoje em meio a um oceano vermelho sangrento, com o desempenho em queda. Ela não buscou outra inovação de valor quando as curvas de valor dos concorrentes convergiram com a sua. Ao contrário, o [yellow tail], por enquanto, está navegando nas águas azuis límpidas do novo espaço de mercado. Tornou a concorrência irrelevante e como resultado desfruta de forte crescimento lucrativo. No entanto, o teste da durabilidade do crescimento lucrativo da Casella Wines será sua capacidade de outra vez inovar em valor quando os imitadores competirem com agressividade e credibilidade por meio de curvas de valor convergentes.

Os seis princípios da estratégia do oceano azul propostos neste livro devem servir como instrumentos de navegação básicos para qualquer empresa que esteja pensando em sua estratégia para o futuro, caso pretenda liderar um mundo de negócios cada vez mais congestionado. Não se deve concluir daí que as empresas subitamente deverão parar de competir ou que a concorrência de uma hora para a outra chegará ao fim. Ao contrário, a competição será cada vez mais acirrada e continuará sendo fator crítico de sucesso na dura realidade do mercado. O que estamos sugerindo é que, para alcançar alto desempenho num mercado saturado, as empresas devem ir além da competição por uma fatia do mercado e partir para desbravar oceanos azuis.

No entanto, como os oceanos azuis e vermelhos sempre coexistiram, a realidade prática exige que as empresas naveguem com sucesso em ambas as águas e dominem as estratégias de atuação tanto num contexto como noutro. Mas como as empresas já sabem como competir nos oceanos vermelhos, o que precisam aprender é como tornar a competição irrelevante. O objetivo deste livro é ajudar a equilibrar os pratos da balança, de modo que a formulação e a execução de estratégias do oceano azul tornem-se tão sistemáticas e factíveis quanto a competição em oceanos vermelhos dos espaços de mercado conhecidos.

APÊNDICE A

Esboço do padrão histórico da criação de oceanos azuis

MESMO CORRENDO O RISCO DE EXCESSO de simplificação, apresentamos aqui uma breve visão geral de três indústrias americanas – automóveis, computadores e salas de cinema – sob a perspectiva de importantes ofertas de produtos e serviços que abriram novo espaço de mercado e geraram nova demanda em níveis expressivos. Essa análise não pretende ser nem abrangente no escopo nem exaustiva no conteúdo. Seu propósito é apenas identificar os elementos estratégicos comuns entre as principais ofertas de oceano azul. Escolhemos aqui esses setores da economia americana por representarem os livres mercados mais amplos e menos regulados durante o período de nosso estudo.

Embora a análise seja apenas um esboço do padrão histórico da criação de oceanos azuis, vários paradigmas se destacam na prospecção desses três setores representativos:

- Não existe setor sempre excelente. A atratividade de todos os setores aumentou e diminuiu ao longo do período de estudo.

- Não existem empresas sempre excelentes. A atratividade das empresas, como os setores, aumenta e diminui com o passar do tempo. Essas duas primeiras descobertas confirmam e acrescentam novas provas de que não há empresas e setores sempre excelentes.

- Determinante básico da trajetória ascendente de forte crescimento lucrativo de setores ou empresas foi o movimento estratégico de criação de oceanos azuis. A criação de um oceano azul é não só um catalisador do potencial de crescimento e de lucro. Mas também de queda das empresas quando a concorrência toma a iniciativa e estabelece um novo oceano azul.

- Tanto as empresas veteranas quanto as estreantes criam oceanos azuis, questionando o pressuposto de que novas entrantes dispõem de vantagens naturais em comparação com as tradicionais na criação de novo espaço de mercado. Além disso, os oceanos azuis desbravados pelas veteranas geralmente se situavam no âmbito de seus próprios negócios principais. Com efeito, a maioria dos oceanos azuis se desenvolve dentro das fronteiras dos oceanos vermelhos, ao invés de ir além dos seus limites. As alegações de canibalização ou de destruição criativa no caso de empresas tradicionais mostraram-se exageradas.[1] Os oceanos azuis proporcionaram crescimento lucrativo para todas as empresas que os desbravaram, sejam emergentes, sejam veteranas.

- A criação de oceanos azuis não se correlaciona com inovações tecnológicas em si. Por vezes, o cenário incluía tecnologias avançadas, mas em geral essa não era a característica marcante dos oceanos azuis. A afirmação se revelou verdadeira mesmo quando o setor analisado tinha sua base em tecnologia, como o de computadores. Em vez disso, a principal característica definidora dos oceanos azuis foi a inovação de valor – inovação relacionada com os atributos que representam valor para os compradores.

- A criação de oceanos azuis fez mais do que contribuir para o crescimento acelerado e lucrativo; esse movimento estratégico exerceu forte efeito positivo na fixação da marca nas mentes dos compradores.

Voltemo-nos agora para esses três setores representativos, de modo que a história da criação de oceanos azuis fale por si mesma. Comecemos com a indústria automobilística, forma de transporte fundamental no mundo desenvolvido.

Indústria automobilística

A indústria automobilística americana remonta a 1893, quando os irmãos Duryea lançaram o primeiro automóvel de um cilindro nos Estados Unidos. Na época, o cavalo e a carroça eram os principais meios de transporte no país. Pouco depois do advento do automóvel, surgiram centenas de fabricantes de veículos automotores que produziam carros sob encomenda.

Os automóveis eram então novidade de luxo. Um dos modelos até oferecia acessórios para permanente nos cabelos durante a viagem. Eram pouco confiáveis e caros, custando cerca de US$1.500, duas vezes a média da renda familiar anual. E eram tremendamente impopulares. Os ativistas contrários aos automóveis escavavam estradas, enrolavam carros estacionados com arame farpado e organizavam manifestações contra homens de negócios e políticos que dirigiam automóveis. O ressentimento público contra o carro era tão grande que até o presidente Woodrow Wilson interferiu, afirmando: "Nada difundiu mais o pensamento socialista do que o automóvel... que retrata a arrogância da riqueza."[2] A *Literary Digest* sugeriu: "Hoje, a 'carruagem sem cavalos' comum é um luxo para os ricos; e ainda que seu preço venha a cair no futuro, é evidente que ela jamais será tão popular quanto a bicicleta."[3]

Em síntese, o setor era pequeno e pouco atraente. Henry Ford, contudo, não acreditava que essa situação fosse imutável.

O Modelo T

Em 1908, quando os 500 fabricantes de automóveis dos Estados Unidos produziam carros sob encomenda, Henry Ford lançou o Modelo T. Ele o chamou de "carro para as grandes multidões, produzido com os melhores materiais". Embora fosse oferecido apenas em uma cor (preto) e um modelo, o veículo era confiável, durável e fácil de consertar. E seu preço o tornava acessível para a maioria dos americanos. Em 1908, o primeiro Modelo T custava US$850, metade do preço dos automóveis existentes.

Em 1909, o preço caiu para US$609 e, em 1924, já estava em US$290.[4] Em comparação, uma carruagem a cavalos, a alternativa mais próxima do automóvel custava cerca de US$400. Em 1909, um folheto de vendas proclamava: "Veja o Ford passar, qualidade de alto preço, em carro de baixo preço."

O sucesso da Ford era sustentado por um modelo de negócios lucrativo. Produzindo carros altamente padronizados, oferecendo poucas opções e reunindo componentes intercambiáveis, a linha de montagem revolucionária da empresa substituiu artesãos qualificados por trabalhadores não qualificados, que realizavam pequenas tarefas com mais rapidez e mais eficiência, o que possibilitou redução substancial no tempo de fabricação de um Modelo T, de 21 dias para 4 dias, sobretudo por meio do corte de 60% nas horas de mão de obra.[5] Com custos mais baixos, a Ford conseguia cobrar um preço acessível ao mercado de massa.

As vendas do Modelo T explodiram. A fatia de mercado da Ford disparou de 9%, em 1908, para 61%, em 1921. Já em 1923, a maioria das famílias americanas possuía um automóvel.[6] O Modelo T da Ford ampliou o tamanho da indústria automobilística, criando um enorme oceano azul. Tão grande era o oceano azul desbravado pela Ford que o Modelo T substituiu a carruagem puxada por cavalos como principal meio de transporte dos Estados Unidos.

General Motors

Em 1924, o carro já se tornara artigo essencial para as famílias, quando a renda média dos domicílios americanos já era maior. Naquele ano, a General Motors (GM) lançou uma linha de automóveis que criaria um novo oceano azul na indústria automobilística. Em contraste com a estratégia da Ford, caracterizada pela oferta de um modelo único de automóvel, altamente funcional mas sem opções para o cliente, nem mesmo quanto à cor, a GM lançou "um carro para todos os bolsos e propósitos" – estratégia concebida pelo chairman Alfred Sloan, no intuito de apelar para as dimensões emocionais do mercado de massa dos Estados Unidos, ou o que Sloan chamava de mercado "mass-class".[7]

Enquanto a Ford insistia na "carruagem sem cavalos" funcional, a GM tornou o carro divertido, excitante, confortável e elegante. As fábricas da GM produziam ampla variedade de modelos, com novas cores e estilos, atualizados todos os anos. O conceito de "modelo do ano" criou nova demanda, pois os compradores começaram a buscar melhores modelos em termos de moda e conforto. Como os carros eram substituídos com mais frequência, também se desenvolveu o mercado de carros usados.

A demanda pelos carros elegantes e cheios de emoção da GM disparou. De 1926 a 1950, a quantidade total de carros vendidos nos Estados Unidos saltou de dois milhões para sete milhões por ano, e a General Motors aumentou sua participação no mercado total de 20% para 50%, enquanto a da Ford caía de 50% para 20%.[8]

Mas o crescimento acelerado da indústria automobilística americana, desencadeado por esse novo oceano azul, não poderia durar para sempre. Seguindo o grande sucesso da GM, a Ford e a Chrysler pularam no novo oceano azul, e as Três Grandes perseguiram a estratégia comum de lançar novos modelos de carro a cada ano e de tocar na veia emocional dos consumidores, produzindo ampla variedade de modelos de veículos, para atender diversos estilos de vida e satisfazer diferentes necessidades. Em conjunto, conquistaram mais de 90% do mercado automobilístico americano.[9] E assim iniciou-se um período de acomodação.

Carros japoneses pequenos e eficientes

A indústria automobilística, contudo, não ficou parada. Na década de 1970, os japoneses criaram um novo oceano azul, desafiando a indústria automobilística americana com carros pequenos e eficientes. Em vez de seguir a lógica implícita da indústria – "quanto maior, melhor" – e se concentrar no luxo, os japoneses alteraram a lógica convencional, perseguindo qualidade implacável, dimensões reduzidas e novo conceito de utilidade em termos de alta eficiência no consumo de combustível.

Quando estourou a crise do petróleo, na década de 1970, os consumidores americanos dispararam para os automóveis eficientes e robustos, produzidos por empresas japonesas como Honda, Toyota e Nissan (na época chamada Datsun). Quase da noite para o dia, os japoneses converteram-se em heróis na mente dos consumidores. Seus automóveis compactos e eficientes criaram novo oceano azul de oportunidades e novamente a demanda disparou.

Com as Três Grandes concentradas no benchmarking e na competição uma com as outras, nenhuma tomou a iniciativa de produzir carros funcionais, compactos e eficientes, embora vissem o mercado potencial para esses veículos. Assim, em vez de criar um novo oceano azul, as Três Grandes foram arrastadas para mais uma rodada de benchmarking competitivo, só que dessa vez com os japoneses; começaram a investir na produção de veículos menores e mais eficientes.

No entanto, as Três Grandes ainda sofriam o impacto da queda nas vendas, com o prejuízo agregado, em 1980, chegando a US$4 bilhões.[10] A Chrysler, a menor entre as Três Grandes, sofreu o impacto mais violento, escapando por pouco da falência graças a uma operação de resgate pelo governo. Os fabricantes japoneses haviam sido tão eficientes na criação e exploração desse oceano azul que os produtores americanos tiveram dificuldade em reconquistar o mercado; sua competitividade e viabilidade a longo prazo eram objetos de sério questionamento entre os analistas de todo o mundo.

A minivan da Chrysler

Avancemos rapidamente para 1984. Uma Chrysler sitiada, à beira da falência, desenhou a minivan e desbravou um novo oceano azul na indústria automobilística. A minivan rompeu a fronteira entre o carro e a van, criando um tipo inteiramente novo de veículo. Menor do que a van tradicional, porém ainda mais espaçosa do que a caminhonete tradicional, a minivan era exatamente aquilo de que a família básica precisava para transportar todos os seus membros, mais as bicicletas, cachorros e outras necessidades. E a minivan era mais fácil de dirigir do que um pequeno caminhão ou uma van tradicional.

Construída sobre o chassis do Chrysler K, a minivan oferecia dirigibilidade equivalente à de um carro, muito mais espaço interior e ainda cabia na garagem da família. A Chrysler, contudo, não foi a primeira a trabalhar com esse conceito. A Ford e a GM haviam projetado a minivan há anos mas receavam que o novo conceito canibalizasse suas próprias caminhonetes. E assim deixaram que a Chrysler explorasse uma oportunidade de ouro. Logo no primeiro ano, a minivan tornou-se o veículo mais vendido da Chrysler, ajudando a empresa a reconquistar sua posição como uma das três grandes empresas automobilísticas. Em três anos, a Chrysler lucrou apenas US$1,5 bilhão só com a minivan.[11]

O sucesso da minivan desencadeou a onda dos veículos utilitários esportivos (SUV – *sports utility vehicle*) da década de 1990, que expandiu ainda mais o oceano azul desbravado pela Chrysler. Construído sobre chassis de pequenos caminhões, o SUV avançou na progressão de carro para utilitário. Concebido de início como veículo off-road e para o reboque de barcos, o SUV tornou-se tremendamente popular entre as famílias jovens, por sua maneabilidade de automóvel, pelo maior espaço para passageiros e carga em comparação com a minivan, pelo grande conforto interior, pelo aumento da funcionalidade e da capacidade de reboque decorrentes da tração nas quatro rodas e finalmente pela forte sensação de segurança e robustez. Em 1998, as vendas totais dos novos caminhões leves (minivans, SUVs e pickups) chegou a 7,5 milhões, quase alcançando a marca de 8,2 milhões de carros vendidos.[12]

Como mostra a história, a GM e a Chrysler eram atores tradicionais quando desbravaram oceanos azuis. Em grande parte, contudo, essas novas águas não foram descobertas sob o impulso de inovações tecnológicas. A tecnologia básica já estava disponível havia muito tempo. Até mesmo o conceito revolucionário de linha de montagem da Ford pode ser atribuído à indústria americana de processamento de carnes.[13] A atratividade da indústria automobilística pautava-se por um processo contínuo de altas e baixas, impulsionado principalmente por movimentos estratégicos de oceano azul. O mesmo se aplica às tendências de crescimento lucrativo no setor. O lucro e o crescimento das empresas vinculavam-se estreitamente com o sucesso ou o fracasso de suas tentativas de criar oceanos azuis.

Quase todas essas empresas são lembradas pelos oceanos azuis que conseguiram desbravar ao longo do tempo. A Ford, por exemplo, atravessou épocas difíceis, mas sua marca ainda se destaca sobretudo por causa do Modelo T com que revolucionou o mercado 100 anos atrás.

A indústria de computação

Voltemo-nos agora para a indústria de computação, que fornece componente essencial dos ambientes de trabalho em todo o planeta. Nos Estados Unidos, a indústria de computação remonta à década de 1890, quando Herman Hollerith inventou a máquina de processamento por cartões perfurados a fim de abreviar o processo de registro e análise de dados para o censo demográfico americano. A tabuladora de Hollerith concluiu o censo em prazo cinco anos menor do que o do censo anterior.

Pouco depois, Hollerith saiu do escritório do censo para constituir a Tabulating Machine Company (TMC), que vendia máquinas de processamento para órgãos públicos dos Estados Unidos e de outros países. Na época, ainda não havia mercado real para as máquinas de Hollerith nos meios empresariais, nos quais o processamento de dados era realizado com lápis e livros contábeis, fáceis de usar, baratos e exatos. Embora fosse muito rápida e exata, a processadora de Hollerith também era dispendiosa e complexa, exigindo manutenção contínua. Ao enfrentar novos concorrentes, depois do vencimento de suas patentes, e aborrecido com a decisão do governo americano de não mais usar suas máquinas em virtude de seu alto preço, Hollerith vendeu a empresa, que então se fundiu com duas outras para formar a CTR, em 1911.

A máquina processadora

Em 1914, o negócio da CTR ainda era pequeno e deficitário. Na tentativa de dar uma virada no negócio, a CTR recorreu a Thomas Watson, ex-executivo da National Cash Register Company, que logo se deu conta da enorme demanda inexplorada por processadoras no mundo dos negócios, como ferramenta para as atividades de controle de estoques e de escrituração contábil. No entanto, ele também percebeu que a nova tecnologia era demasiado cara e complexa para as empresas, quando seus lápis e livros contábeis funcionavam tão bem.

Por meio de um movimento estratégico que viria a representar o advento da indústria de computação, Watson combinou o poder da processadora com a facilidade e o baixo custo dos lápis e dos livros contábeis. Sob a direção de Watson, as máquinas da CTR foram simplificadas e modularizadas, ao mesmo tempo em que a empresa passou a oferecer manutenção no local, além de treinamento para o pessoal e orientação técnica para os usuários. Assim, os clientes conseguiriam velocidade e eficiência, sem necessidade de contratar especialistas para treinar os empregados ou técnicos no conserto das máquinas quando estas apresentassem defeitos.

Em seguida, Watson determinou que as máquinas seriam alugadas em vez de vendidas, inovação que ajudou a desenvolver novo modelo de precificação para o negócio. Além disso criou condições para que as empresas evitassem grandes despesas de capital, ao mesmo tempo em que lhes dava flexibilidade para renovar os equipamentos à medida que se desenvolviam novas máquinas. Por outro lado, garantiu para a CTR um fluxo de receita constante, ao mesmo tempo em que impedia a compra e venda de máquinas usadas entre os clientes.

Em seis anos, as receitas da empresa mais do que triplicaram.[14] Em meados da década de 1920, a CTR detinha 85% do mercado de processamento nos Estados Unidos. Em 1924, para refletir o forte desenvolvimento internacional da empresa, Watson mudou o nome da CTR para International Business Machines Corp. (IBM). O oceano azul fora liberado.

O computador eletrônico

Dê um salto de 30 anos rumo ao futuro, até 1952. A Remington Rand forneceu o UNIVAC, primeiro computador eletrônico comercial do mundo, ao escritório do censo dos Estados Unidos. No entanto, naquele ano, venderam-se apenas três UNIVACs, sinal de que ainda não se desbravara o oceano azul, o que só aconteceria quando Watson, da IBM – dessa vez o filho, Thomas Watson Jr. –, percebesse a demanda inexplorada no que parecia ser um mercado pequeno e pouco promissor, ao se dar conta do papel que os computadores eletrônicos poderiam desempenhar nos negócios, e impelisse a IBM a enfrentar o desafio.

Em 1953, a IBM lançou o IBM 650, primeiro computador de porte médio para uso em empresas. Reconhecendo que, como condição de uso de computadores eletrônicos, as empresas demandariam máquinas muito menos complicadas e se disporiam a pagar apenas pela capacidade de computação utilizada, a IBM concebeu o IBM 650 como alternativa muito mais simples e muito menos poderosa do que o UNIVAC, características que viabilizaram o preço de US$200 mil, em comparação com o de US$1 milhão do UNIVAC. Em consequência, em fins da década de 1950, a IBM conquistara 85% de participação no mercado de computadores eletrônicos. A receita quase triplicou entre 1952 e 1959, de US$412 milhões para US$1,16 bilhão.[15]

A expansão do oceano azul da IBM tornou-se muito mais acelerada em 1964, com o lançamento do System/360, a primeira grande família de computadores a usar software, equipamentos periféricos e pacotes de serviços intercambiáveis. Foi uma ruptura ousada com o mainframe monolítico de tamanho único. Mais tarde, em 1969, a IBM mudou a maneira de vender computadores. Em vez de oferecer hardware, serviços e software exclusivamente em pacotes, a empresa desagregou os componentes e passou a vender itens isolados. Esse desempacotamento deu origem aos setores multibilionários de software e serviços. Hoje, a IBM é a maior empresa de serviços de computação do mundo e continua sendo o maior fabricante de computadores do planeta.

O computador pessoal

A indústria de computação continuou evoluindo ao longo das décadas de 1960 e 1970. IBM, Digital Equipment Corporation (DEC), Sperry e outras empresas deste novo setor expandiram suas vendas por todo o mundo, além de melhorarem e ampliarem as linhas de produtos, acrescentando periféricos e serviços. No entanto, em 1978, quando os grandes fabricantes de computadores pretendiam continuar produzindo máquinas cada vez maiores e mais poderosas para o mercado empresarial, a Apple Computer, Inc., criou um espaço de mercado inteiramente novo com o seu computador doméstico Apple II.

Contudo, ao contrário do que alardeia a sabedoria convencional, o Apple não foi o primeiro computador pessoal do mercado. Dois anos antes, a Micro Instrumentation and Telemetry Systems (MITS) produziu o Altair 8800, cuja chegada ao mercado despertou grandes expectativas nos círculos de aficcionados por computadores como passatempo. A revista *Business Week* logo chamou a MITS de "IBM dos computadores domésticos".

No entanto, a MITS não criou um oceano azul. Por quê? Porque a máquina não tinha monitor; não tinha memória permanente, apenas 256 caracteres de memória temporária; não tinha software e não tinha teclado. Para introduzir dados, os usuários manipulavam interruptores na área dianteira da caixa e os resultados dos programas eram apresentados num padrão de luzes piscantes no painel frontal. Não se admira que ninguém tenha visto muito mercado para computadores domésticos de uso tão complexo. Os prognósticos eram tão negativos que, no mesmo ano, Ken Olsen, presidente da Digital Equipment, expressou sua opinião que se tornou famosa: "Não há razão para que alguém tenha um computador em casa."

Dois anos depois, o Apple II faria com que Olsen pagasse pela língua, desbravando um oceano azul de computação doméstica. Com base principalmente na tecnologia existente, o Apple II era uma peça única num gabinete de plástico, abrangendo o teclado, a fonte de energia e gráficos de fácil utilização. O Apple II vinha com software de jogos e programas de negócios, como o processador de textos Apple Writer e a planilha eletrônica VisiCalc, tornando o computador acessível para a massa de compradores.

A Apple mudou a maneira de pensar tradicional sobre computadores, que não mais eram vistos como geringonças para excêntricos, viciados em tecnologia, convertendo-se, como o Modelo T antes deles, em item básico dos lares americanos. Apenas dois anos depois do nascimento do Apple II, as vendas da empresa superaram a marca de 200 mil unidades por ano, e a Apple ingressou na lista da *Fortune 500* aos três anos de idade, feito sem precedentes.[16] Em 1980, cerca de duas dúzias de empresas venderam 724 mil computadores pessoais, gerando receita superior a US$1,8 bilhão.[17] No ano seguinte, 24 outras empresas entraram no mercado e as vendas dobraram para 1,4 milhão de unidades, com receita de quase US$3 bilhões.[18]

Como cavalo que empaca, a IBM demorou dois anos para estudar o mercado e a tecnologia e planejar o lançamento de seu computador doméstico. Em 1982, a IBM expandiu drasticamente o oceano azul da computação doméstica, oferecendo uma arquitetura muito mais aberta, que permitia a terceiros escrever software e desenvolver periféricos. Ao conceber um sistema operacional padronizado para o qual outras empresas e indivíduos podiam criar software e periféricos, a IBM conseguiu manter seus custos e preços baixos, ao mesmo tempo em que oferecia maior utilidade aos clientes. As vantagens de escala e de escopo da empresa criaram condições para que fixasse o preço de seus PCs em nível acessível à massa de compradores.[19] No primeiro ano, a IBM vendeu 200 mil PCs, quase alcançando sua projeção de cinco anos. Em 1983, os consumidores já haviam comprado 1,2 milhão de PCs da IBM.[20]

Servidores Compaq

Com as empresas espalhadas pelos Estados Unidos comprando e instalando PCs em toda a organização, logo surgiu a necessidade de conectar PCs para tarefas simples, mas importantes, como compartilhar arquivos e impressoras. A indústria de computadores para empresas, disseminada pelo IBM 650 – e também explorada pela HP, DEC e Sequent, para mencionar apenas algumas – oferecia não só sistemas de gestão empresarial de alta sofisticação para a execução de missões críticas, mas também numerosos sistemas operacionais e programas aplicativos. Mas essas máquinas eram muito caras e complexas para cuidar de necessidades simples, porém necessárias, como compartilhamento de impressoras e arquivos. Essa situação era ainda mais problemática nas empresas de pequeno e médio portes, que precisavam compartilhar impressoras e arquivos, mas ainda não necessitavam dos enormes investimentos numa arquitetura complexa de minicomputadores.

Em 1992, a Compaq mudou tudo isso, ao criar efetivamente o oceano azul dos servidores, com o lançamento do ProSignia, máquina extremamente simples que foi otimizada para a execução das tarefas mais comuns de compartilhamento de arquivos e impressoras. Ele eliminou a interoperabilidade com vários sistemas operacionais, desde o SCO UNIX ao DOS, passando pelo OS/3, que eram elementos estranhos a essas funções básicas. O novo servidor ofereceu aos compradores duas vezes a capacidade e velocidade de compartilhamento de arquivos e impressoras dos minicomputadores, por um terço do preço. Quanto à Compaq, as máquinas extremamente simplificadas significaram preços de fabricação muito mais baixos. O desenvolvimento do ProSignia pela Compaq e três ofertas subsequentes na indústria de servidores não só impulsionou as vendas de PCs mas também transformou o próprio setor de servidores em negócio de US$3,8 bilhões, em menos de quatro anos.[21]

Dell Computer

Em meados da década de 1990, a Dell Computer Corporation desbravou outro oceano azul na indústria de computação. Tradicionalmente, os fabricantes de computadores concorriam entre si oferecendo máquinas mais rápidas, com mais itens e mais software. A Dell, contudo, desafiou a lógica setorial ao mudar as experiências de compra e entrega dos compradores. Com suas vendas diretas aos clientes, a Dell conseguia vender seus PCs a preços 40% inferiores aos dos revendedores da IBM, ainda ganhando dinheiro.

Além disso, as vendas diretas eram atraentes para os clientes, pois a Dell oferecia prazos de entrega sem igual. Por exemplo, o tempo decorrido entre o pedido do cliente e a entrega do produto era de quatro dias na Dell, em comparação com a média de dez semanas dos concorrentes. Além disso, por meio do sistema de pedidos on-line e por telefone da Dell, os clientes tinham a opção de personalizar suas máquinas de acordo com suas necessidades. Enquanto isso, o modelo de produção sob encomenda criava condições para que a Dell reduzisse substancialmente seus custos de estocagem.

Hoje a Dell é a líder inquestionável na venda de PCs, com a receita avançando como foguete, de US$5,3 bilhões em 1995 para US$35,5 bilhões, em 2003. Sua participação no mercado americano aumentou de 2% para mais de 30% no mesmo período.[22]

Como na indústria automobilística, os oceanos azuis na indústria de computação não foram desbravados sob o impulso de inovações tecnológicas em si, mas pela interligação da tecnologia com elementos valorizados pelos compradores. Como no caso do IBM 650 e do servidor Compaq, a inovação de valor geralmente resultou da simplificação da tecnologia. Também vimos veteranas do setor – CTR, IBM, Compaq – desbravando oceanos azuis, tanto quanto empresas estreantes, como Apple e Dell. Cada oceano azul reforçou o nome da marca da empresa desbravadora e desencadeou forte surto de crescimento lucrativo não só para a empresa em si, mas também para a indústria de computação como um todo.

As salas de cinema

Vejamos agora o setor de salas de cinema, como alternativa de relaxamento e diversão depois do trabalho ou nos fins de semana. Nos Estados Unidos, a indústria remonta a 1893, quando Thomas Edison revelou a invenção do cinetoscópio, um gabinete de madeira em cujo interior se projetava luz através de um rolo de filme. Os espectadores viam a ação através de uma espécie de "olho mágico" (*peephole*), um de cada vez, e o espetáculo era chamado "peep show".

Dois anos depois, a equipe de Edison desenvolveu um cinetoscópio de projeção, que mostrava as imagens em movimento numa tela. No entanto, a nova máquina não decolou de forma satisfatória. As apresentações, com vários minutos de duração, preenchiam os intervalos entre os atos de espetáculos de teatro e *vaudevilles*. O objetivo era aumentar o valor das performances de entretenimento ao vivo, foco do setor de teatros, em vez de oferecer modalidade de diversão à parte. A tecnologia já estava disponível para ser deflagrada pelo setor de teatros, mas ainda não se implantara a ideia de criar um oceano azul.

Nickelodeons

Harry Davis mudou toda essa situação ao abrir sua primeira sala nickelodeon, em Pittsburgh, Pensilvânia, em 1905. Em geral, atribui-se ao nickelodeon todos os créditos pelo lançamento da indústria de salas de cinema nos Estados Unidos, desbravando um enorme oceano azul. Veja as diferenças. Embora, no começo do século XX, a maioria dos americanos pertencesse à classe média, o setor de teatros até então se concentrava em oferecer entretenimento ao vivo, como espetáculos teatrais, óperas e *vaudevilles*, à elite social.

Com as famílias americanas ganhando em média US$12 por semana, o entretenimento ao vivo simplesmente não era uma opção. Era caro demais. Os ingressos para uma ópera custavam em média US$2 e o *vaudeville* saía por algo em torno de 50 cents. Para a maioria, o teatro era sério demais. Em face dos baixos níveis de escolaridade então predominantes, o teatro ou a ópera não atraíam a classe trabalhadora. Também era pouco conveniente. As produções eram encenadas apenas algumas vezes por semana e a maioria das salas de espetáculos se situava nas partes nobres da cidade, situação que as tornava pouco acessíveis para o operariado. Quando se tratava de entretenimento, a maioria dos americanos ficava no escuro.

Em contraste, o preço da entrada no nickelodeon de Davis era de apenas 5 cents, daí o nome (*nickel* é moeda de 5 cents nos Estados Unidos, feita de uma liga de níquel e cobre). Para manter esse preço, Davis eliminou todos os aspectos supérfluos das salas de projeção, preservando apenas o essencial – os bancos e a tela – e as instalou em áreas proletárias de baixo custo imobiliário. Em seguida, buscou o volume de público e conveniência para os espectadores, abrindo seus cinemas às oito horas da manhã, com sessões contínuas até a meia-noite. Os nickelodeons eram divertidos, apresentando comédias do tipo pastelão, acessíveis à maioria das pessoas, de qualquer escolaridade, língua ou idade.

Em consequência o operariado afluiu em massa para os nickelodeons, que entretinham cerca de sete mil clientes por dia. Em 1906, o *Saturday Evening Post* noticiou que a audiência diária dos nickelodeons ultrapassava dois milhões.[23] Em 1914, os Estados Unidos tinham 18 mil nickelodons, com audiência diária de sete milhões.[24] O oceano azul se convertera em indústria de meio bilhão de dólares.

Os Palace Theaters

Em 1914, quando o oceano azul dos nickelodeons se aproximava do apogeu, Samuel "Roxy" Rothapfel resolveu levar o apelo dos cinemas às novas classes média e alta, abrindo o primeiro Palace Theater dos Estados Unidos, na cidade de Nova York. Até então, Rothapfel era proprietário de vários nickelodeons nos Estados Unidos, mas era mais conhecido pela promoção de espetáculos de luta em todo o país. Ao contrário dos nickelodeons, considerados de mau gosto e muito rudimentares, os Palace Theaters de Rothapfel eram ambientes sofisticados, com candelabros extravagantes, corredores espelhados e grandes vestíbulos. Dotados de manobristas para estacionamento dos carros, poltronas estofadas para duas pessoas e filmes mais longos, com enredo teatral, a nova oferta de entretenimento converteu os cinemas em diversão digna de frequentadores de teatros e de óperas, mas a preços acessíveis.

Esses palácios de cinema foram grande sucesso comercial. Entre 1914 e 1922, inauguraram-se quatro mil Palace Theaters nos Estados Unidos. Ir ao cinema tornou-se entretenimento cada vez mais importante para americanos de todos os níveis econômicos. Conforme observou Roxy, "dar às pessoas o que elas querem é um erro crasso e desastroso. Elas não sabem o que querem... [Dê-lhes] algo melhor". Os cinemas Palace efetivamente combinaram o ambiente de entretenimento de uma casa de óperas com o conteúdo de divertimento dos nickelodeons – filmes – para liberar um novo oceano azul no setor de salas de cinema e atrair toda uma nova massa de frequentadores: as classes média e superior.[25]

Com o aumento da riqueza do país e com a migração dos americanos para os arredores das cidades em busca do sonho da casa com jardim, carne na panela e carro na garagem, os limites do crescimento do conceito de Palace Theaters se delineavam já em fins da década de 1940. Os subúrbios, ao contrário das grandes cidades ou das áreas metropolitanas, não comportavam as grandes dimensões e a opulência interior dos Palace Theaters. O resultado da evolução competitiva foi o surgimento de pequenos cinemas em áreas periféricas, apresentando um filme por semana. Embora fossem "líderes de custo" em comparação aos Palace Theaters, as pequenas salas de cinema não conseguiram arrebatar a imaginação dos espectadores. Não ofereciam a sensação especial de uma noite fora de casa e seu sucesso dependia exclusivamente da qualidade do filme em exibição. Se o filme não fosse um sucesso de bilheteria, os clientes não viam razão para sair de casa e o dono do cinema perdia dinheiro. Enquanto o setor assumia cada vez mais o status de decadência, os lucros minguavam em ritmo acelerado.

O multiplex

Entretanto, mais uma vez, a indústria retomou a trajetória lucrativa por meio da criação de um novo oceano azul. Em 1963, Stan Durwood empreendeu uma iniciativa estratégica que virou o setor de cabeça para baixo. O pai de Durwood abrira o primeiro cinema da família em Kansas City na década de 1920 e Stan Durwood revitalizou o setor de salas de cinema com a criação do primeiro multiplex num shopping center na mesma cidade.

O multiplex foi um sucesso instantâneo. De um lado, oferecia aos espectadores maior variedade de escolha de filmes; de outro, com salas de diferentes tamanhos num único lugar, os donos de cinema dispunham de espaço para ajustes de modo a atender aos diferentes níveis de demanda pelos filmes, diluindo o risco e reduzindo o custo. Em consequência, a empresa de Durwood, American Multi-Cinema, Inc. (AMC) evoluiu de um cinema numa cidade pequena para tornar-se a segunda empresa de salas de cinema nos Estados Unidos, enquanto o oceano azul dos multiplex se espalhava pelos Estados Unidos.

O megaplex

O lançamento do multiplex criou um oceano azul de crescimento lucrativo no setor, mas, em meados da década de 1980, a disseminação do videocassete e das emissoras de televisão por satélite e a cabo reduziram os níveis de público dos cinemas. Para piorar ainda mais as coisas, na tentativa de conquistar maior fatia de um mercado em contração, os donos de cinema começaram a retalhar suas salas de projeção em recintos cada vez menores, de modo a oferecer maior variedade. Inadvertidamente, solaparam um dos pontos fortes que diferenciavam o setor em relação ao entretenimento doméstico: grandes telas. Com a disponibilidade dos novos lançamentos em cabo e vídeo apenas algumas semanas depois da estreia, o benefício de pagar mais para ver filmes em telas um pouco maiores tornou-se marginal. O setor de salas de cinema entrou em declínio acentuado.

Em 1995, a AMC mais uma vez recriou o setor de salas de cinema, ao inaugurar o primeiro megaplex dos Estados Unidos, com 24 telas. Diferentemente dos multiplex, quase sempre apertados, decadentes e monótonos, o megaplex distribuía suas poltronas confortáveis como as arquibancadas de um estádio esportivo, para garantir a visão desobstruída da tela, e oferecia mais filmes em tela maior e com som mais potente. Apesar desses novos atributos, os custos operacionais do megaplex são ainda mais baixos do que os do multiplex. Isso porque a localização dos megaplex fora dos centros urbanos – o principal fator de custo – resulta em níveis de investimentos e despesas muito mais baixos; além disso, seu tamanho proporciona economias nas compras e nas operações e maior alavancagem com os distribuidores de filmes. E com 24 telas exibindo todos os filmes disponíveis no mercado, o lugar e não os filmes se transforma na grande atração.

No final da década de 1990, a receita média por cliente nos megaplex da AMC eram 8,8% superior à dos cinemas multiplex. A zona de atração das salas de cinema – o raio da área dentro da qual se atraem frequentadores – saltou de três quilômetros em meados da década de 1990 para oito quilômetros nos novos megaplex.[26] Entre 1995 e 2001, o nível de audiência dos cinemas aumentou de 1,26 bilhão para 1,49 bilhão. Embora abrangessem apenas 15% das telas nos Estados Unidos, os megaplex respondiam por nada menos que 38% da receita.

O sucesso do oceano azul desbravado pela AMC foi imitado por outros concorrentes. Entretanto, megaplex demais foram construídos em muito pouco tempo e muitos deles fecharam em 2000, sacrificados pela desaceleração da economia. Mais uma vez, o setor está maduro para a criação de novo oceano azul.

Esse é apenas um esboço do setor de salas de cinema nos Estados Unidos, mas, como nos outros exemplos, repetiu-se o mesmo padrão geral. A indústria nem sempre foi atraente. Nela não houve empresas sempre excelentes. A criação de oceanos azuis tem sido fator crítico de indução na trajetória de crescimento lucrativo do setor e das empresas. Também aqui os desbravadores de oceanos azuis foram empresas veteranas, como a AMC e a Palace Theaters. Conforme mostra a história, a AMC criou oceanos azuis primeiro com o multiplex e depois com o megaplex, duas vezes mudando o curso do desenvolvimento de todo o setor e duas vezes elevando o nível de sua rentabilidade e crescimento. O centro desses oceanos azuis não foi a inovação tecnológica, mas a inovação orientada para o valor, o que chamamos de inovação de valor.

Ao observamos por entre os diferentes esboços desses três setores, constatamos que a capacidade da empresa de alcançar o crescimento lucrativo depende sobretudo de sua capacidade de manter-se na dianteira durante sucessivas ondas de criação de oceanos azuis. Dificilmente uma empresa preserva excelência duradoura. Até agora, nenhuma empresa foi capaz de se manter durante muito tempo na liderança das jornadas para oceanos azuis. No entanto, as empresas com nomes poderosos são geralmente as que têm conseguido reinventar-se a si mesmas, mediante a criação contínua de novos espaços de mercado. Nesse sentido, embora até agora nenhuma empresa tenha-se destacado pela excelência contínua, não é vã a esperança de cultivar a excelência duradoura, por meio da adoção de práticas estratégicas excelentes. Com pequenas variações secundárias, o padrão de desbravamento de oceanos azuis exemplificado por esses três setores representativos é consistente com o que observamos nos demais setores do nosso estudo.

APÊNDICE B

Inovação de valor

Visão reconstrutivista da estratégia

HÁ BASICAMENTE DUAS VISÕES distintas sobre como a estrutura setorial se relaciona com as ações estratégicas dos concorrentes setoriais.

A visão *estruturalista* da estratégia tem suas raízes na economia das organizações industriais.[1] O modelo de análise das organizações industriais propõe um paradigma estrutura-conduta-desempenho, que sugere um fluxo causal entre estrutura do mercado, conduta dos participantes e desempenho das empresas. A *estrutura do mercado*, resultante das condições de oferta e demanda, molda a conduta dos vendedores e compradores, a qual, por sua vez, determina o desempenho final.[2] Mudanças em todo o âmbito do sistema são induzidas por fatores externos à estrutura do mercado, como transformações fundamentais nas condições econômicas básicas e nos grandes avanços tecnológicos.[3]

A *visão reconstrutivista* da estratégia, por outro lado, baseia-se na teoria do crescimento endógeno, que remonta à observação inicial de Joseph A. Schumpeter de que as forças que mudam a estrutura econômica e o panorama setorial podem originar-se no interior do sistema.[4] Schumpeter argumenta que a inovação não raro resulta de fatores endógenos e que sua principal fonte é o empreendedorismo criativo.[5] No entanto, a inovação schumpeteriana ainda é uma caixa-preta, por ser fruto da engenhosidade dos empreendedores e não estar sujeita à reprodução sistemática.

Recentemente, a *teoria do novo crescimento* fez avanços nessa frente, ao demonstrar que a inovação pode ser replicada de forma endógena por meio da compreensão dos padrões ou prescrições por trás da inovação.[6] Na essência, esse avanço teórico segregou os preceitos para a inovação – ou o padrão de conhecimentos e ideias que lhe são subjacentes – do empreendedorismo puro de Schumpeter, abrindo o caminho para a repetição sistemática da inovação. Contudo, não obstante esse progresso importante, ainda não sabemos quais são esses padrões ou prescrições. Na falta desses elementos, não há como acionar tais conhecimentos e ideias para produzir inovação e crescimento no nível da empresa.

A visão reconstrutivista começa onde termina a teoria do novo crescimento. Com base nas constatações da teoria do novo crescimento, a visão reconstrutivista sugere como utilizar os conhecimentos e ideias no processo de criação, a fim de gerar crescimento endógeno para a empresa. Em especial, sustenta que esse processo de criação pode ocorrer em qualquer organização, a qualquer momento, mediante a reconstrução cognitiva dos dados disponíveis e dos fatores de mercado, de maneira intrinsecamente nova.

Essas duas visões – a estruturalista e a reconstrutivista – têm importantes implicações quanto à maneira como as empresas atuam em relação à estratégia. A visão estruturalista (ou determinismo ambiental) geralmente conduz ao pensamento estratégico baseado na concorrência. Encarando a estrutura do mercado como dado, ela leva as empresas a tentar conquistar uma posição defensável contra a concorrência, no espaço de mercado existente. Para sustentar-se no mercado, os praticantes da estratégia se concentram no desenvolvimento de vantagens competitivas em comparação com os concorrentes, geralmente avaliando as ações dos rivais e se esforçando para fazer melhor. Aqui, a conquista de participação cada vez maior no mercado é vista como um jogo de soma zero, em que os ganhos de uma empresa decorrem de perdas em outra empresa. Assim, a competição, o lado da oferta da equação, torna-se a variável definidora da estratégia.

Esse raciocínio sobre estratégia leva as empresas a dividir os setores em atraentes e não atraentes e assim decidir onde entrar e não entrar. Depois de entrar num setor, a empresa opta por distinguir-se das demais por meio da diferenciação ou do custo, escolhendo a alternativa mais compatível com seus sistemas e recursos internos para enfrentar a concorrência.[7] Aqui, custo e valor são encarados como trade-offs. Uma vez que o nível de lucro total da indústria também é determinado exogenamente por fatores estruturais, as empresas buscam acima de tudo captar e redistribuir riqueza em vez de criar riqueza. Concentram-se em dividir o oceano vermelho, no qual o crescimento se torna cada vez mais limitado.

Aos olhos reconstrutivistas, contudo, o desafio estratégico é muito diferente. Reconhecendo que a estrutura e as fronteiras do mercado existem apenas na mente dos gerentes, os praticantes que adotam essa visão não permitem que esses fatores limitem seus pensamentos. Para eles, a demanda adicional já existe em estado latente, em grande parte inexplorada. O ponto crucial do problema é como converter a demanda potencial em demanda real. Isso, por sua vez, exige que se desloque a atenção, do lado da oferta para o lado da demanda, do foco na concorrência para o foco na inovação de valor – ou seja, na criação de valor inovador, a fim de liberar a nova demanda. Com esse novo foco em mente, as empresas podem esperar concluir a jornada da descoberta olhando sempre para além das atuais fronteiras da competição e reordenando os elementos existentes em diferentes mercados, para reconstruí-los em novo espaço de mercado, no qual se gera novo nível de demanda.[8]

Com base na visão reconstrutivista, não há setor atraente ou não atraente em si, pois o grau da atratividade setorial pode ser alterado por meio do esforço de reconstrução consciente por parte das empresas. À medida que muda a estrutura do mercado no processo de reconstrução, também se alteram as regras do jogo quanto às melhores práticas. Assim, a competição nos moldes do velho jogo se torna irrelevante. Ao estimular o lado da demanda da economia, a estratégia de inovação de valor expande os mercados existentes e cria novos mercados. Os inovadores de valor empreendem um salto em valor por meio da criação de nova riqueza, em vez de em detrimento dos concorrentes no sentido tradicional. Portanto, essa estratégia cria condições para que as empresas participem de um jogo em que quase sempre a soma dos ganhos e perdas não é zero, mas que, ao contrário, apresenta grandes possibilidades de recompensas.

Assim, de que maneira a reconstrução, tal como se vê no Cirque du Soleil, difere da "combinação" e "recombinação", que têm sido analisadas na literatura sobre inovação?[9] Schumpeter, por exemplo, encara a inovação como "nova combinação dos meios de produção".

No exemplo do Cirque du Soleil, vimos que o foco se concentra no lado da demanda, ao passo que na recombinação a atenção quase sempre converge para o lado da oferta, mediante a recombinação das tecnologias e dos meios de produção existentes. Os elementos básicos da reconstrução são fatores que hoje se situam além das atuais fronteiras setoriais, embora sejam importantes indutores do valor para os compradores. Não são nem tecnologias nem métodos de produção.

Ao se concentrar no lado da oferta, a recombinação tende a buscar soluções inovadoras para os problemas existentes. Em contraste, ao focar o lado da demanda, a reconstrução rompe as fronteiras cognitivas definidas pelas atuais regras da competição e se concentra na redefinição dos próprios problemas existentes. O Cirque du Soleil, por exemplo, não se esforça para oferecer um circo melhor, mediante a recombinação dos conhecimentos e tecnologias existentes sobre atos e performances. Ao contrário, se empenha em reconstruir os atuais indutores do valor para os compradores, a fim de criar uma nova forma de entretenimento que ofereça a vibração e a diversão do circo com a sofisticação intelectual do teatro. A redefinição do problema geralmente leva a mudanças em todo o sistema e, em consequência, a deslocamentos na estratégia, enquanto a recombinação pode acabar descobrindo novas soluções para atividades de subsistemas que servem para reforçar a posição estratégica vigente.

A reconstrução reformula as fronteiras e a estrutura do setor e cria um oceano azul de novo espaço do mercado. A recombinação, por outro lado, tende a maximizar as possibilidades tecnológicas para descobrir soluções inovadoras.

APÊNDICE C

A dinâmica de mercado da inovação de valor

A DINÂMICA DE MERCADO DA INOVAÇÃO de valor apresenta forte contraste com a prática convencional da inovação tecnológica. Esta última, em geral, fixa preços elevados, limita o acesso e de início envolve-se na prática de *price skimming,** ou maximização do lucro a curto prazo, cobrando o preço mais alto possível como remuneração pela inovação e só depois se esforçando para reduzir os custos e os preços para manter a participação no mercado e desencorajar os imitadores.

Entretanto, num mundo de não rivalidade e de bens não exclusivos, como conhecimento e ideias, com potencial de economia de escala, aprendizado e retornos crescentes, a importância do volume, do preço e dos custos aumenta de maneira sem precedentes.[1] Nessas condições, as empresas agiriam bem ao tentar conquistar a massa de compradores-alvo desde o início e expandir o tamanho do mercado, oferecendo valor muito superior, a preços acessíveis.

Nota do Tradutor: Price skimming. Estratégia de precificação pela qual a empresa cobra de início o preço mais alto possível, aceito pelos clientes. À medida que satisfaz a demanda dos primeiros clientes, reduz gradualmente o preço, para atrair sucessivos segmentos de mercado mais sensíveis ao preço, até chegar a um preço final mais estável e duradouro. Geralmente é usada para recuperar os custos de desenvolvimento de novos produtos.

FIGURA C-1

A dinâmica de mercado da inovação de valor

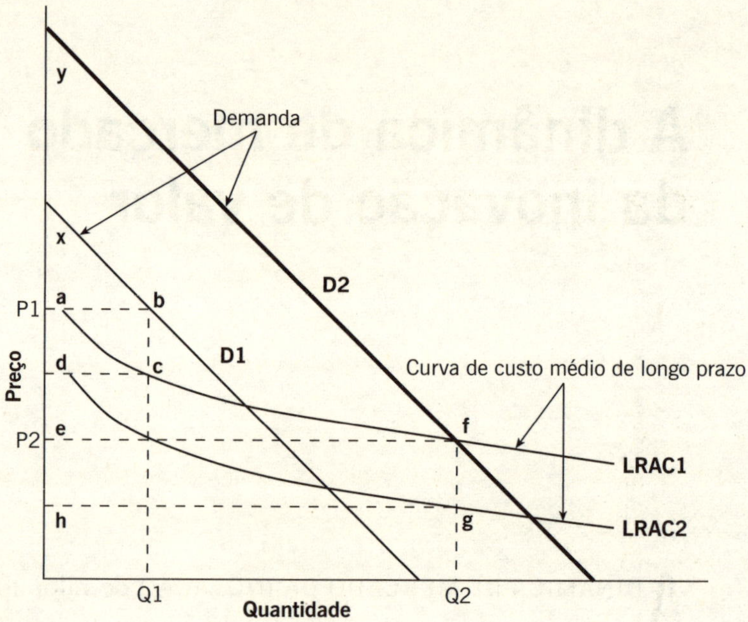

Como mostra a Figura C-1, a inovação de valor aumenta drasticamente a atratividade de um bem, deslocando a curva da demanda de D1 para D2. O preço assume caráter estratégico e, como no exemplo da Swatch, passa de P1 para P2 para conquistar a massa de compradores no mercado ampliado, o que, por sua vez, aumenta a quantidade vendida de Q1 para Q2 e promove forte reconhecimento da marca, como capaz de oferecer valor sem igual.

A empresa, no entanto, busca o custo-alvo para reduzir a curva de custo médio de longo prazo de LRAC1 para LRAC2, a fim de ampliar sua capacidade de gerar lucro e, ao mesmo tempo, desestimular as cópias e imitações. Assim, os compradores se beneficiam com um salto em valor, deslocando o excedente do consumidor de axb para eyf. E a empresa ainda promove um salto no lucro e no crescimento, transferindo a zona de lucro de abcd para efgh.

O rápido reconhecimento da marca resultante da oferta de valor sem precedentes no mercado, combinado com o esforço simultâneo para reduzir custos, torna a concorrência quase irrelevante e dificulta a emulação, à medida que entram em ação economias de escala, o aprendizado contínuo e retornos crescentes. O desfecho é o surgimento de uma dinâmica de mercado em que todos saem ganhando, pois as empresas conquistam posições dominantes enquanto os compradores recebem mais valor.

Tradicionalmente, atribuem-se às empresas em posições monopolistas duas atividades prejudiciais ao bem-estar social. Primeiro, para maximizar o lucro, elas praticam preços elevados. Essa situação afasta os clientes que, embora desejando o produto, não podem comprá-lo. Segundo, na falta de concorrência viável, elas geralmente não se esforçam para aumentar a eficiência e reduzir custos, consumindo, em consequência, mais recursos escassos. Como mostra a Figura C-2, nas situações monopolistas convencionais, o nível de preço sobe de P1, em condições de concorrência perfeita, para P2, prevalecente em caso de monopólio. Portanto, a demanda cai de Q1 para Q2. Nesse nível de demanda, o aumento do lucro da empresa monopolista é representado pela área R, em comparação com a situação da concorrência perfeita. Em consequência do preço artificial-

FIGURA C-2

Da concorrência perfeita à prática monopolista

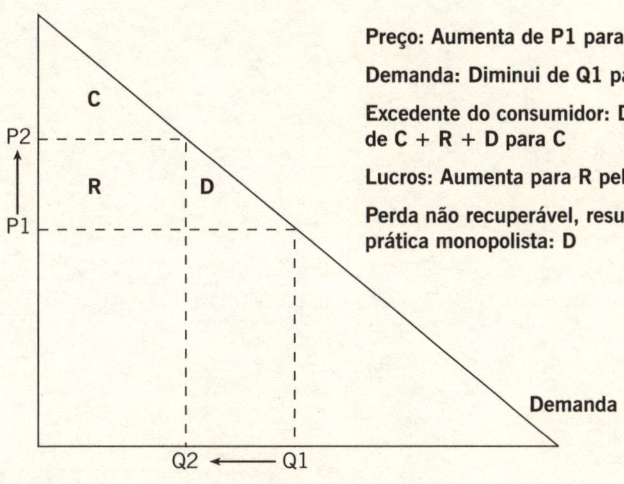

Preço: Aumenta de P1 para P2

Demanda: Diminui de Q1 para Q2

Excedente do consumidor: Diminui de C + R + D para C

Lucros: Aumenta para R pelo monopólio

Perda não recuperável, resultante da prática monopolista: D

mente alto imposto aos consumidores, o excedente do consumidor diminui da área C + R + D para a área C. Enquanto isso, a prática monopolista, ao consumir mais recursos da sociedade, incorre em perda não recuperável correspondente à área D, para a sociedade em geral. Portanto, o lucro monopolista é alcançado em detrimento dos consumidores e da sociedade como um todo.

A estratégia do oceano azul, por outro lado, atua contra a estratégia de *price skimming*, comum nos monopólios tradicionais. O foco da estratégia do oceano azul não é restringir a produção a um preço elevado, mas, sim, criar nova demanda agregada, por meio de um salto no valor para os compradores a preço acessível. Daí resulta forte incentivo não só para reduzir os custos até o nível mais baixo possível desde o início, mas também mantê-lo no patamar mínimo ao longo do tempo para desestimular potenciais imitadores. Dessa maneira, os compradores ganham e a sociedade se beneficia com o aumento da eficiência. O cenário daí resultante proporciona ganhos para todas as partes. Gera-se aumento drástico no valor para os compradores, para a empresa e para a sociedade em geral.

Notas

Capítulo 1

1. Para uma análise sobre como se definem as fronteiras do mercado e como se determinam as regras competitivas do jogo, ver Harrison C. White (1981) e Joseph Porac e José Antonio Rosa (1966).
2. Gary Hamel e C. K. Prahalad (1994) e James Moore (1966) observaram que a competição está ficando mais intensa e a comoditização dos negócios está ficando mais acelerada, duas tendências que tornam a criação de mercados essencial para o crescimento das empresas.
3. Desde o trabalho desbravador de Michael Porter (1980, 1985), a competição ocupou o centro do pensamento estratégico. Ver também Paul Auerbach (1988) e George S. Day et al. (1997).
4. Ver, por exemplo, Hamel e Prahalad (1994).
5. Ver *Standard Industrial Classification Manual* (1987) e *North American Industry Classification System* (1998).
6. Ibid.
7. Para um clássico em estratégia militar e seu foco fundamental na luta por um território limitado ver Carl von Clausewitz (1993).
8. Para uma análise sobre essa questão, ver Richard A. D'Aveni e Robert Gunther (1995).

9. Para mais informações sobre globalização e suas implicações econômicas, ver Kenichi Ohmae (1990, 1995a, 1995b).
10. United Nations Statistics Division (2002).
11. Ver, por exemplo, Copernicus and Market Facts (2001).
12. Ibid.
13. Thomas J. Peters e Robert H. Waterman Jr. (1982) e Jim Collins e Jerry Porras (1994), respectivamente.
14. Richard T. Pascale (1990).
15. Richard Foster e Sarah Kaplan (2001).
16. Peter Drucker (1985) observa que as empresas tendem a correr umas contra as outras, observando as iniciativas dos concorrentes.
17. Kim e Mauborgne (1997a, 1997b, 1997c) argumentam que o foco no benchmarking e na superação dos concorrentes leva a abordagens imitativas, em vez de inovadoras, em relação ao mercado, geralmente resultando em pressões sobre os preços e no aumento da comoditização. Sustentam que, em vez disso, as empresas devem esforçar-se para tornar a concorrência irrelevante, oferecendo aos compradores um salto em valor. Gary Hamel (1998) argumenta que o sucesso tanto para as estreantes no mercado quanto para as veteranas do setor depende da capacidade de evitar a concorrência e de reformular o modelo setorial vigente. Afirma ainda (2000) que a fórmula para o sucesso não é posicionar-se contra a concorrência, mas, sim, contorná-la.
18. A criação de valor como conceito de estratégia é muito amplo, pois nenhuma condição de contorno especifica como criar valor. A empresa pode criar valor, por exemplo, simplesmente reduzindo os custos em 2%. Embora isso seja de fato criação de valor, não se trata de modo algum da inovação de valor necessária para abrir novo espaço de mercado. Embora se possa criar valor simplesmente fazendo coisas semelhantes de uma maneira melhor, não se pode criar inovação de valor sem parar de fazer as coisas velhas, começar a fazer coisas novas ou fazer as mesmas coisas de maneira intrinsecamente nova. Nossa pesquisa mostra que, dado o objetivo estratégico de criação de valor, as empresas tendem a se concentrar em fazer melhorias incrementais apenas marginais. Embora a criação de va-

lor em escala incremental realmente crie algum valor, ela não é suficiente para fazer com que a empresa se destaque na multidão e alcance alto desempenho.

19. Para exemplos de pioneirismos de mercado que vão além do que os clientes estão prontos para aceitar e comprar, ver Gerard J. Telis e Peter N. Golder (2002). Em seu estudo de uma década, eles observam que menos de 10% dos pioneiros do mercado tornam-se vencedores nos negócios, com mais de 90% fracassando nos negócios.
20. Para estudos anteriores que questionam esse dogma, ver, por exemplo, Charles W. L. Hill (1988) e R. E. White (1986).
21. Para análises sobre a necessidade de escolher entre diferenciação e baixo custo, ver Porter (1980, 1985). Porter (1996) usa uma curva de fronteira da produtividade para mostrar o trade-off valor-custo.
22. Nossos estudos revelaram que a inovação de valor consiste em redefinir o problema em que se concentra o setor em vez de descobrir soluções para os problemas existentes.
23. Para uma análise sobre o que é e não é estratégia, ver Porter (1996). Ele argumenta que, embora a estratégia deva abranger todo o sistema de atividades executadas pela empresa, as melhorias operacionais podem ocorrer no nível de subsistemas.
24. Ibid. Logo, inovações que ocorrem no nível dos subsistemas não são estratégicas.
25. Joe S. Bain é o precursor da visão estruturalista. Ver Bain (1956, 1959).
26. Embora em contextos diferentes, aventurar-se no novo tem sido considerado empreendimento arriscado. Steven P. Schnaars (1994), por exemplo, observa que os pioneiros de mercado ocupam posições desvantajosas em comparação com os imitadores. Chris Zook (2004) argumenta que a diversificação além do negócio principal da empresa envolve grandes riscos e tem poucas chances de sucesso.
27. Inga S. Baird e Howard Thomas (1960) argumentam, por exemplo, que quaisquer decisões estratégicas envolvem assunções de risco.

Capítulo 2

1. As alternativas vão além dos substitutos. Um restaurante, por exemplo, é uma alternativa para o cinema. Compete por compra-

dores potenciais que querem desfrutar uma noite fora de casa, embora não seja nem competidor direto nem substituto do cinema em sua oferta funcional. Três são os níveis de não clientes a serem observados pela empresa. Para análises mais detalhadas sobre alternativas e não clientes, ver Capítulo 3 e Capítulo 5 deste livro, respectivamente.

Capítulo 3

1. NetJets (2004).
2. J. Balmer (2001).
3. Disponível on-line em *http://www.marquisjet.com/vs/vscomm.html*.
4. Kris Herbst (2002).
5. Ibid.

Capítulo 4

1. Para uma visão geral do planejamento estratégico, ver Henry Mintzberg (1994).
2. Veja as diferenças na largura de banda perceptiva (bits/segundos) de nossos diferentes sentidos: paladar (1.000 bits/seconds); olfato (100.000); audição (100.000); tato (1.000.000); visão (10.000.000). Fonte: T. Norretranders (1998). Para leituras adicionais sobre o poder da comunicação visual, ver A. D. Baddely (1990), J. Larkin e H. Simon (1987), P. Lester (2000) e E. R. Tufte (1982).
3. Para mais informações sobre o poder do aprendizado experimental, ver L. Borzak (1981) e D. A. Kolb (1983).
4. Ver Capítulo 3 para uma análise mais profunda sobre como Bloomberg aplicou um dos seis caminhos para a criação de oceanos azuis, como meio para desvencilhar-se da concorrência.
5. Ver Capítulo 5 para uma análise de não clientes.
6. Ver Capítulo 3 para uma análise completa do modelo das seis fronteiras aplicado aqui.
7. Ver *Korea Economic Daily* (2004).

Capítulo 5

1. Ver Committee on Defense Manufacturing (1966), James Fallows (2002) e John Birkler et al. (2001).
2. Departamento de Defesa dos Estados Unidos (1993).
3. Para mais informações sobre aspectos específicos do JSF, ver Bill Breen (2002), Fallows (2002), Federation of Atomic Scientists (2001), David H. Freedman (2002), *Nova* (2003) e United States Air Force (2002).
4. Em face do intervalo de tempo de quase dez anos entre a concepção da estratégia do JSF F-35 e sua realização em 2010, poderíamos argumentar que seu sucesso não está de modo algum garantido. À medida que mudarem os chefes militares e do Pentágono durante esse tempo, o desafio será manter-se firme na preservação da curva de valor do JSF. É fundamental não resvalar para a "espiral de negócios de defesa", envolvendo transações de bastidores, em busca de "apenas um pouco mais" de customização, acarretando disparada dos custos e obscurecimento da curva de valor. Para que isso não ocorra, o Pentágono, em conjunto com a Lockheed Martin, terá de zelar para que cada ramo das Forças Armadas realmente se comprometa com o perfil estratégico combinado na matriz de avaliação de valor do JSF F-35. Até agora, as perspectivas parecem boas, mas as Forças Armadas não podem relaxar. Essa é uma missão contínua.

Capítulo 6

1. Rohlfs (1974) foi o primeiro a definir e a analisar a rede de externalidades. Para uma pesquisa de trabalhos recentes a esse respeito, ver Katz e Shapiro (1994).
2. Ver Kenneth J. Arrow (1962) e Paul Romer (1990). Vale notar que tanto Arrow quanto Romer limitaram sua análise sobre bens não rivais e não-exclusivos a inovações tecnológicas, como é tradição na economia. Quando se redefine o conceito de inovação como inovação de valor, que é mais relevante no nível microeconômico da empresa, a importância das noções de não rivalidade e não exclusividade é ainda mais impressionante. Isso ocorre porque a inovação tecnológica geralmente tem maior componente exclusivo, em face da possibilidade e da relativa facilidade de obter proteção de patentes.

3. Ver Ford Motor Company (1924) e William J. Albernathy e Kenneth Wayne (1974).

Capítulo 7

1. *New York Post* (1990).
2. A primeira aplicação do termo *tipping points* (pontos de desequilíbrio) a comportamentos sociais foi num estudo de 1957, de Morton Grodzins sobre segregação racial, acepção que veio a ser plenamente desenvolvida pelo economista Thomas Schelling (1978), da Universidade de Maryland. Mais recentemente, o livro *The Tipping Point* (2000) de Malcom Gladwell (editado no Brasil pela Editora Rocco, com o título *O ponto de desequilíbrio – como pequenas coisas podem fazer uma grande diferença*) popularizou a noção e lançou o termo no vernáculo popular.
3. Ver Joseph Ledoux (1998) e J. S. Morris et al. (1998).
4. Ver Baddely (1990) e Kolb (1983).
5. Ver James Q. Wilson e George L. Kelling (1982) para uma análise da teoria sobre as janelas quebradas.

Capítulo 8

1. Thibault e L. Walker (1975).
2. Pesquisadores posteriores, como Tom. R. Tyler e E. Allan Lind, demonstraram o poder do processo justo em diferentes culturas e contextos sociais. Ver E. A. Lind e T. R. Tyler (1968) para conhecer a pesquisa e ter uma visão geral do trabalho correlato.
3. Para uma análise da cooperação voluntária, ver C. O'Reilly e J. Chatman (1986), D. Katz (1964) e P. M. Blau (1964).
4. Ver análises de F. Herzberg (1966).

Apêndice A

1. Para uma análise da "destruição criativa", ver Joseph A. Schumpeter (1934; 1975).
2. *New York Times* (1906).
3. *Literary Digest* (1899).

4. Bruce McCalley (2002).
5. William J. Abernathy e Kenneth Wayne (1974).
6. Antique Automobile Club of America (2002).
7. Alfred P. Sloan (1965): 150
8. Mariana Mazzucato e Willi Semler (1998).
9. Lawrence J. White (1971).
10. *Economist* (1981).
11. Sanghoon Ahn (2002).
12. Walter Adams e James W. Brock (2001), Quadro 5.1, Figura 5.1: 116-117.
13. Andrew Hargadon (2003): 43.
14. International Business Machines (2002).
15. Regis McKenna (1989): 24
16. A + *Magazine* (1987): 43-49; *Fortune* (1982).
17. Otto Friedrich (1983).
18. Ibid.
19. O preço da IBM era um pouco mais alto do que o da Apple (US$1.565 *versus* US$1.200), mas incluía o monitor, o que não ocorria com o Apple.
20. History of Computing Project (acessado em 28 de junho de 2002).
21. *Financial Times* (1999).
22. Hoovers Online (acessado em 14 de março de 2002).
23. Digital History (2004).
24. Screen House (2002).
25. Curiosamente, uma pesquisa de 1924 perguntou aos frequentadores de cinemas que aspectos dos cinemas mais os atraía; 28% citaram a música; 19%, a cortesia do pessoal; 29%, o conforto do interior; e 15% a atratividade do ambiente. apenas 10% mencionaram os filmes (R. Koszarski, 1990). E 24% dos exibidores pesquisados em 1922 disseram que a qualidade do filme principal "não fazia diferença absolutamente nenhuma" para o sucesso de bilheteria; o que importava, disseram, era o programa circundante (ibid). Com efeito, os anúncios de cinema, na época, dedicavam tanto espaço à música quanto aos filmes em si. Com o desenvol-

vimento da tecnologia do som no cinema, em 1926, a importância da música ao vivo no cinema (banda ou orquestra e os respectivos custos) passou a ser muito menor. Palace Theaters, com sua decoração sofisticada, ambiente requintado e serviços diversos, como manobristas para estacionamento dos carros, estavam bem posicionados para tirar proveito dessas mudanças durante mais de dez anos, até que os americanos começaram a migrar para pequenas cidades periféricas às grandes metrópoles, depois da Segunda Guerra Mundial.

26. Screen Source (2002).

Apêndice B

1. A escola estruturalista da economia das organizações industriais originou-se do paradigma estrutura-conduta-desempenho, de Joe S. Bain. Utilizando um modelo empírico intersetorial, Bain se concentra principalmente no impacto da estrutura sobre o desempenho. Para uma análise mais profunda desse tema, ver Bain (1956, 1959).
2. F. M. Scherer baseia-se no trabalho de Bain e procura esclarecer o fluxo causal entre "estrutura" e "desempenho", usando a "conduta" como variável interveniente. Para uma análise mais profunda sobre esse tema, ver Scherer (1970).
3. Ibid.
4. Ver Joseph A. Schumpeter (1975).
5. Ibid.
6. Para uma análise mais profunda sobre a teoria do novo crescimento e crescimento endógeno, ver Paul Romer (1990, 1994) e G. M. Grossman e E. Helpman (1995).
7. Para uma análise detalhada da estratégia competitiva, ver Porter (1980, 1985, 1996).
8. Ver Kim e Mauborgne (1997a, 1999a, 1999b).
9. Ver Joseph Schumpeter (1934) e Andrew Hargadon (2003).

Apêndice C

1. Para uma análise sobre o potencial de retornos crescentes, ver Paul Romer (1986) e W. B. Arthur (1996).

Bibliografia

A+ Magazine. 1987. "Back In Time". Fevereiro, 48-49.

Abernathy, William J. e Kenneth Wayne. 1974. "Limits to the Learning Curve". *Harvard Business Review* 52, 109-120.

Adams, Walter e James W. Brock. 2001. *The Structure of American Industry*. 10ª edição. Princeton, NJ: Prentice Hall.

Ahn, Sanghoon. 2002. "Competition, Innovation, and Productivity Growth: A Review of Theory and Evidence". OECD Working Paper 20.

Andrews, Kenneth R. 1971. *The Concept of Corporate Strategy*. Homewood, IL: Irwin.

Ansoff, H. Igor. 1965. *Corporate Strategy: An Analytic Approach to Business Policy for Growth and Expansion*. Nova York: McGraw Hill.

Antique Automobile Club of America. 2002. *Automotive History – A Chronological History*. <http://www.aaca.org/history>. Acessado em 18 de junho de 2002.

Arrow, Kenneth J. 1962. "Economic Welfare and the Allocation of Resources for Inventions", in *The Rate and Direction of Inventive Activity*, editado por R. R. Nelson. Princeton, NJ: Princeton University Press, 609-626.

Arthur, W. B. 1996. "Increasing Returns and the New World of Business". *Harvard Business Review* 74, julho-agosto, 100-109.

Auerbach, Paul. 1988. *Competition: The Economics of Industrial Change.* Cambridge: Basil Blackwell.

Baddely, A. D. 1990. *Human Memory: Theory and Practice.* Needham Heights, MA: Allyn & Bacon.

Bain, Joe S. 1956. *Barriers to New Competition: Their Character and Consequences in Manufacturing Industries.* Cambridge, MA: Harvard University Press.

Bain, Joe S., ed. 1959. *Industrial Organization.* Nova York: Wiley.

Baird, Inga S. e Howard Thomas. 1990. "What Is Risk Anyway? Using and Measuring Risk in Strategic Management", in *Risk, Strategy, and Management,* editado por Richard A. Bettis e Howard Thomas. Greenwich, CT: JAI Press Inc.

Balmer, J. 2001. "The New Jet Set". *Barron's* 19, novembro.

Bettis, Richard A., e Howard Thomas, eds. 1990. *Risk, Strategy, and Management.* Greenwich, CT: JAI Press Inc.

Birkler, J., et al. 2001. "Assessing Competitive Strategies for the Joint Strike Fighter: Opportunities and Options". Santa Monica, CA: Rand Corporation.

Blau, P. M. 1964. *Exchange and Power in Social Life.* Nova York: Wiley.

Borzak, L., ed. 1981. *Field Study: A Source Book for Experiential Learning.* Beverly Hills, CA: Sage Publications.

Breen, Bill. 2002. "High Stakes, Big Bets". *Fast Company,* abril.

Chandler, Alfred. 1962. *Strategy and Structure: Chapters in the History of the Industrial Enterprise.* Cambridge, MA: The MIT Press.

Christensen, Clayton M. 1997. *The Innouator's Dilemma: When New Technologies Caused Great Firms to Fail.* Boston: Harvard Business School Press.

Collins, Jim e Jerry Porras. 1994. *Built to Last.* Nova York: Harper Business.

Committee on Defense Manufacturing in 2010 and Beyond. 1996. *Defense Manufacturing in 2010 and Beyond.* Washington, DC: National Academy Press.

Copernicus and Market Facts. 2001. *The Commoditization of Brands and It Implications for Marketers.* Auburndale, MA: Copernicus Marketing Consulting.

D'Aveni, Richard A. e Robert Gunther. 1995. *Hypercompetitive Rivalries: Competing in Highly Dynamic Environments.* Nova York: Free Press.

Day, George S., and David J. Reibstein, with Robert Gunther, eds. 1997. *Wharton on Dynamic Competitive Strategy*. Nova York: John Wiley.

Department of Defense Press Conference. 1993. "DOD Bottom Up Review". *Reuter's Transcript Report*, 1 de setembro.

Digital History. 2004. *Chronology of Film History*. <http://www.digitalhistory.uh.edujhistoryonlinejfilm_chron.cfm>. Acessado em 4 de fevereiro de 2004.

Drucker, Peter F. 1985. *Innovation and Entrepreneurship: Practice and Principles*. Londres: William Heinemann.

Idem. 1992. *Managing for the Future: The 1990s and Beyond*. Nova York: Dutton.

Economist. 2000. "Apocalypse Now". 13 de janeiro.

Idem. 1981. "Detroit Moves the Metal". 15 de agosto.

Idem .2001. "A New Orbit". 12 de julho.

Fallows, James. 2002. "Uncle Sam Buys an Airplane". *Atlantic Monthly*, junho.

Federation of Atomic Scientists. 2001. "F-35 Joint Strike Fighter". <*http://*www.fas.orgjmanjdod-101jsysjacjf-35.htm>. Acessado em 21 de outubro de 2002.

Financial Times. 1999. "Compaq Stays Top of Server Table", 3 de fevereiro.

Ford Motor Company. 1924. *Factory Facts from Ford*. Detroit.

Fortune. 1982. "Fortune Double 500". junho.

Foster, Richard, e Sarah Kaplan. 2001. *Creative Destruction*. Nova York: Doubleday.

Freedman, David H. 2002. "lnside the Joint Strike Fighter". *Business 2.0*, fevereiro.

Friedrich, Otto. 1983. "1982 Person of the Year: The Personal Computer". *Time*. <*http://www.time.com/time/poy2000/archive/1982.html*>. Acessado em 30 de junho de 2002.

Gladwell, Malcom. 2000. *The Tipping Point: How Little Things Can Make a Big Difference*. Nova York: Little Brown & Company.

Grodzins, Morton. 1957. "Metropolitan Segregation". *Scientific American* 197, outubro.

Grossman, G. M. e E. Helpman. 1995. *lnnovation and Growth*. Cambridge, MA: The MIT Press.

Hamel, Gary e C. K. Prahalad. 1994. *Competing for the Future*. Boston: Harvard Business School Press.

Hamel, Gary. 1998. "Opinion: Strategy lnnovation and the Quest for Value". *MIT Sloan Management Review* 39, no. 2, 8.

______. 2000. *Leading the Revolution*. Boston: Harvard Business School Press.

Hargadon, Andrew. 2003. *How Breakthroughs Happen*. Boston: Harvard Business School Press.

Herbst, Kris. 2002. "Enabling the Poor to Build Housing: Cemex Combines Profit and Social Development". *Changemakers Journal*, setembro-outubro.

Herzberg, F. 1966. *Work and the Nature of Man*. Cleveland, OH: World Publishing.

Hill, Charles W. L. 1988. "Differentiation versus Low Cost or Differentiation and Low Cost". *Academy of Management Review* 13 de julho, 401-412.

Hindle, T. 1994. *Field Guide to Strategy*. Boston: The Economist Books.

History of Computing Project. "Univac". <http://www.thocp.net/hardware/univac.htm>. Acessado em 28 de junho de 2002.

Hofer, Charles w. e Dan Schendel. 1978. *Strategy Formulation: Analytical Concepts*. St. Paul, MN: West Publishing.

Hoovers Online. *<http://www. hoovers.com/>*. Acessado em 14 de março de 2003.

International Business Machines. 2002. *IBM Highlights:* 1885-1969. <http://www-1.ibm.comjibm/history/documents/pdf/1885-1969.pdf>. Acessado em 23 de maio de 2002.

Kanter, Rosabeth Moss. 1983. *The Change Masters: lnnovation for Productivity in the American Corporation*. Nova York: Simon & Schuster.

Katz, D. 1964. "The Motivational Basis of Organizational Behavior". *Behavioral Science* 9, 131-146.

Katz, Michael e Carl Shapiro. 1994. "Systems Competition and Network Effects". *Journal of Economic Perspectives 8*, no. 2, 93-115.

Kim, W. Chan e Renée Mauborgne. 1993. "Procedural Justice, Attitudes and Subsidiary Top Management Compliance with Multinational's Corporate Strategic Decisions". *The Academy of Management Journal 36*, no. 3, 502–526.

______. 1996. "Procedural Justice and Manager's In-role and Extra-role Behavior". *Management Science* 42, abril, 499-515.

______. 1997a. "Value Innovation: The Strategic Logic of High Growth". *Harvard Business Review* 75, janeiro-fevereiro, 102-112.

______. 1997b. "On the Inside Track". *Financial Times,* 7 de abril.

______. 1997c. "When 'Competitive Advantage' Is Neither". *Wall Street Journal,* 21 de abril.

______. 1997d. "Fair Process: Managing in the Knowledge Economy". *Harvard Business Review* 75, julho-agosto.

______. 1998. "Procedural Justice, Strategic Decision Making and the Knowledge Economy". *Strategic Management Journal,* abril.

______. 1999a. "Creating New Market Space". *Harvard Business Review* 77, janeiro-fevereiro, 83-93.

______. 1999b. "Strategy, Value Innovation, and the Knowledge Economy". *Sloan Management Review* 40, no. 3, primavera.

______. 2000. "Knowing a Winning Business Idea When You See One". *Harvard Business Review* 78, setembro-outubro, 129-141.

______. 2002. "Charting Your Company's Future". *Harvard Business Review* 80, junho, 76–85.

______. 2003. "Tipping Point Leadership". *Harvard Business Review* 81, abril, 60-69.

Kolb, D. A. 1983. *Experiential Learning: Experience as the Source of Learning and Development.* Nova York: Prentice Hall Press.

Korea Economic Daily. 2004. 20, 22, 27 de abril; 4, 6 de maio.

Koszarski, R. 1990. *An Evening's Entertainment: The Age of the Silent Feature Picture,* 1915-1928. Nova York: Scribner and Sons.

Kuhn, Thomas S. 1996. *The Structure of Scientific Revolutions.* Chicago: University of Chicago Press.

Larkin, J. e H. Simon. 1987. "Why a Diagram Is (Sometimes) Worth 10,000 Words". *Cognitive Science* 4, 317-345.

Ledoux, Joseph. 1998. *The Emotional Brain: The Mysterious Underpinnings of Emotional Life.* Nova York: Simon & Schuster.

Lester, P. 2000. *Visual Communication Images with Messages.* Segunda edição. Belmont, CA: Wadsworth Publishing Company.

Lind, E. A. e T. R. Tyler. 1988. *The Social Psychology of Procedural Justice.* Nova York: Plenum Press.

Literary Digest. 1899. 14 de outubro.

Markides, Constantinos C. 1997. "Strategic Innovation". *Sloan Management Review,* primavera.

Mazzucato, Mariana e Willi Semmler. 1998. "Market Share Instability and Stock Price Volatility during the Industry Life-cycle: US Automobile Industry". *Journal of Evolutionary Economics* 8, no. 4, 10.

McCalley, Bruce. 2002. *Model T Ford Encyclopedia, Model T Ford Club of America*, May. <http://www.mtfca.com/encyclo/index.htm>. Acessado em 18 de maio de 2002.

McKenna, Regis.1989. *Who's Afraid of Big Blue?* Nova York: Addison-Wesley.

Mintzberg, H. 1994. *The Rise and Fall of Strategic Planning: Reconceiving Roles for Planning, Plans, and Planners.* Nova York: Free Press.

Mintzberg, H., B. Ahlstrand e J. Lampel. 1998. *Strategy Safari: A Guided Tour through the Wilds of Strategic Management.* Nova York: Prentice Hall.

Moore, James F. 1996. *The Death of Competition: Leadership and Strategy in the Age of Business Ecosystems.* Nova York: HarperBusiness.

Morris, J. S., et al. 1998. "Conscious and Unconscious Emotional Learning in the Human Amygdala". *Nature* 393, 467-470.

NetJets. 2004. "The Buyers Guide to Fractional Aircraft Ownership". <http://www.netjets.com>. Acessado em 8 de maio de 2004.

New York Post. 1990. "Dave Do Something". 7 de setembro.

New York Times. 1906. "'Motorists Don't Make Socialists,' They Say". 4 de março, 12.

Norretranders, T. 1998. *The User Illusion: Cutting Consciousness Down to Size.* Nova York: Penguin Press Science.

North American Industry Classification System: United States 1997. 1998. Lanham, VA: Bernan Press. *Nova.* 2003. "Battle of the X-Planes". PBS. 4 de fevereiro.

Ohmae, Kenichi. 1982. *The Mind of the Strategist: The Art of Japanese Business.* Nova York: McGraw-Hill.

______. 1990. *The Borderless World: Power and Strategy in the Interlinked Economy.* New York: HarperBusiness.

______ 1995a. *End of the Nation State: The Rise of Regional Economies.* Nova York: HarperCollins.

Ohmae, Kenichi, ed. 1995b. *The Evolving Global Economy: Making Sense of the New World Order.* Boston: Harvard Business School Press.

O'Reilly, C. e J. Chatman. 1986. "Organization Commitment and Psychological Attachment: The Effects of Compliance Identification, and

Internationalization on Prosocial Behavior". *Journal of Applied Psychology* 71,492-499.

Pascale, Richard T. 1990. *Managingon the Edge.* Nova York: Simon & Schuster.

Peters, Thomas J. e Robert H. Waterman Jr. 1982. *In Search of Excellence: Lessons from America's Best-Run Companies.* Nova York: Warner Books.

Phelps, Elizabeth A., et al. 2001. "Activation of the Left Amygdala to a Cognitive Representation of Fear". *Nature Neuroscience* 4, abril, 437-441.

Porac, Josephe e Jose Antonio Rosa. 1996. "Rivalry, Industry Models, and the Cognitive Embeddedness of the Comparable Firm". *Advances in Strategic Management* 13, 363-388.

Porter, Michael. E. 1980. *Competitive Strategy.* Nova York: Free Press.

______.1985. *Competitive Advantage.* Nova York: Free Press.

______. 1996. "What Is Strategy?" *Harvard Business Review* 74, novembro-dezembro.

Prahalad, C. K. e Gary Hamel. 1990. "The Core Competence of the Corporation". *Harvard Business Review* 68, no. 3, 79–91.

Rohlfs, Jeffrey. 1974. "A Theory of Interdependent Demand for a Communications Service". *Bell Journal of Economics* 5, no. 1, 16-37.

Romer, Paul M. 1986. "Increasing Returns and Long-Run Growth". *Journal of Political Economy* 94, outubro, 1002-1037.

______. 1990. "Endogenous Technological Change". *Journal of Political Economy* 98, outubro, S71-S102.

______. 1994. "The Origins of Endogenous Growth". *Journal of Economic Perspectives* 8, inverno, 3-22.

Schelling, Thomas C. 1978. *Micromotives and Macrobehavior.* New York: W. W. Norton and Co.

Scherer, F. M. 1970. *Industrial Market Structure and Economic Performance.* Chicago: Rand McNally.

______. 1984. *Innovation and Growth: Schumpeterian Perspectives.* Cambridge, MA: The MIT Press.

Schnaars, Steven P. 1994. *Managing Imitation Strategies: How Later Entrants Seize Markets from Pioneers.* Nova York: Free Press.

Schumpeter, Joseph A. 1934. *The Theory of Economic Development.* Cambridge, MA: Harvard University Press.

______. 1975 (publicado originalmente em 1942). *Capitalism, Socialism and Democracy*. Nova York: Harper.

Screen Source. 2002. "US Movie Theater Facts". <http://www.amug.org/_scrnsrcjtheater_facts.html>. Acessado em 20 de agosto de 2002.

Sloan, Alfred. 1965. *My Years with General Motors*. London: Sidgwick & Jackson.

Standard Industrial Classification Manual. 1987. Paramus, NJ: Prentice Hall Information Services.

Tellis, G. e P. Golder. 2002. *Will and Vision*. New York: McGraw HilI.

Thibault, J., and L. Walker. 1975. *Procedural Justice: A Psychological Analysis*. Rillsdale, NJ: Erlbaum.

Tufte, E. R. 1982. *The Visual Display of Quantitative Information*. Cheshire, CT: Graphics Press.

United Nations Statistics Division. 2002. *The Population and Vital Statistics Report*.

United States Air Force. 2002. "JSF Program Whitepaper". <http://www.jast.miI.> Acessado em 21 de novembro de 2003.

von Clausewitz, CarI. 1993. *On War*. Editado e traduzido por Michael Howard e Peter Paret. Nova York: Knopf.

von Hippel, Eric. 1988. *The Sources of lnnovation*. Nova York: Oxford University Press.

White, Harrison C. 1981. "Where Do Markets Come From?" *American Journal of Sociology* 87, 517-547.

White, Lawrence J. 1971. *The Automotive lndustry after* 1945. Cambridge, MA: Harvard University Press.

White, R. E. 1986. "Generic Business Strategies, Organizational Context and Performance: An Empirical lnvestigation". *Strategic Management JournaI* 7, 217-231.

Wilson, James Q. e George L. Kelling. 1982. "Broken Windows". *Atlantic Monthly*, março, voI. 249, no. 3, 29.

Zook, Chris. 2004. *Beyond the Core: Expand Your Market Without Your Roots*. Boston: Harvard Business School Press.

Os autores

W. Chan Kim é professor de estratégia e gestão internacional na cadeira Boston Consulting Group Bruce D. Henderson do INSEAD. Antes de entrar no INSEAD, foi professor da escola de negócios da Universidade de Michigan. Também foi membro do Conselho de Administração e consultor de várias empresas multinacionais na Europa, nos Estados Unidos e em países asiáticos da Costa do Pacífico. Publicou numerosos artigos sobre estratégia e sobre gestão de empresas multinacionais, que podem ser encontrados no *Academy of Management Journal, Management Science, Organization Science, Strategic Management Journal, Administrative Science Quarterly, Journal of International Business Studies, Harvard Business Review, Sloan Management Review* e em outros periódicos. Seus artigos na *Harvard Business Review* são best-sellers mundiais e já venderam mais de um milhão de cópias. É colaborador do *Financial Times, Wall Street Journal, Wall Street Journal Europe, Asian Wall Street Journal, New York Times, South China Morning Post* e outros. É Fellow do World Economic Forum, em Davos, e consultor da União Européia. Ganhou o Eldridge Haynes Prize, concedido pela Academy of International Business, para o melhor ensaio original na área de negócios internacionais. O professor Kim é fundador da Value Innovation Network (VIN), comunidade de prática global cuja atuação se concentra nos conceitos sobre inovação de valor, e membro do Conselho de Administração da Value Innovation Action Tank (VIAT), em Cingapura.

Renée Mauborgne é Distinguished Fellow do INSEAD e professora de estratégia e gestão no INSEAD, em Fontainebleau, França, e Fellow do World Economic Forum. Publicou numerosos artigos sobre estratégia e sobre gestão de empresas multinacionais, em periódicos como *Academy of Management Journal, Management Science, Organization Science, Strategic Management Journal, Administrative Science Quarterly, Journal of International Business Studies, Harvard Business Review, Sloan Management Review* e outras. Seus artigos na *Harvard Business Review* são best-sellers mundiais e venderam mais de meio milhão de cópias. A professora Mauborgne é colaboradora do *Financial Times, Wall Street Journal, Wall Street Journal Europe, New York Times* e outros. Suas pesquisas também foram publicadas na *The Economist, Strategy+Business, Times of London, Wirtschaftswoche, The Conference Board, l'Expansion, Borsen, Svenska Dagbladet, Australian Financial Review, South China Morning Post, Sunday Times of South África, Straits Times Singapore, Handelsblatt* e outros. Também ganhou o Elridge Haynes Prize, concedido pela Academy of International Business e o Eldridge Haynes Trust of Business International, pelo melhor ensaio original no campo de negócios internacionais. É fundadora da Value Innovation Network (VIN), comunidade de prática global cuja atuação se concentra nos conceitos sobre inovação de valor, e membro do Conselho de Administração da Value Innovation Action Tank (VIAT), em Cingapura.

Índice

nosso trabalho para atendê-lo(la) melhor e aos outros leitores.
Por favor, preencha o formulário abaixo e envie pelos correios ou acesse www.elsevier.com.br/cartaoresposta. Agradecemos sua colaboração.

Seu nome: ______________________

Sexo: ☐ Feminino ☐ Masculino CPF: ______________

Endereço: ______________________

E-mail: ______________________

Curso ou Profissão: ______________________

Ano/Período em que estuda: ______________________

Livro adquirido e autor: ______________________

Como conheceu o livro?

- ☐ Mala direta
- ☐ E-mail da Campus/Elsevier
- ☐ Recomendação de amigo
- ☐ Anúncio (onde?) ______________
- ☐ Recomendação de professor
- ☐ Site (qual?) ______________
- ☐ Resenha em jornal, revista ou blog
- ☐ Evento (qual?) ______________
- ☐ Outros (quais?) ______________

Onde costuma comprar livros?

- ☐ Internet. Quais sites? ______________
- ☐ Livrarias
- ☐ Feiras e eventos
- ☐ Mala direta

☐ Quero receber informações e ofertas especiais sobre livros da Campus/Elsevier e Parceiros.

Siga-nos no twitter @CampusElsevier

ELSEVIER

SAC ELSEVIER | 0800 026 53 40 sac@elsevier.com.br

Cartão Resposta
050120048-7/2003-DR/RJ
Elsevier Editora Ltda
CORREIOS

CARTÃO RESPOSTA

Não é necessário selar

O SELO SERÁ PAGO POR
Elsevier Editora Ltda

20299-999 - Rio de Janeiro - RJ

Qual(is) o(s) conteúdo(s) de seu interesse?

Concursos
- ☐ Administração Pública e Orçamento ☐ Arquivologia ☐ Atualidades ☐ Ciências Exatas ☐ Contabilidade ☐ Direito e Legislação
- ☐ Economia ☐ Educação Física ☐ Engenharia ☐ Física ☐ Gestão de Pessoas ☐ Informática ☐ Língua Portuguesa
- ☐ Línguas Estrangeiras ☐ Saúde ☐ Sistema Financeiro e Bancário ☐ Técnicas de Estudo e Motivação ☐ Todas as Áreas
- ☐ Outros (quais?) ____________

Educação & Referência
- ☐ Comportamento ☐ Desenvolvimento Sustentável ☐ Dicionários e Enciclopédias ☐ Divulgação Científica ☐ Educação Familiar
- ☐ Finanças Pessoais ☐ Idiomas ☐ Interesse Geral ☐ Motivação ☐ Qualidade de Vida ☐ Sociedade e Política

Jurídicos
- ☐ Direito e Processo do Trabalho/Previdenciário ☐ Direito Processual Civil ☐ Direito e Processo Penal ☐ Direito Administrativo ☐ Direito Constitucional
- ☐ Direito Civil ☐ Direito Empresarial ☐ Direito Econômico e Concorrencial ☐ Direito do Consumidor ☐ Linguagem Jurídica/Argumentação/Monografia
- ☐ Direito Ambiental ☐ Filosofia e Teoria do Direito/Ética ☐ Direito Internacional ☐ História e Introdução ao Direito ☐ Sociologia Jurídica
- ☐ Todas as Áreas

Media Technology
- ☐ Animação e Computação Gráfica ☐ Áudio ☐ Filme e Vídeo ☐ Fotografia ☐ Jogos ☐ Multimídia e Web

Negócios
- ☐ Administração/Gestão Empresarial ☐ Biografias ☐ Carreira e Liderança Empresariais ☐ E-business
- ☐ Estratégia ☐ Light Business ☐ Marketing/Vendas ☐ RH/Gestão de Pessoas ☐ Tecnologia

Universitários
- ☐ Administração ☐ Ciências Políticas ☐ Computação ☐ Comunicação ☐ Economia ☐ Engenharia
- ☐ Estatística ☐ Finanças ☐ Física ☐ História ☐ Psicologia ☐ Relações Internacionais ☐ Turismo

Áreas da Saúde ☐

Outras áreas (quais?): ____________

Tem algum comentário sobre este livro que deseja compartilhar conosco?

____

Atenção: